上海市中小学德育研究协会 / 主编
上海市青少年学生校外活动联席会议办公室 / 支持

文化根 民族魂 中国梦

——第六届上海市中学生“进馆有益”微课题论文荟萃

上海教育出版社
SHANGHAI EDUCATIONAL
PUBLISHING HOUSE

前言

2019年的上海市中学生“进馆有益”微课题实践探究活动已经结束，而在本次活动中产生的课题论文，如今读来依然闪烁着学生思想、创新、钻研的光芒。2019年已是第六届“进馆有益”活动了，六年来，活动始终聚焦“文化根、民族魂、中国梦”的主题，已经成为广受师生喜爱、有强大号召力与影响力的中学生社会实践品牌。超过5000名学生参加了本次活动，形成了超过千篇的研究论文。经过专家的初评、复评和答辩，共有29篇论文获一等奖。现将这些优秀论文编辑成册，相信这些论文必将滋养社会的发展和进步，也将成为其他有志于课题研究的学生学习、借鉴和超越的宝贵材料。

一、

六年来，“进馆有益”微课题活动已经发展成熟，越来越多的师生已经认识到该活动不可替代的价值，主动参与到活动中来：

（一）活动是锻炼学生思考、实践能力的最好平台

博物馆是我们身边最好的知识、文化平台，其中汇集了代表人类智慧的诸多文化遗产，以及蕴含自然科学哲理的展品。博物馆承载知识，同时以其蕴含的知识启发创造思考。通过“进馆有益”活动，学生走进博物馆，在历史的回声中思考当下与未来，在知识的浸润中激发灵感。学生在参观过程中，将平时的见闻、思

考与馆藏文物、知识介绍相结合，对自己感兴趣的科学、人文领域有了更科学准确而深入的认识，同时博物馆的社会性也促使他们将自己的思索与社会联系起来，全身心地投入课题研究中，他们的研究成果由此具有了现实的价值。

在活动过程中，学生的综合研究能力得到了长足的锻炼。并且，我们发现许多学生都对自己的论文表现出一种特别的情感。他们得出的观点从科学的角度来看或许还不够尽善尽美，要进一步证明自己的观点，他们也还缺乏足够的知识储备，但他们依然尽己所能地去完善观点。在答辩中，学生往往表现出充分的自信，并且表达了继续学习、研究的打算——这都来自他们在活动中体验的研究过程。

（二）活动丰富了学生的社会参与、社会实践能力

尽管现在的中学教育对学生的社会实践已经有了更高的要求，学生需要在志愿服务等活动中完成一定的学时，但对于许多中学生而言，那些活动中他们更多是被引导着完成一些工作，自主地走进社会、与他人接触交流是少的。而在“进馆有益”活动中，中学生被鼓励更深入地参加社会实践。在许多学生的探究感想中，他们写道：一开始，我们连向博物馆工作人员提出一些协助要求都会感到忐忑，但随着研究的开展，我们逐渐敢于走上街头，邀请南来北往的行人填写调查问卷，采访与课题相关的问题……通过活动，我们深刻感受到自己的社会能力得到了锻炼，我们变得更敢于交流了……

这样的感想令我们深感欣慰。中学生走出学校的象牙塔，切实地在社会中开展研究，在获得研究成果的同时，逐渐成长为一个个成熟的、适应社会的个体。这正是我们的活动所希望的。

（三）活动拉近了学生与社会的距离，引发深刻的现实思考

承上所述，现在的教育越来越重视对学生的德育，要求学生拥有关切社会的视野，以天下为己任，寻求解决问题的责任心。“进馆有益”微课题活动正是对这一要求的最好实践。读者们在阅读这本论文集时将会发现，这些优秀论文无一不饱含着中学生们对社会的关怀，或聚焦当下热门的环保话题，如《闵行各地区垃圾分类激励措施及改良方案设计》；或关注社会文化问题，如《阿拉来港上海话——上海话现状调研》；或着眼于未来科技发展，如《昆虫与未来食物——昆虫作为太空食物的可行性研究》等。社会关切不仅停留在课堂上、学校内，更要真正地走到社会中去，“进馆有益”微课题活动让中学生们深刻体会到了这一点，并积极投身到实践中去。

二、

继往开来，站在第六年这样一个标志性的时间点，我们不仅关注学生的成果，也关注活动在这六年中经历的改变：

（一）馆校之间的衔接，已经成为活动中的一种习惯

从一开始的学生自己走进场馆，到后来的学生在学校教师的引导下走进场馆，再到学生能得到学校教师和场馆老师的共同指导，到如今，许多学校已经和场馆建立起紧密的合作关系，有的学校将一些场馆选为固定的实践基地，同时一些场馆也将学校作为自己的固定基地学校。我们可以自豪地宣告：通过“进馆有益”活动，我们在学校和各类场馆之间建立起了一条纽带，这是一条知识、文化的纽带，更是一条连接过去、指引未来的传承的纽带。从此，场馆的馆藏资源借由学校的学生群体得到彻底的发掘和运用；而学校也通过场馆得到了无比丰厚的科学文化资源以及志愿服务的场所，作为教学的拓展和延伸。这纽带是“进馆有益”活动带来的宝贵财富。

（二）相关协会专委会为活动的持续和健康发展作出了积极贡献

“进馆有益”活动开展以来，初中、高中、实验型示范性高中和中职四个相关专委会已经注意到了本活动的价值，积极参与到活动中来，在活动的发起、组织、评价和表彰的整个过程中，都发挥着积极作用。在组织更多学生参与活动之外，许多学校的优秀教师都加入到活动的评审、答辩团队中来。他们涵盖了各个学科，都是各自学科的顶尖人才。这些教师的加入使得活动的评审更加专业，也发掘出了许多有优秀潜质的课题论文。这些对活动的可持续发展，协会功能的完善具有积极的作用。

时代在发展，当下的社会需要更多具有综合素养、创新思维、社会担当的人才。如今的中学生肩负着国家的未来，他们有责任主动、自主地发展自我，志存高远，脚踏实地，坚持实践。“进馆有益”活动是培养中学生这些能力的最好平台。六年过去，这项具有创新价值的活动会继续发展，我们也殷切希望更多的学生参与到活动中来，为实现中国梦共同学习、奋斗。

目　录

历史回眸

红色经典

文化感悟

社会调查

科技之光

文创设计

活 动 指 导

历史回眸

丝绸之路中的唐三彩

探究缘起

在当代，唐三彩已经成为近乎人尽皆知的文物。一提起唐三彩，或许很多人的第一反应或者印象，就是一匹骆驼和一个胡人。就唐三彩一词而言，如果说三彩是其艺术样式，那么唐则作为它的兴盛年代，与三彩一同构成了这个专有名词。而问题也就随之而来：为什么汉人的陶器中，被人们所熟知的却是胡人与骆驼的形象？作为一种特有的器物，它又与所处时代背景有着怎样不可分割的关联？因此，我们决定以唐三彩为着眼点，探究其背后的文化融合与交流，对唐三彩与丝绸之路深入研究，并进一步结合我们当代的生活，提出相关建议，旨在对当代社会起到一些作用。

一、唐三彩概述

唐三彩盛行于唐朝，是一种低温釉陶器，其釉彩有绿、褐、白、蓝、红、黑等色彩，其中以黄、白、绿三色为主。在唐朝，唐三彩是一种用于随葬的高级冥器，可以表明墓主人的身份地位，通过将墓主人生前的生活场景表现出来，供其在死后享受生前的荣华富贵。

唐三彩的形状造型可以分为三大类型，分别为模型，生活用具，俑类(包括人物、动物，而其中以动物居多)。唐三彩中的生活用具主要有瓶、壶、罐、钵、盘、杯等；模型有亭台楼榭、仿木箱柜、仓库、住房等；俑类有各种人物与动物，如贵妇、达官、男女侍、武士、胡人及马、骆驼、天王等。在人物之中，以宫廷侍女居多；而在动物之中,又以马与骆驼居多。唐三彩中的人物造型深受佛教影响,例如唐代女俑婉转优美的姿态就是在佛教丰富的造型艺术特点之上,巧妙结合西方造型比例恰当、中国艺术中的写实特点,可以说唐三彩是中外合璧的经典之作。马和骆驼是唐朝时期重要的交通工具。而骆驼这一交通工具的盛行,还得益于中外贸易的繁荣,这与丝绸之路也是分不开的,因为有“沙漠之舟”之谓的骆驼是丝绸之路上最重要的交通工具。唐三彩中的骆驼姿态各异,极富动感,在为我们呈现一个个生动有趣的画面的同时,还描绘出了骆驼与人互动、协作的情态。

虽然名为唐三彩,但其实三彩的最初出现并不是在唐朝,而是在更早的南北朝时期,只不过是因为在唐朝发展到了极盛阶段,因而将三彩冠以了“唐”的名号。

唐三彩的兴起有多方面的原因。首先,唐朝的陶瓷业在开放繁荣的社会环境中得到飞速发展,雕塑、建筑艺术水平的不断提高也起到了促进作用。其次,唐朝国力强盛、安康富足,导致了高官们穷奢极欲的生活作风,这种腐化以厚葬的形式传播开来。为了彰显自己的身份地位以及财力,高官们罔顾官府的明文规定,购买、制作大量唐三彩作为陪葬品。上层阶级的厚葬之风很快蔓延至整个社会,唐三彩因此在当时能够迅速在中原地区发展和兴起。

唐三彩的诞生、发展以及兴起的整个过程与唐朝历史有着紧密的关联。唐朝在思想文化方面呈现出开放包容的态度,丝绸之路兴盛,中外交流密切,文化沟通频繁,商业贸易密集。因此,唐三彩得以蓬勃发展,在其特征上可以觅得异域文化的缩影,传播范围不仅仅限于中原地区,周边国家都受其影响。思想文化只是一方面,在高度发达的经济的带动下,唐朝的制陶技巧日趋成熟,艳丽的色彩、精美的样式、富有艺术韵味的造型博得了唐朝人以及异域人的喜爱。这种喜爱并不是无缘无故的。受到外来风俗文化的冲击与影响,社会上流行一种奢华富丽的审美观念。人们开始接纳并喜爱色彩艳丽、造型肥美的唐三彩。

二、丝绸之路对唐三彩的影响

唐朝时期,丝绸之路逐渐繁盛,茶叶、丝绸与瓷器等商品运往西亚、非洲和欧洲,同时其他各地的香料、珍珠、香水输入国内。伴随着交流的深入,贸易往来则更是频繁起来。与此同时,物资也就更加丰沛,国民也就更加富足。这是唐朝的生活逐渐奢靡腐化、厚葬之风盛行的原因之一,也是唐三彩能得以发展并盛行的原因之一。唐三彩作为一种陶器商品,也会被运送至丝绸之路上的各个地区进行商贸交易,唐三彩输出国外的工具有马、骆驼、牛、推车等,其中以骆驼为主。在丝绸之路上,对外贸易路线的畅通、管理良好,唐三彩的制造数量逐渐增加。在丝绸之路的作用下,唐朝物质文明与思想文化传播出去的同时,带有异域色彩的风俗习惯也浸润了唐朝人的生活,唐三彩的陶器制作技艺除了带有中国元素外,还巧妙融合了外来文化因素,大胆吸收异域装饰纹样,创造出唐朝独特的器物装饰手法,成就了唐三彩艺术上的登峰造极。

（一）唐三彩对其他国家的影响

表1 唐三彩输出主要沿线国家及对其影响

主要沿途国家	传入时间	对其影响
日本	7～9世纪	奈良三彩(正仓院三彩)
波斯	8～9世纪	波斯三彩(多彩彩纹陶瓷和多彩刻文陶器)
新罗	7～8世纪	新罗三彩(釉色相差较大)

1. 奈良三彩

唐三彩的盛行直接给邻国日本的陶瓷界带来深远的影响。日本工匠模仿唐三彩，再加以选择和改造制成了奈良三彩。奈良三彩在造型、釉面和色调上与唐三彩十分接近，同时也融入了带有日本民族特色的审美意识和宗教情怀，表面纹饰图案单调，多以白色、绿色为主色调，成就了奈良王朝特有的陶器风格。

2. 波斯三彩

唐三彩伴随着唐王朝的灭亡在中国迅速衰落，这一在波斯华丽的金银器和釉陶的影响下诞生的陶器，却随着海上贸易的繁荣返回了西亚，并在伊斯兰世界中结出了繁盛的艺术硕果，这就是波斯三彩的由来。波斯三彩是白底多彩陶，在唐三彩的基础之上，结合了伊斯兰宗教与其地域特色，进行了发展与演化，形成了特有艺术风格。

3. 新罗三彩

新罗三彩作为统一新罗时代的陶器，其造型装饰上明显受到了唐三彩的文化影响。虽然就其艺术特点而言，新罗三彩不如唐三彩富贵华丽，也没有奈良三彩清丽优雅，发现的数量也不多，但也是不可或缺的，毕竟在古代，朝鲜半岛是中日文化交流的跳板。

（二）唐三彩能成为丝绸之路象征的原因

1. 华美的异域造型

唐三彩的造型多为丝绸之路上常见的骆驼以及胡俑，带有显著的异域风情。胡文化渗透进入唐朝人民生活的方方面面，体现在服装、舞蹈、音乐等方面，胡人也通过丝绸之路逐渐融入唐朝社会。例如图1“彩色釉陶骆驼载乐伎俑”所示，三彩胡俑的特点显著，深目高鼻，胡子茂密，头戴尖顶帽，身材与中原人有着明显区别，肢体动作呈双手抱拳状，充分准确地展现了胡俑的职业特点及身份地位，反映了胡文化通过丝绸之路在唐朝深入传播。

图1　彩色釉陶骆驼载乐伎俑(笔者拍摄于上海博物馆)

2. 广泛的对外流通

唐三彩是丝绸之路上对外输出品的主力军，数量多、流通量大、输出范围广，在唐代就出口到东南亚的印度尼西亚、印度，西亚的伊拉克、伊朗，东北亚的朝鲜、日本，乃至北非的埃及都发现了唐三彩器物。在流通过程中，其他文化受到了唐三彩的影响，文化与文化之间进行了交流。唐三彩因而一直以来被人们认作丝绸之路的象征。

3. 大唐盛世的有力见证

唐三彩的发掘研究，还原再现了丝绸之路彼时的盛况壮景。

它不仅仅是丝绸之路的象征，更是大唐盛世的缩影，华美的异域造型和广泛的对外流通彰显了大唐帝国的气度与国力。唐朝是中国历史上中外文化交流往来最为繁荣的时期，丝绸之路作为纽带，带动商业贸易，推动文化的交流融汇。所以说，丝绸之路更是唐朝盛景的映射，在这里各民族文化大融合，中原与边疆以及中外频繁交往、友好交往。丝绸之路上的唐三彩反映了大唐帝国中外密切交流对唐代的影响，促就了唐文化的恢宏博大。

三、唐三彩在中外文化交流上起到的作用以及对当下中外文化交流的启发

唐三彩输出国外后给其他国家的工艺技术及美术方面带来了刺激和发展。由于唐三彩质量优良且珍贵，被各国人民所珍重。同时，各地也在仿制唐三彩制品，除了采取中国的样式，还会加入当地的风格和色彩。日本著名国际陶瓷贸易史学家三上次男说："当中国陶瓷的新品种以优美的姿态出现时，不管在什么时代，马上就能造出仿制品来。"在同一时期涌现了诸如日本奈良三彩、新罗三彩、波斯三彩等仿制的唐三彩制品。另一方面，外来文化因素也融入了唐三彩的制作中，中国工匠们大胆采用雄浑绚丽的釉色和淳厚饱满的造型，以及浓郁的异国情趣和艺术风格，巧妙地将外来文化和传统民族艺术结合起来，使之为我国所用。

此外，文化上的交融更是意义非凡。唐三彩的人物俑体现了唐朝当时胡风之盛、胡文化影响之大，异域的乐器如琵琶、箜篌，舞蹈如胡旋舞、胡腾舞，宗教如佛教、伊斯兰教广泛传入，从骆驼载乐俑、舞乐俑等三彩俑上可见一斑。

从唐三彩中的中外文化交流可以看到，文化交流具有双向性，而不是单向传播。文明在交流互鉴中展现出多彩的一面，正

是因为多彩，文明才值得交流互鉴。《近代中国社会的新陈代谢》一书中说道，“任何一个国家、地区，它同外国和外部地区的交通发达程度往往同其文化经济的发展程度是成正比的”。对外交往方面始终呈开放包容的态度是一个国家发展的必要条件。唯一需要考虑的是如何取彼之长，补己之短，不丢失自身的民族特色。在这一点上唐三彩就做得很好，大胆吸收异域装饰纹样，巧妙结合传统民族艺术，创造出独特的器物装饰手法。当代中外文化交流完全可以借鉴这种方式态度，坚持对外交流与开放，强调人类命运共同体。丝绸之路早就已经为我们展现出了一个鲜活的实例了，开放、共赢，才是我们所应该去实践的准则与理念。在双向交流的过程中，丰富、发展自己，吸收、融合外来文化，并使之为己所用，这才应该是我们从唐三彩以及丝绸之路中学习的。文明圣火千古未绝的奥妙不在于过分崇外或是固守本土，应是贯穿古今、兼容中外，文化的交流与创新在这碰撞中薪火相传。

参考文献

[1] 林尚斌:《唐三彩与丝绸之路文化交流》,《档案》,2016 年第 8 期。

[2] 高顺旺:《丝绸之路上的唐三彩》,《大众文艺》,2013 年第 21 期。

[3] 张琨、孙明艳:《浅论丝绸之路上的文化交流及其意义》,《吉林广播电视大学学报》,2010 年第 1 期。

[4] 杨建勋:《试论唐三彩的起源和发展历程》,《文艺生活》,2013 第 9 期。

[5] 贺茹:《唐代丝绸之路中外文化交流研究》,西北农林科技大学硕士学位论文,2014 年。

[6] 葛雅莉:《唐三彩形成发展之我见》,《甘肃高师学报》,2011 年第 4 期。

探究感想

在对唐三彩和丝绸之路的研究过程中,我们分析了其各自具有的特征、意义、价值、作用与两者的内在联系,发现了唐三彩与唐朝历史背景密不可分的关系;丝绸之路为唐三彩所提供的条件;唐三彩之所以能成为丝绸之路象征的原因;唐三彩在丝绸之路上进行的传播对于过去文化交流所起到的作用与意义,并从中得出了当今社会发展可借鉴之处。

课题作者:上海市大同中学

王靖雯　张艺

指导老师:陈天琦

浅析15世纪中期景德镇瓷器纹饰特点

探究缘起

“天青色等烟雨，而我在等你。”我非常喜欢《青花瓷》这首歌，从中我能感受到青花瓷蕴含的独特韵味，白底青纹，优雅别致的花纹总有一种独特的魅力。在欣赏青花瓷的同时，我不禁也感到好奇：琳琅的花纹背后，是否蕴含着丰富的寓意和历史内涵呢？今年暑假，我正巧遇上了上海博物馆举办的有关空白期青花瓷特展，才发现原来青花瓷史上还有这么一段空白期！

空白期指的是正统、景泰、天顺三朝由于缺少年款和文献记载，导致后期大多数文士与收藏家对这一时期的青花瓷缺少认识，而误以为该时期烧瓷的数量与质量都跌入低谷，由此称之为空白期或黑暗期。近年来，因考古界对空白期瓷器的发现与进一步断代，揭露了空白期瓷器烧造的真实面貌，虽然这一时期瓷器较前后朝数量少，但总体的水平还是维持着较高的水准，由此可见空白期不空白。该时期瓷器受到了海外贸易发展情况、政治动荡的时局以及明代特有的风俗文化影响，形成其独有的纹饰内容与风格。

一、15世纪景德镇瓷器纹饰变化的历史环境

早在宋朝，中国瓷器制作技术就已经十分高超，元代海上丝绸之路兴起，使中国瓷器有机会走向世界。恰好波斯抓住了这一商机，与中国合作，两种文明由此在白瓷之上交错相织，共同创作出惊艳世界的辉煌。《琳琅》一书中提到：“元代以后，政府为了同

海外进行贸易，大量烧制瓷器，在景德镇设立了官府机构。”从此以后，景德镇成为中国最著名的瓷器产地。到了明朝，郑和的多次远航成为明朝与伊斯兰地区沟通的重要渠道，是支撑明前期青花瓷迅速发展的重要支柱。青花瓷在永乐宣德时期逐渐繁荣，达到了鼎盛。

处于永宣与成化朝之间的空白期不仅传承了前朝日益成熟的七十二道制瓷工序，还在前朝基础上有所创新，如尝试青花矾红彩，为成化斗彩的兴起做了铺垫。空白期的纹饰也并不完全承袭永宣，永宣时的青花多外销，纹饰富有强烈的异域风情，使用进口钴料，色彩浓厚艳丽。宣德朝郑和最后一次下西洋之后，三朝空白期海禁加强，几乎没有开展过对外交流。因此青花瓷从外销转为内销为主，纹饰更多体现了传统文化和民族艺术。另外，由于无法获取进口钴料，风格淡雅的国产钴料逐渐取而代之，青花纹饰淡雅了些许，且国产青料也更加均匀，这也让纹饰线条更加稳定。

表 1　明代中期发展时间轴

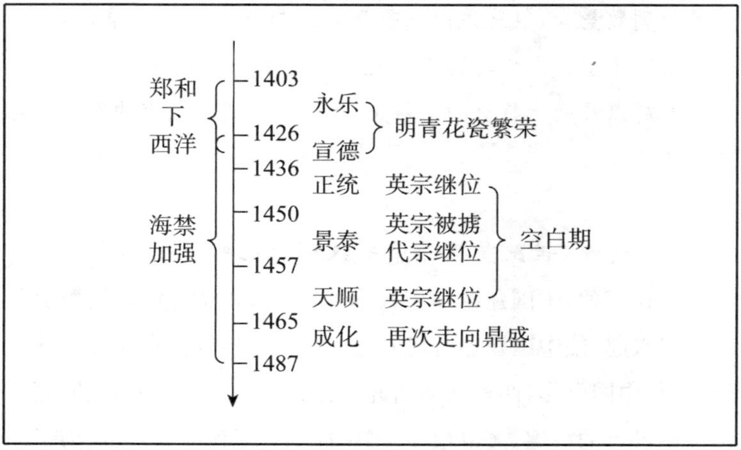

宣德时期，国家在瓷器烧制上投入大量资金，征用大量工匠。正统时期，主持朝政的皇太后以及辅佐朝廷的三个大臣渴望政治清明、百姓安康，于是停止了这等劳民伤财之事。正统初年限烧官窑，与民休息，同时也鼓励民窑，促进商品经济发展。这无疑激发了民窑的创造性。从此以后，民窑不断发展，达到了可以与官窑媲美的程度。三朝时期，甚至出现了官仿民的趋势，如正统官窑瓷器上的球花纹、云堂手绘风都来源于民窑。不过，这种强迫性激发是有弊端的。禁烧官样瓷器的命令仅见于正统三年和正统十二年，那么，可以推断出天顺、景泰年间民仿官瓷器一定会反弹。不管怎么说，这个政策促进了官民窑趋同。

同时，由于减烧限烧，瓷器的质量做工有所提升。笔者认为，这是明智的政策，促进了陶瓷业更积极健康地发展。

正统三十年，英宗在太监王振煽动之下，决定亲征讨伐频频挑起事端的瓦剌，因为王振胡乱指挥，明军溃败，英宗被俘，史称土木之变。为稳定局势，于谦当即推英宗弟弟为皇帝，定年号景泰。景泰元年，瓦剌放回英宗求和，八年后，英宗复辟，史称夺门之变。空白期的政治腐败及皇权斗争，必然对青花瓷的生产造成不小的影响。三朝的青花瓷较宣德而言，质量和产量的确有所衰退，但其蕴含的历史意义不应该被否定。空白期青花瓷数量少但成品各具特色。而永宣向成化风格过渡，也在这短短半个世纪中悄悄酝酿着。空白期传承了宣德工艺精神，开启了成化瓷器繁荣时代，其承上启下的作用不容忽视。

总的来说，影响空白期瓷器的因素一是这一时期的海禁，二是三朝的政治动荡以及蒙古族侵扰导致民不安生。

二、纹饰浅析

（一）郑和下西洋对海兽图纹饰的影响

空白期恰开始于郑和最后一次下西洋之后，而这一时期的海水瑞兽纹非常多（如图1所示），此两者之间有一定联系。郑和打开了海洋世界的大门，然而下西洋之后明朝政府却加强了海禁。如王德安所言："明成祖、明宣宗、明英宗等历朝政府都颁有禁海令，并以立法形式将禁海令列入《大明律》，强令军民人等遵守不逾。禁官民二桅以上远洋船出海。"

明朝人民对于大海的向往被禁锢，紧接着郑和下西洋之后的空白期，民窑有暗喻解除海禁的海水龙、海水马的图案出现。这些瑞兽原是一种保护神，一种民间崇拜的图腾，瑞兽与海水结合到一起，反映了渔民祈求捕鱼平安顺利的心理，但该时期海禁加强，百姓不得下海，这些画面的寓意或许也有所改变。笔者认为，空白期的这类纹饰应是百姓向往海洋，希望瑞兽能让他们早日出海的体现。

图1　海水瑞兽纹盘，明正统至天顺（1436～1464年），2014年明代景德镇御器厂遗址（珠山北麓）出土，景德镇市陶瓷考古研究所藏（笔者摄于上海博物馆）

另外，海禁越是加强，海上倭寇越是猖狂，空白期也是如此。再加之蒙古不断扰边，民间农民起义，动荡不断，天下不得太平。

此时期官窑也生产海水瑞兽瓷器，这可以看作是皇帝希望借瑞兽之纹，镇四方疆域。

（二）人物图纹饰与明朝民间艺术的联系

在空白期，民窑中出现了以三顾茅庐、文王访贤等戏曲题材作为内容的人物故事图罐（如图2所示），针对的对象通常为士大夫。戏曲艺术在明初时并不流行，之后南方戏曲向北“进军”，带来了戏曲的兴盛，到明末达到了高潮。在此过程中，戏曲逐渐在民间流行起来，空白期的这些人物故事图罐或许可以看作明朝戏曲发展过程中溅起的一朵浪花。

图2　青花人物故事图罐，明正统至天顺（1436～1464年），北京艺术博物馆藏

另外，早在元代，元青花人物绘画瓷器就是以元代杂剧话为母本。空白期的青花琴棋书画仕女图罐就与明宣德十年金陵积德堂刊刻的《金童玉女娇红记》所附版画相近，正如杜文所说：“鬼谷子下山青花大罐的场景与元刻《全相评话五种》中的鬼谷子下山版刻插图类似。明代景德镇青花梅瓶和大罐中多见的《出行图》与宣德年间刊印的《剪灯余画》插图亦类同。种种‘巧合’说明元、明青花瓷器上的人物故事与同期版刻密切联系。”明代后期，

版画艺术与戏曲艺术相融合，同时也影响了青花瓷装饰题材。空白期的这类青花瓷罐正体现了这种趋势。

（三）婴戏图上体现的民族心理

普列汉诺夫曾说过："任何一个民族的艺术都是由它的心理决定的。"民间青花中不难观察到中国民间特有的文化内涵——民众对于幸福吉祥的祈求，空白期瓷器也不例外。这个青花婴戏图碗（如图 3 所示）中，"一组孩童在玩'斗草'游戏，另一组在玩'传胪加冠'游戏，模仿为考中的举子报喜的仪仗场景，还有一组孩童在玩'抓鱼放生'游戏，最后一组似乎是几个孩童在围观一童子往宝瓶上洒水"。婴戏图是中国古代的传统装饰纹样之一，其反映了古人对于生活的细致观察，洋溢着童真的趣味，也体现明朝人民对多子多福、儿女无忧的期望。空白期之后的成化朝出现很多婴戏图题材作品，正是由于成化皇帝的爱妃生下一个孩子夭折后再也无法怀孕，为了求子而创作的。除此之外，鸳鸯纹、狮球纹、灵芝纹、八宝纹等图案，都寓意趋吉避凶，吉祥幸福。三朝频繁地政权更替，外有蒙古不断侵扰，生逢这样混乱的时代，百姓们却仍然心怀希望，向往美好。

图 3　青花婴戏图碗，明正统至天顺（1436～1464 年），上海博物馆藏

（四）几何纹与波斯文带来的异域文化

为了加强与异族文化的国际经济贸易活动，元统治者对伊斯

兰教和基督教采取相当开明的政策。正统时期，青花中出现了星座图案，或反映了西方文化对中国天文领域的影响。三朝时期出土的青花锦地壮文罐（如图 4 所示）和青花花卉纹盘（如图 5 所示）都出现了几何纹，呈中心对称图案，其传入时间也早于《几何原本》，此类纹样对中国美学等方面产生了深远影响。

图 4　青花锦地壮文罐，十五世纪中期，故宫博物院藏

图 5　青花花卉纹盘，明天顺至成化（1457～1487 年），上海博物馆藏

不仅在艺术上，伊斯兰文化更在思想上影响了中国。由于早期青花瓷主要是面对波斯地区外销，有时需要在瓷器上撰写波斯文。因此，部分波斯人移居中国，这无疑加速了民族融合，信奉伊斯兰教的中国少数民族增加，为中华文化添上重要的一笔，诗文《果园》传入就是很好的例子。青花"天顺年"款波斯文炉（如图 6 所示）外壁波斯文字出自波斯著名诗人萨迪的《果园》，释义为："年轻人啊，敬主惜今；明朝易老，青春难擒。洁身守斋，尚不虔诚；周济穷人，方可安心。心无烦忧，能量身聚；驰骋球场，马球猛击。为政宽仁，不伤民心；欺压百姓，自掘老根。智者谦逊，宛如果品；累累枝头，不伐不矜。"通过这篇《果园》也可以看出，历经三朝动荡的政事，不少文人开始反思自省。

图 6 青花"天顺年"款波斯文炉,明天顺(1457～1464 年),故宫博物院藏

（五）仙人图与梵文体现的宗教信仰

明代统治者延续了元朝多元的宗教信仰和开放的文化态度,民族文化大融合的明代风俗逐渐形成。青花瓷上可以看到许多宗教信仰的痕迹。因道教观念盛行,明代许多戏曲杂剧中运用了道教题材。正统、景泰年间的青花瓷多有仙人乘鹤、八仙朝圣等题材,仙人衣带飘逸,给人以仙风道骨之感,生动体现出其追求的出世思想。佛教在明朝很兴盛,此与朱元璋等人身世有关。朱元璋年幼时曾入皇觉寺当行童,后沦为游方僧,佛教对他的思想影响深远。明代政权建立之后,朱元璋积极整改佛教,为佛教兴盛奠定了基础。明成祖特别看重佛教之善恶报应中扬善诛恶作用。如学者邹华、王南所说:"这种务求实用,界线含糊的佛教观进一步导向世俗化,更容易进入艺术领域。"正统至天顺出土的梵文纹饰瓷器众多(如图 7 所示)就印证了这一点。从空白期众多梵文碗的烧制可见,皇帝的喜好直接影响了瓷器的纹样,也无疑会进一步影响民间风俗习惯。

图7　青花梵文高足碗，明正统至天顺（1436～1464年），2014年明代景德镇御器厂遗址（珠山北麓）出土，景德镇市陶瓷考古研究所藏

（六）“云堂手”代表的空白期独树一帜中国风

由于空白期禁止民仿官，且不限制民窑的自由创作，民窑工匠风格也就渐渐潇洒放纵，愈发意韵生动，出现了前朝未见的纹样和风格。

在这个时期，中国画在瓶身上格外流行。充满智慧的匠人发现了坯体类似于宣纸一样的吸水性，当青料在烧瓷之后，会类似于墨水在宣纸上扩散，增添水墨画独特韵味。利用了这一点，从松竹梅兰到山石，三朝的青花纹饰都富有中国画的形式感。可惜的是，空白期之后，宫廷再次严格管理景德镇瓷器，上述独具一格的空白期特色犹如昙花一现，以后再也不多见了。

类似于中国画潇洒大气风格的纹饰，日本陶瓷界称之为“云堂手”（如图8所示），也是三朝特征之一。以宽轮廓线勾画云纹外边，沿着轮廓内侧用细笔画数层连弧云纹或涡状云，犹如弹簧。到天顺发展出简繁两种风格，繁者愈发豪放大气，或有一口气连画五层“弹簧”，简者颇有简约之风，“弹簧”层数少，多留白，给人更多想象空间。其中简笔一路传承到成化时期。

图 8 青花人物图罐，明正统至天顺(1436～1464 年)，上海博物馆藏

（七）青花红彩海水龙纹见证风格变迁

青花瓷制作过程是先在瓷器上画上青花，再上一层透明的釉，最后进行烧制，因此也称其为釉下彩。青花矾红彩则是釉上红彩与釉下青花的结合，创始于宣德，在空白期逐渐流行起来，多以海水龙纹（如图 9 所示）作为题材，尝试各种配色，或是赤海青龙，或是青海赤龙，工匠们不断探索着色彩与图案间的协调，并逐步地掌握了釉上彩绘制技巧，对之后成化时期的由釉上彩与釉下彩结合形成的斗彩瓷器影响深远。

永宣的图案给人一种气魄雄伟、繁华壮丽的感觉，而成化风格则精巧细致，与其有所不同。钴料来源由进口转向国产是重要的原因之一。国产钴料较进口的淡雅，不适合绘制豪放壮阔的图案，于是匠人们转而追求工艺的精细，以海水龙纹图为例，早期的龙通常画在大罐上，给人气势磅礴之感，后期多描绘在小罐、碟子上，且熟练运用青料，将龙肚与龙背用不同的深浅表现了出来。海水纹也从单一的海水到勾勒出更多飞溅的朵朵浪花，更加力求还原海水的质感，制作愈发细腻，成化风格由此诞生。正如《琳琅》一书中记述："成化时期的瓷器呈色淡雅，受人喜爱，与永乐宣德时期相比，绘画工艺和青花用料都发生了变化。"从青花到"彩花”,从繁密到精细,色彩的丰富与花纹的精致,都为成化的斗彩兴起做了铺垫。

图9　青花红彩海水龙纹盘,十五世纪中期,故宫博物院藏

三、　结论与启发

由海兽婴戏图折射出向往美好的民族心理,由戏曲故事体现欣欣向荣的艺术发展,由波斯文、梵文反映出多姿多彩的宗教文化,由中国画的运用展现永不停息的创新精神,空白期青花瓷上绮丽的纹饰,记录下了三朝的风俗文化,更见证了其发展变迁。可见青花瓷已经不仅仅是一类瓷器,它更是一种文化的载体、一个时代的象征。从新兴的海兽图、云气图题材,到多形式的烧制与创新的画风,青花瓷之所以能够作为这样重要的文化载体,是因为它在不断进步,不断与时代磨合。联系当下,我们更应该为其注入创新的活力,如设计一些具青花纹饰的现代用品,抑或将当代流行元素融入青花瓷,让遗产“活”过来,让传统文化走出博物馆,走进我们的生活。

参考文献

[1] 王德安:《在社会一面镜子:浅论明代青花瓷纹饰》,《东方收藏》,2009年。
[2] 邹华、王南:《北京审美文化史,明代卷》,北京:北京大学出版社,2013年。
[3] 杜文:《明代空白访友图青花大罐赏析》,《艺术市场》,2007年第7期。
[4] 齐皓、张俏梅:《民间青花的价值探讨》,《收藏界》,2009年第4期。
[5] 裴光辉:《空白期青花瓷》,福州:福建美术出版社,2004年。
[6] 曹淦源:《参透"空白期"瓷艺流清晖:试论明代正统、景泰、天顺青花瓷画艺术》,《收藏界》,2009年第4期。
[7] 杨冰、舒进:《明代徽州版画对景德镇青花瓷的影响》,《景德镇陶瓷》,2010年第3期。
[8] 陈宝良:《明代风俗》,上海:上海文艺出版社,2017年。
[9] 王承旭:《空白期不空白》,南京:江苏凤凰美术出版社,2016年。
[10] 上海博物馆:《琳琅》,北京:北京大学出版社,2015年。
[11] 上海博物馆:《灼烁重现:15世纪中期景德镇瓷器特集》,上海:上海书画出版社,2019年。
[12] 宋应星:《天工开物》,北京:北京华夏墨香文化传媒有限公司,2011年。

探究感想

感谢指导老师吴笛对文章的悉心指导和提出的中肯建议,感谢上海博物馆工作人员对人物故事图罐的费心讲解,感谢博物馆提供的精彩展览和指导讲座，感谢上海图书馆管理员及偶遇的学姐帮助我查询书目。

仅仅从博物馆展览的器物上去观察青花瓷纹饰是不够的，地下材料还需与纸上材料相互印证。为了完善论文，在研究过程中，我多次往返上海图书馆，查阅了许多有关空白期以及明史的材料。由于时间有限，文章还有许多有待补充的地方。

课题作者：上海市延安中学
王洁琳
指导老师：吴　笛

2019 年 7 月 2 日，笔者参观上海博物馆“灼烁重现——十五世纪中期景德镇瓷器大展”特展时留影

浅析中国古建筑中吉瑞雕像的差异及其形成原因

——以故宫与豫园为例

探究缘起

2018年8月我在北京故宫参观时，发现太和殿前的铜狮与平常所见的都不太一样，它们昂首挺胸，一雄一雌，神态和姿势都不尽相同，我便对石狮子的装饰和形态产生了兴趣。同时我又联想到江南园林中的石狮子，为什么同样是狮子，造型却有这么大的差别呢？抬头看见太和殿的每条屋脊上都有10只长相怪异的小兽，我不禁好奇它们叫什么，是什么来历，以及为什么故宫屋檐上不用一些人物的雕像？我趁着暑假走访了几处古建筑，开始进行相关课题的研究。

中国古代建筑造型独特而精美，而吉瑞雕像装饰不仅美化了建筑本身，又具有一定的功能，是古代建筑不可或缺的一部分。其中，古建筑门口的石狮子以及飞檐上的装饰最具有中国特色，但随着朝代的更替以及地域的差异，导致不同建筑中的装饰各不相同。北京故宫是皇家建筑的典范，而江南园林则是典型的古代民间建筑，本课题主要关注建筑装饰中象征吉祥的雕像，以故宫和豫园为例，对比北方与南方、皇家与民间在建筑装饰细节上的差异及其形成原因，探讨吉瑞雕像的象征意义。

一、以石狮子为代表的吉兽及其差异

（一）石狮子的产生过程

距今3000年前便有对“狮子”的记载，称为“狻猊”。最早的石狮出现在墓穴口前，统治者将它作为守护陵墓的使者。“狮子作为中国神兽中的一员，随着丝路开辟，从西域引入到了中原。进入中国传统文化的石狮子，其造型与真狮子有别，它被赋予了中国传统的审美特征和符号寓意。”两汉时期以及唐代，狮子都是以“进贡”的方式进入中国的。尤其是唐朝，通过丝绸之路，更多的西域狮子进入中国。

东汉时期，我国石雕狮子初具雏形，这时的石狮子更多像老虎，只是比老虎大一些，其造型风格上气魄雄浑而又巨大。到了魏晋南北朝时期，石狮子的造型风格和之前相比有了明显的区别。唐朝雕刻艺术达到了顶峰，艺术风格倾向于写实主义，石狮子的动作也由行走变为蹲坐。宋代石狮子的象征意义添加了更多的纳祥意味，当时石狮子的造型也不太强调威严，开始在石狮子的脖子上系铃铛，母狮的造型为享受天伦之乐，整体风格比较活泼。明、清两代，石狮子逐渐走入民间，成为寓意吉祥安泰的瑞兽。

到了明代，石狮子形成了南派和北派两大派系。而明代石狮子的“螺鬣”，在数目上曾有森严的等级规定。比方说，“一品官员府第门前石狮有13个旋涡状的鬣毛，称为‘十三太保’。一品以下官员每低一级，旋涡状鬣毛要减少一个，七品以下官宅门前不能摆狮”。如今，大部分传统建筑门前，无论是各地的王府、衙署，还是宅第、陵墓之类，都常常能见到一对石狮子的身影，它们伫立于门外两边，雄狮站在左边，雌狮站在右边，侧首蹲坐，严肃地注视着过往行人，俨然威震八方的守护神。

经过探究，石狮子大都具有以下四个作用：

1. 镇宅，把狮子作为看门的神兽。2.驱邪：狮子最早是镇墓兽，而后来人们把石狮子放在门口为的是将邪气阻挡在外，为主人带来祥瑞幸福。3.招财：特别是中国特有的献钱狮和港币狮，人们把狮子和钱币、钞票联系在了一起。4.权力：石狮子也是屋主人权力的象征，如故宫中的石狮子，可见皇室以及富贵人家会用石狮子来象征自己的身份及地位。

（二）石狮子的形态差异及其原因

北方石狮子以故宫为例，宫内共有 6 对石狮子，太和门前有一对铜狮，宁寿门、乾清门、长春宫、养心门、养性门前各有一对鎏金狮子。

故宫中石狮子的种类为北京狮。北京狮的造型一般尊严而又大气，它是皇权的象征，是皇家守卫门户、确保皇宫安宁的瑞兽。狮子是兽中之王，它昂首挺胸，张口露齿，目光炯炯逼人。古代人认为，石狮子不仅可以将邪气阻挡在门外，还能将祥瑞之气迎进门。北京狮为雌雄一对。狮头上装饰有髦毛，颈上悬着铃铛，肌肉发达，气势雄伟。雌狮左脚下有一仰卧着的幼狮，作嬉戏状，雄狮（见图 1）右脚踩一绣球，底座皆有繁复精致的卷叶纹。故宫铜狮已成为所有传统狮子造型中的典范。它们的头和身体是圆形，底座是方形，体现中国古人天圆地方的地理认识。它们头上有 45 个发髻（见图 2），呼应皇帝九五之尊的称谓。东侧是雄狮，脚踩绣球，象征掌握江山社稷。西侧是雌狮，抚摸幼狮，象征子嗣昌隆。除太和门外的一对铜狮外，其余 5 对狮子都是鎏金的，而这对铜狮也是故宫中最大的一对。

图 1　太和殿前铜雄狮（笔者摄于故宫太和殿前）

图 2　雄狮侧视图（笔者摄于故宫太和殿前）

南方石狮子以豫园为例，园内共有 8 对石狮子，门前一对湖石狮子；游廊前一对元代铁狮；萃秀堂和点春堂前各一对矾石幼狮；双龙戏珠洞门下一对金刚石狮；内园大门口一对湖石狮子，二门口一对金刚石狮子，静观厅前一对青石狮子。

豫园中的 8 对石狮子（见图 3）造型各异，与平常所见的石狮子都不太一样。园中的石狮子大多身材纤细，看起来弱不禁风的样子。不仅如此，它们还都扭着身子，互相注视着对方。有的雄狮手拿绣球，而不是将其踩在脚底下。而静观厅前的雌狮（见图 3 第 3 组）的前爪搭在小狮子的背上，而不是将其握在自己爪中。这里的石狮子少了几分威严与雄壮，多了几分媚态与活泼。

图 3　豫园中的石狮子(笔者摄于上海豫园)

总体上,北方的石狮子外观大气,雕琢质朴;南方的石狮子更为灵动,造型活泼,雕饰繁多,小狮子也不仅在雌狮掌下,有的爬上狮背,活泼可爱。据徐华铛、杨古城所写《中国狮子的南北差异》,南狮和北狮在外形上有较大差异。

表 1　南狮与北狮的外形比较

名称	北狮	南狮
头	较大	较小
躯	方形,粗犷,健壮	圆筒状,细腻,挺秀
鬣毛	竖起,卷曲呈蛋状	下垂,呈旋卷状
耳	小而后抿	大而竖起或下垂
尾	较小,紧贴后背	大而卷起

（续表）

名称	北狮	南狮
脸	多疙瘩	较光、平
腿	粗而方，露筋肉	细而圆，有横纹
额	隆而秃	较平，旋毛盖住
眼	大而呈蛋状	大而呈圆球

南北石狮子产生差异的原因，首先，地域的差异直接影响了石狮子外形的差异。北方气候干燥，冬季极为寒冷，因而民风粗狂、豪放，石狮子的造型也体格粗大，身材魁梧，就像北方人一样。而南方温和多雨，民风细腻、温婉，石狮子就带有江南水乡的特色，身姿妖娆，神态妩媚。

其次，等级差异造成了石狮子外形的差异。故宫因为是皇家的建筑，因此石狮子的造型比较呆板、拘谨，相貌千篇一律，为的是突出帝王以及神兽的威严；而豫园因为是民间的建筑，石狮子是老百姓心目中的狮子，因此造型比较生动活泼，体现了老百姓对于美好生活的愿景。

二、以飞檐装饰为代表的吉兽及其差异

（一）故宫的飞檐装饰

中国宫殿式的建筑上的垂脊以及屋檐的翘角上，经常有数量不等的小兽或是人物的雕像。故宫中的小兽有其专业的名称，叫作“脊兽”。

飞檐角上的10只脊兽有它们独特的名字，每只小兽都有其独特的来历，象征着吉祥安康。以北京故宫太和殿屋檐上的脊兽为例（见图4），从前往后分别是龙、凤、狮子、天马、海马、押鱼、狻

狻猊、獬豸、斗牛和行什。

图 4 太和殿上的脊兽

1. 龙：是天下动物的领袖，龙象征着皇帝及其威慑的力量。

2. 凤：民间有“百鸟朝凤”的说法，与龙相对，象征着皇后。

3. 狮子：是万兽之王，金精之刚，佛教中威武的护法王，是勇猛威严的象征。

4. 天马：日行千里，追风逐日，凌空照地，是人们心中的神马。

5. 海马：忠勇智慧，能通天入海，逢凶化吉。

6. 押鱼：海中异兽，能祈雨，灭火防灾。是鱼与兽相结合的一种动物，也是吉祥的化身。

7. 狻猊：形似狮子，骁勇善战。它头披长长的鬃毛，凶猛无比，吃虎豹。

8. 獬豸：传说中的神羊，形状如羊，有一角，青色四足，是忠诚、正义的化身。

9. 斗牛：擅长吞云吐雾，虬螭的一种，牛头牛身，身上有鳞，遇阴雨作云雾，能逢凶化吉。

10. 行什：只在太和殿出现，是举世无双的第十只脊兽，因排行第十得名。清代人说它是猴子，其实它有翅膀，手拿金刚宝杵，会降魔,它是传说中雷震子的化身,中国木构建筑最怕遭遇雷击,它是人们防雷的希望。

太和殿飞檐最外面的人物雕像称作"骑凤仙人",他是传说中齐闵王的化身,据说由于当时他作战失败,退无可退,被一只飞来的凤凰拯救了性命。他安坐于屋脊,只要向前一步就会跌落,象征着绝处逢生、逢凶化吉的好运气。

(二)豫园建筑的飞檐装饰

豫园中主要几所建筑的飞檐翘角上,装饰主要以一些英雄人物为主(见图5),少数几所建筑的飞檐翘角上也带有仙鹤等吉祥瑞兽。人物雕像又多以武将为主,张飞、关羽、杨家将、岳飞是最常见的主题。他们有的手握大刀,怒目圆睁,昂首挺立在屋檐上,不禁让人想起这些历史英雄保卫家国时的飒爽英姿。还有的骑在马上,手拿兵器,身后跟着几个士兵,似乎想要将敌人踩在马下。三国演义、岳飞抗金、八仙过海等民间故事一直为人们津津乐道,也给了古代建筑师设计的灵感。由此也不难看出,这些故事所代表的美好寓意也早已深入人心,这些英雄人物和神仙也成了吉瑞的象征。

图5　人物雕塑群像(笔者摄于上海豫园)

（三）飞檐装饰的作用及其差异原因

故宫选择这些神话动物作为饰件，首先是为了突出殿宇的威严。另外，这些动物都有消灾灭祸、铲除邪恶的寓意，将它们安置在屋脊之上，以祈求风调雨顺、国泰民安。不过，脊兽也有建筑功能。屋脊的坡度会使脊瓦下滑，交梁上需要铁钉固定。为了保护铁钉免受雨雪侵蚀，脊兽就用来当作铁钉的帽子，并起到装饰作用。故宫作为皇家的宫殿，所选用的雕像造型也与民间的大有不同。以十只脊兽为例，每一只都有独特的来历和典故，而且它们每一个的寓意都有所不同，用这些神兽庇佑王朝，守护四方。

豫园是民间的建筑，因此大量带有神话色彩的传奇人物的雕像体现了人们的宗教信仰。在古代，对于大自然，人们只能通过自己的主观意念去感知，并将自然现象与主观意识结合起来，形成神话传说，于是便产生了图腾文化以及宗教信仰，人们将自己的愿望、想象赋予装饰雕塑之中，于是图腾文化以及宗教信仰变成了古代建筑装饰雕塑的标志与符号。面对自然灾害与战争灾难，人们相信通过祈求神灵，可以克服灾难，所以刻画雕像明显体现了古代人对于神灵和大自然的信仰和崇拜。因此威武的武将镇守在屋檐上，保护着家宅的平安，体现出主人的威严；足智多谋的诸葛亮是智慧的象征，体现了人们对知识的追求；慈祥的老寿星手捧寿桃，体现了中国人对长生不老的美好愿景。

豫园作为私家花园，建筑师们选用的是人们耳熟能详的民间故事中的英雄人物，而不出现龙、凤这种只有皇家才能用的题材，这么做既不会招来杀身之祸，又能起到同样的为家族祈求吉瑞幸福的作用。而故宫中的神兽镇守的则是国家的法统和威严，保护的是整个王国，因此脊兽的选用就非常有讲究了，数量、次序都有严格的规定。总体上来看，故宫中的吉瑞祥兽内容比较单一，体现了皇帝祈求国泰民安的愿望；而豫园中的英雄人物内容比较多样，体现的是老百姓对于美好生活的愿景。

参考文献

[1] 赵运涛:《中国传统文化中的石狮子》,《中国艺术报》,2019 年 7 月 24 日。

[2] 徐华铛、杨古城:《中国狮子的南北差异》,《古建园林技术》2006 年第 1 期。

[3] 张世尧、平龙:《中国北方石雕狮子艺术特点概述》,《美术教育研究》,2019 年第 8 期。

[4] 袁丽娜:《浅谈中国传统古建筑中的屋脊兽》,《黑龙江史志》,2014 年第 23 期。

[5] 袁华:《传统屋脊上的文化浅析》,《浙江工商职业技术学院学报》,2006 年第 3 期。

[6] 徐凡、钱皓、王一珉:《论北京故宫建筑中脊兽的特点及文化内涵》,《工业设计》,2017 年第 10 期。

探究感想

暑假中，我实地走访了豫园，不仅被园中的假山鱼榭吸引，更欣赏门口的石狮子以及屋檐上的人物雕塑，惊叹于古代工匠们高超的雕刻技艺以及他们对民间神话的理解与运用。在探究的过程中，我进一步了解了豫园的历史与典故，也为中国人拥有这一处江南园林感到自豪。现有的文献资料中大多着重于分析建筑装饰的特点，本文比较了南方与北方、皇家与民间吉瑞祥兽的特点，并从这两个角度分析产生差异的原因。但因研究时间非常有限，我在上海只走访了豫园这一处古建筑，没有对比多处古建筑，文章中还存在一些有待改进之处。例如因为研究资料稀少，因此本文对于豫园以前的主人为何要选用这些雕像做装饰的阐述还不够细致，对于南北建筑屋檐上的雕像的比较还不够全面，这些都是在今后的研究中有待改进的。此外，古建筑中精美的雕像以及装饰，能够为当代的建筑提供设计的灵感，古为今用，使得古建筑之美继续传承和发展。最后，我要感谢故宫博物院、上海豫园为本课题开展提供的帮助，也要感谢吴笛老师对我论文的悉心指导与建议。

课题作者：上海市延安中学

邓一恺

指导老师：吴　笛

笔者上海豫园考察后留影

从上海博物馆看
各少数民族服装的特点及异同
——以苗族、侗族、白族、藏族、维吾尔族、蒙古族为例

探究缘起

平日里我们虽然都穿休闲装，但在节庆活动、宗教仪式、国家典礼和其他正式的场合中，民族服装也经常出现在我们的视野中，它们能代表我国56个民族的特色。2008年，中国有15个民族的民族服饰被选为国家级非物质文化遗产。因为上述原因，我们走进了上海博物馆的“少数民族工艺馆”，从展馆中展示的众多民族服装中选择了有代表性的六个少数民族：苗族、侗族、白族、藏族、维吾尔族、蒙古族，以此来看各少数民族服装的特点及异同，从而对少数民族特有的服饰有进一步的了解。

上海博物馆的“少数民族工艺馆”总共分为六大板块：“服饰工艺”“染、织、绣工艺”“金属工艺”“雕刻工艺”“漆器与手编工艺”和“面具艺术”。“服饰工艺”板块展区内容最丰富，通过参观，我们对各少数民族的服装首先有了视觉上的感受，对民族服装的特点和差异也有了最初步的认识。比如，我们注意到北方民族的服装质朴厚实，常有宽袍长褂，而南方民族的服装就显得较轻巧秀丽。“服饰工艺”板块给我们留下最深刻印象的内容是“少数民族的服饰，具有鲜明的民族特征，风格款式迥然不同；同一民族因地域、支系的差别，服饰也各异”。此外，在“染、织、绣工艺”板块，我们看到了苗族蜡染花鸟纹被面，靛蓝染色的蜡染花布，青底白花，

充满了生活气息。第一次参观中我们的收获在于有了强烈的直观感受并且拍下了照片，但只是停留在一些零星的看法和认识。于是我们开始深入思考南北方服装差异产生的原因是什么？

第二次走进上海博物馆时，我们带着列好的问题提纲，重点着眼于苗族、侗族、白族、藏族、维吾尔族、蒙古族这六个少数民族服装，并结合上海图书馆中的文献资料对其进行了分析与总结。

一、苗　　族

（一）服装样式

苗族是我国南方少数民族，苗族服装被史学家称为“穿在身上的史书”。苗族男服一般为上衣下裤式样，上穿立领对襟短衣，下穿粗布长裤，上衣和下裤均为蓝色或黑色。苗族女盛装（见图1）包含了上衣与百褶裙，上衣为立领，以红色为主色调，配色有黄色、紫色、绿色，绿色与红色形成了对比色，百褶裙以青色为底色。据前人研究，苗族女服主要是百褶裙，且百褶裙的产生与其民族历史原因有关。元明清时期战乱纷争，苗族人民为了在颠沛流离之中妥善保存秘密，将本民族的文化、生活和军事机密记录在裙子上，百褶裙让这些秘密不易被人察觉，增强其隐蔽性。正是这样，苗族很多重要的民族文化资料得以保留和传承。由此可见，民族服装的结构样式有其历史渊源，服装记载和传递了一个民族多彩的历史。

（二）服装纹样与象征意义

苗族喜欢在服装中绣上绚丽的花纹图案，如图 1 苗族女盛装中裙边的彩虹色刺绣体现了苗族自古好“五色衣裳”，十分重视衣服的色彩和装饰。领口处所刺的龙蟠凤逸体现了楚文化中苗族崇尚龙凤形象等，反映了文化传统对于民族服装的影响。苗族的图腾有水牛、黄牛、鹰、凤、鱼、犬、竹、枫树等，这些图腾的纹样也常常被运用在服装中。图 2 是在上海博物馆拍摄的苗族蜡染花鸟纹被面，运用了广西少数民族传统工艺“靛蓝染色工艺”，这些夸张和超现实的造型形象是图腾崇拜的视觉呈现。除此之外，苗族服装的纹样也多有几何化的自然物象，如太阳纹、铜鼓纹等。图 2 下面部分的被面纹样就是几何化的自然物象，以示苗族信仰万物有灵。

图 1　苗族女盛装

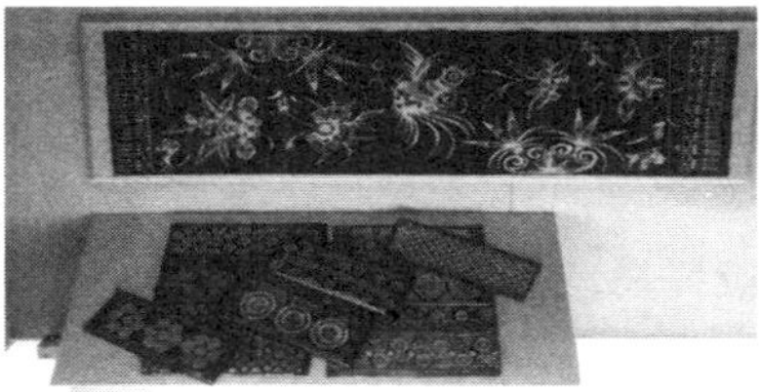

图 2　苗族蜡染花鸟纹被面

二、侗　　族

（一）服装样式

侗族是我国南方人口较多的一个民族。侗族有特有的亮布，这种面料通过特殊的制作工艺制成，经过十几道工序，在阳光下闪闪发光。在黔东南苗族侗族自治州还保留着这种古朴的制作工艺，以此缝制侗族民族服装。侗族男子服装为上衣下裤式样，上衣一般为立领、对襟，裤子一般为窄筒。侗族女子服装为上衣下裙式样。上衣为无领短衣，两侧开衩，多为蓝色等淡雅的颜色；下着长至膝盖的黑色百褶裙；最特别的是女子穿戴的银项圈、银发钗和银绒花。图 3 是侗族节日庆典时跳芦笙舞时所穿的华丽的芦笙服。

图 3　侗族芦笙服

图 4　侗族轴绣凤鸟

(二) 服装纹样与象征意义

侗族服装纹样中经常应用“万物”。图 4 是在上海博物馆中拍摄的侗族轴绣凤鸟，中间的圆形象征上天，太阳是天的代表，方形象征大地，从侗族纹样的布局可以了解侗族人对天地的崇拜对神灵的信仰，相信“万物有灵”。由此推测他们将“万物”应用在他们的服装中是希望神灵能庇护和保佑他们，祈求平安无灾。可见，文化信仰的积淀是民族服装的形成过程中必不可少的一个因素。

三、白　　族

（一）服装样式

图 5　穿着民族服饰的白族妇女(云南拍摄)

白族是我国少数民族之一,主要分布在云南。暑假里我们前往云南实地考察的过程中发现白族服装单薄、灵活,且白族人经常穿阔脚裤。通过询问当地人,我们了解到他们穿阔脚裤是为了方便水田劳作或是在小沟小河行走时可以卷起裤脚。云南地区属于季风气候,水热条件好,且农业地域类型以水田农业为主,因此产生了对阔脚裤的需求。我们还发现,白族女子会穿戴棉质的毛巾或头帕(如图 5),男子头缠白色或蓝色的包头,这样可以防止小虫子钻入头发。云南地处于低纬,热量充足,多蚊虫,因此产生了对头巾、包头的需求。这是白族人适应地理环境的结果,云南湿热的气候条件和地理环境对白族的服装产生了影响,使白族服装的款式和质地都具有与其环境相适应的实用性。

（二）服装纹样与象征意义

通过与当地白族人的交流,再加上相关文献的查阅,我们了解到白族是以白为美,以白为贵的,这也是白族服装以白色或浅色为主的原因。白族人的审美观念影响了他们的民族服装,产生了对颜色、色彩的偏好。我们还看到白族服装上有很多刺绣纹样,多为植物或动物,有山茶花、莲花、龙、凤等图案。据查,山茶花、牡丹花、莲花、菊花、蜜蜂、老鼠、鱼、龙、凤、“福”字、“寿”字等都是当地文化中的吉祥图案。白族人把吉祥图案运用在民族服装上,以此祈求吉祥平安。可见,少数民族服装中蕴藏着文化内涵。

四、藏　　族

（一）服装样式

藏族是我国西部的少数民族。如图 6、图 7 和图 8 是在四川省稻城亚丁拍摄的，图 9 是在上海博物馆拍摄的，可以看出，藏族服装较为厚实，为长袖、宽腰、大襟。掉袖藏袍是藏族服装的一大特色，这是因为藏族生活地区海拔高、气温低、日照长、辐射强、温差大，掉袖藏袍可以适应昼夜间的温差。气候条件和地理环境对藏族服装产生了影响，掉袖藏袍也充分体现了藏族人民适应环境的结果，具有实用性。

图 6　藏族服装（稻城亚丁拍摄）

图 7　藏族服装纹样（稻城亚丁拍摄）

图 8　藏族服装（稻城亚丁拍摄）

图 9　上海博物馆——藏族女盛装

（二）服装纹样与象征意义

藏族服装纹样大多与宗教信仰有关。如图6中，服装上的植物刺绣为莲花，代表了佛教中出淤泥而不染的超脱俗世的心境。又如图7，组合图案八宝图也被应用于藏族服装纹样中。“吉祥结”“八吉祥”“八宝图”等图案寓意吉祥、如意。这种纹样在服装上的运用体现了藏族人民对吉祥、自由和圆满的希冀，展现了神秘而美丽的文化色彩。由此看来，民族服装蕴藏着深刻的文化内涵，民族服装特点的形成部分取决于本民族的文化和宗教信仰。

五、维吾尔族

（一）服装样式

维吾尔族是我国西北地区的少数民族，主要分布在新疆。维吾尔族男子服装以“袷袢”为主要款式，是无领、长袖、对襟的长袍，无纽扣。新疆主要为温带大陆性气候，冬冷夏热，昼夜温差大。受地理环境影响，维吾尔族男子服装中就产生了腰巾，系腰巾可以在寒冷的大风天气紧紧地裹住长袍的衣襟，以防止寒风侵入。新疆以畜牧业为主，为了适应其生产生活，骑马远行的维吾尔族男子的腰巾上可附系各种日常生活小物件，带来了极大的便利。如图10是在上海博物馆拍摄的维吾尔族棉织阿訇衣帽，阿訇是对主持清真寺宗教人员的称呼。宗教职业者与普通百姓不同的地方在于他们的外衣的外面不系腰带，多穿长袍。维吾尔族女子服装式样很多，图11是在上海博物馆拍摄的维吾尔族镶边红绒女袍，是彩色印花布料，色彩鲜艳。

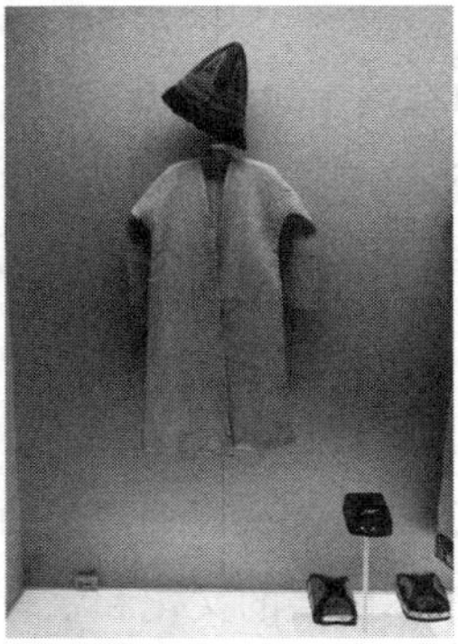

图 10　维吾尔族棉织阿訇衣帽

图 11　维吾尔族镶边红绒女袍

（二）服装纹样与象征意义

维吾尔族服装制作中所用的布料最具民族特色的是艾德莱斯绸。艾德莱斯绸是新疆特有的一种蚕丝绸。“艾德莱斯”在维吾尔语中为飘逸、抽象的意思，艾德莱斯绸即飘逸抽象的绸子。维吾尔族人还将这种丝绸叫作“玉波甫能卡那提古丽”，意为“布谷鸟翅膀花”，隐喻此绸能给人带来春天的气息。

图 12　维吾尔族彩色印花布饭单

六、蒙 古 族

（一）服装样式

蒙古族是我国的少数民族之一，主要分布在内蒙古、吉林、黑龙江等地。因为蒙古族所生活的环境冬季气候寒冷，因此其服装需要具有抗寒作用。地理环境决定了一个地区的生产方式，而生产方式对服装的样式也产生影响。蒙古族是一个游牧民族，以畜牧业为主，经常在马上进行活动，所以其服装需要便于骑马及进行其他游牧活动。因此，坎肩、长袍、皮靴和皮帽等便成为蒙古族人的首选服装。

（二）服装纹样与象征意义

在上海博物馆中，我们拍摄到了蒙古族妇女盛装（见图13），该服装以红色为底色，因为蒙古族人性格热情豪爽，喜爱鲜明的色彩，他们是“马背上的民族”，生活在草原，“天苍苍，野茫茫，风吹草低见牛羊”是其自然景观的生动写照，所以他们将天蓝色、红色这样的明亮色彩运用于服装中，与其自然景观相照应。服装纹样中应用盘长图案，代表吉祥、团结与祝福。

图13　蒙古族妇女盛装

七、结 论

综上所述，各民族的服饰尽管各有差异，但其特征的形成都有着共同的影响因素：

（一）民族所处地理环境

地理环境决定了一个地区的生产方式，生产方式对服装的样式有重要的影响，因而地理环境是民族服装形成的客观因素，潜移默化地影响着每个民族服装特点的形成与发展。如厚实的藏族服装与单薄轻便的白族服装大相径庭，是因为两个民族生存的地理环境的差异，影响着各自民族服装特点的形成。

（二）民族的审美情趣

审美价值是服装追求的基本功能之一。古往今来，人类都有欣赏美、追求美、创造美的心理，因此，各民族审美意识与审美观念作为一种主观因素也影响着我国少数民族服装的形成与发展。我国少数民族服装的特点之一就是拥有鲜明的色彩以及精美的工艺。而由于各民族间的文化传统以及宗教信仰不同，反映在审美心理上便有了不同的审美意识和审美观念，产生了对装饰、色彩的不同偏好。

（三）民族的人文环境

少数民族服装是少数民族文化的特殊载体。在客观因素的基础上，少数民族服装的发展更与民族历史、文化传统、风俗礼仪、宗教信仰等人文环境因素的积淀有关。

总而言之，各少数民族服装的特点正是这些方面共同影响下的结果，各少数民族生存的地理环境、审美情趣及人文环境的异同导致了其服装特点的异同和区域性差异。我国56个民族有各式各样的民族服装，是我国物质文化与精神文化的结晶，体现了我国疆域的广阔、自然环境的多样和文化的多元，每一个少数民族的服装中都蕴藏着深刻的文化内涵，值得我们去了解和研究。

参考文献

[1] 刘红晓、陈丽：《广西少数民族服饰》，上海：东华大学出版社，2016年。

[2] 云南省标准化研究院：《滇之锦绣：云南特有少数民族服饰考

析》，北京：中国标准出版社，2017年。
[3] 阿旺格桑：《藏族装饰图案艺术》，江西：江西美术出版社，1999年。
[4] 徐红、陈龙、瓦力斯·阿布力孜：《新疆少数民族服饰及文化研究》，上海：东华大学出版社，2016年。
[5] 曹建中、靳长缨、车卫东：《民族服饰语言与创意设计》，北京：北京师范大学出版社，2014年。

探究感想

通过研究这一微课题，我们不仅更深入地感受到民族服装的魅力，也学习了基本的研究方法。

我们体会到博物馆是一个展览和介绍各方面文物及资料的地方，我们在生活中遇到一些值得研究的问题时，都可以去博物馆一探究竟。就像这次上海博物馆中的少数民族工艺馆，展览内容丰富，设施完备，为我们的研究提供了丰富的资料。

经过这次研究，我们明白了少数民族服装不仅外观别致、漂亮，背后还有着丰富的内涵。当地的地理环境、审美情趣和各种人文因素都影响着民族服装样式。我们相信，民族服装特点还能折射出更多的东西，还需要更进一步的研究，我们也愿意继续深入研究。

课题作者：上海市西南位育中学
张芝馨　孙嘉迎
指导老师：谭　倩

上海、洛阳与开封历史建筑的保护研究

探究缘起

今年暑假，学校组织了文化游学，出于对千年古都遗风的神往与憧憬，我们选择了走访洛阳和开封。在确立课题前，我们首先前往图书馆查询有关这两个城市的资料，了解到当地丰富的文化遗产和多处历史建筑。我们不由得好奇，这些珍贵的历史建筑有没有被妥善保护呢？洛阳、开封和上海这三座城市对历史建筑的保护措施是否有所不同？之后，通过和指导老师的多次交流和组员之间的商讨，我们敲定了课题的研究内容为比较三地的历史建筑保护。

一、 上海、洛阳与开封市民对历史建筑保护的看法

今天，我们在各个城市的街道上漫步，那些风格迥异、刻画了时代特色的历史建筑就是我们文明的见证。历史建筑、风貌保护区等大多反映了一个城市的史脉与传衍，记录了城市的不断发展，它们就是城市印记。从文化古城洛阳和开封，到现代化国际大都市上海，我们采访、实践、发放问卷，去探究每个城市不同的历史建筑保护措施。

我们通过问卷对洛阳和上海市民的观点进行了调查，通过比较，我们得出了不同城市的市民对该城市历史建筑保护观念的异同。

（一）洛阳调查情况

我们在洛阳回收有效调查问卷 100 份，其中 20 岁以下 18

人,20～29 岁 19 人,30～39 岁 25 人,40～49 岁 22 人,50～59 岁 10 人,60 岁及以上 6 人。80%是本地市民,9%是游客或短期停留在洛阳的外地市民,11%是长期在洛阳生活的外地市民。

他们中参观过的洛阳历史建筑的数量,1～3 个有 14 人,4～6 个有 28 人,7 个及以上有 58 人,没有参观过的为 0 人。30 人认为应完全保留历史建筑,70 人认为有意义的历史建筑应保留,大多数建议将其改造成商业化建筑,促进城市旅游业发展,或者将其改造成艺术教育基地,没有人认为应完全拆除历史建筑。

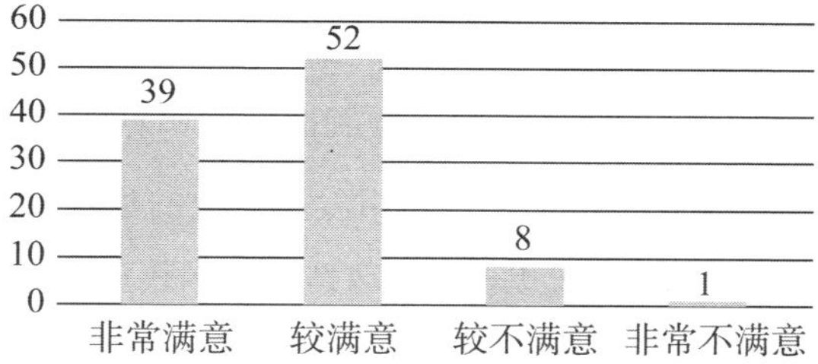

图 1　您觉得洛阳对历史建筑保护工作做得如何

(二) 上海调查情况

我们在上海回收有效调查问卷 270 份,其中 20 岁以下 78 人,20～29 岁 20 人,30～39 岁 40 人,40～49 岁 110 人,50～59 岁 9 人,60 岁及以上 13 人。80%是本地市民,4%是游客或短期停留在上海的外地市民,16%是长期在上海生活的外地市民。

他们中参观过的上海历史建筑的数量,1～3 个有 51 人,4～6 个有 93 人,7 个及以上有 122 人,没有参观过的有 4 人。39 人认为应完全保留历史建筑,230 人认为有意义的历史建筑应保留,大多数建议将其改造成商业化建筑,促进城市旅游业发展,或者将其改造成艺术教育基地,1 人认为应完全拆除历史建筑。

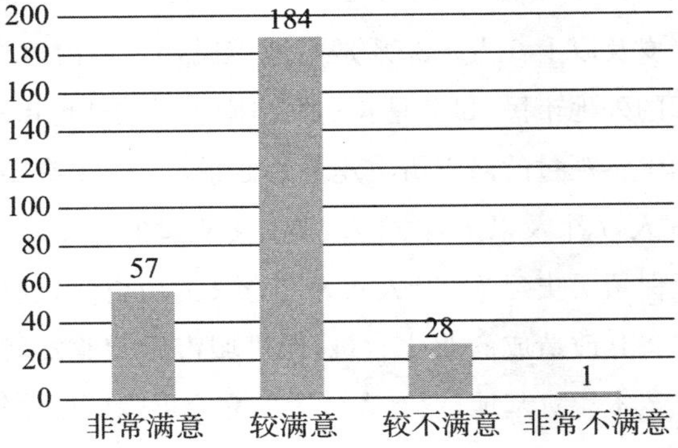

图 2 您觉得上海对历史建筑保护工作做得如何

根据我们目前调查三个城市得到的信息来看，相同点在于市民认为需要完全保留能够反映城市发展历史的建筑。而在需要改造的历史建筑中，市民更偏向于改造成艺术教育基地或者是商业化建筑，或是有利于促进城市旅游业或者商业发展的建筑，这些都是由城市的功能定位决定的。

例如，洛阳是一个注重工业发展的城市，需要在历史建筑的保护与工业发展之间达到某种平衡，改造并保留一部分，这样才能促进其更好的发展；而上海是一个高速发展的城市，则需要深化历史建筑和商业的联系，即改造和利用古遗迹；开封作为一个重点发展旅游业的城市，则需要更好地修缮及复建历史建筑，给游客展示更原汁原味的历史建筑，毕竟展示也是保护的一种形式。

二、 三座城市历史建筑保护的方式与优点

（一）因城市定位的不同采用不同的古迹保护政策与理念

我们经过调查、实地参观城市规划馆等形式，深度了解了上

海、洛阳、开封三座城市的历史建筑保护与城市政策理念的融合。其中，上海更偏向于保护与利用，即深化历史建筑和商业的联系；洛阳希望其历史建筑保护能和工业发展两相结合，从而达成平衡；开封则是以保护历史建筑为先，在保护的基础上进行一定的开发。

从整体来看，上海政府秉持“保护是为更好地利用，而使用也要有利于保护”的理念，即对上海历史建筑进行适度开发利用，凡涉及保护建筑的，在保护的前提下，考虑文化、旅游的开发和利用。

我们在洛阳城市规划馆里看到了《洛阳市历史文化名城保护规划》的展示，这份规划呈现了洛阳市对历史建筑保护的设想，明确了洛阳现阶段城市的发展目标：融合第二、三产业，共同构建“发挥洛阳工业与科研基础优势和历史遗产及旅游资源保护利用的特色，提高城市竞争力，全面实现产业结构的升级调整，建成中西部地区最佳人居环境城市”。

通过采访，我们了解到开封对历史建筑始终更倾向于“应保尽保”，对有历史价值、文化价值的传统老建筑，能就地保护必须就地保护，在保护前提下让其重现活力、发挥功用。而这里的“保”，保护的不仅是几千年的历史建筑，还包括了承载着城市记忆的近现代的老民房，作为城市发展的印记，老房子里那些木门、木梁是现代钢筋混凝土建筑无法代替的。我们在采访开封市城市规划局局长时，他说：“应保尽保，当然我们只要能保就保，只要我们认为它对文化有价值，即使它不是文物，我们也要保护。因为这些建筑其实就是城市发展的印记，那些古籍中的文字记载其实人们想象不出来到底是什么样，包括我们现在想做一些宋式的建筑，但除了文字记载，我们什么都没有，我们只能从一些宋画上看它的外观，然后揣摩应该怎么做，但这种东西是不是原汁原味的，我们就很难去考证了，所以这种建筑能留尽量要留。”

（二）因建筑类型的不同有不同的具体保护措施

上海作为一个快速发展的城市，对部分的历史建筑进行了商业化的改造并加以利用；而洛阳更多地将历史建筑进行修缮与复建，通过展示的方式来保护它们；开封地下埋藏堆积的古遗迹太多，难以大规模改造，优先选择全部保护起来，并在保护的基础上进行适度开发。

在上海，比较典型的保护实例有外滩、新天地、田子坊等。上海新天地广场项目：它主要是一个将上海独特的石库门建筑旧区，改造成具有国际水平的集餐饮、商业、文化娱乐等多种功能的都市休闲景区。其保留了当年的砖墙、屋瓦、石库门，建筑内部则按照现代都市人的生活方式彻底翻新改造。而在历史街区的保护上，田子坊则是另一个典型案例。在职能上，田子坊仍以商业街为主，而老厂房原有的建筑结构并没有太大的调整，保留了上海 20 世纪工业文明的细枝末节，让这些历史文化符号能够被世人所见。

在洛阳，历史建筑保护则分为两类：

对于现存完好的建筑，稍加修缮维护，对游客开放。例如已经有 1900 多年历史的中国第一古刹白马寺。在参观的过程中，我们发现其中的很多文物都被用玻璃罩保护起来，并且配有语音导览文字介绍等详细服务供参观者去了解。

而对于损毁严重或是埋在地下的遗迹，例如著名的天堂明堂，洛阳则是选择了重建，隋唐洛阳城国家遗址公园就是建立在天堂明堂遗址之上，而把早已经埋在地下的残存的印记通过玻璃罩保护起来供人参观。

开封现存的古迹例如城墙，是中国现存的仅次于南京城墙的第二大古代城垣建筑。通过一定的保护手段，开封城墙规模、格局乃至重要地标都未改变，是原汁原味的明清的城墙。同时，开封对历史街区保存得很好，这其中包括双龙巷街区和保定巷这些历史文化风貌区，历史遗存丰富，是重点保护区。

开封市城市规划局局长说："我们希望开封不要有那么多的高楼大厦，多保持古都的这种风貌。因为我们的城墙是全国面积第二大的，第一大的是南京，但是我们开封城墙是历史遗存保存最好的。另外还包括我们现在一些历史街区的改造，比如说我们现在有个叫双龙巷的街区，其实就是宋朝的前两任皇帝赵匡胤和赵匡义兄弟两个在那寻找地方居住，为什么叫双龙啊，因为皇帝才能称龙啊，所以才有了双龙巷这个历史街区，还有保定巷这些历史化风貌区。这些历史街区历史遗存相对比较丰富，我们就把它划定了。"

而开封还有一批后期建的历史文化建筑。例如清明上河园，就是以《清明上河图》为蓝本，以宋朝市井文化、民俗风情、皇家园林和古代娱乐为题材，以游客参与体验为特点的文化主题公园。它集中再现原图风物景观和宋代民俗，再现了古都汴京千年繁华的胜景。

通过调查，我们可以得知，历史建筑的保护与城市功能定位之间并不是简单的会不会影响，而是一种相辅相成的结果，三个城市通过结合功能定位，找准了自己未来的发展方向，并对历史建筑的保护措施进行分类。通过处理好城市印记保护与促进城市经济发展之间的关系，做出了适当的选择。

对于三个城市而言，它们在各自历史建筑保护基础之上根据城市职能加以改造，都彰显了各个城市的文化底蕴和城市发展历程，并且从各个方面弘扬了中国传统文化，展现了城市历史的博大精深和多样性。

三、对上海历史建筑保护的建议

经过这次前往洛阳、开封的游学，我们感受到了中原地区与上海不同的生活节奏和文化。通过对三个城市历史建筑保护措施的研究，我们发现，相比洛阳、开封的大范围全保留措施，上海则更偏重于在保护的基础上进行改造，青睐结合商业特色与教育功能，我们也由此对上海历史建筑保护提出几点建议：

（一）学习洛阳、开封能保尽保的精神

即使是近代的建筑比如旧民居，凡是能表现城市发展进程的、对文化有意义的建筑，就值得进行保护，只有多进行保留，才能让一个城市不会失去它的历史。上海的旧民居、西洋建筑等历史文化遗存是上海发展的见证，因此建议对它们进行保护，而非大量拆除。

（二）增加历史建筑与文物的展示

文化不能藏着掖着，合理的展示也是保护的一种手段。上海作为外来人口众多的城市，一些新市民对本土文化可能知之甚少，因此历史建筑与文物的展示可以让这些新市民了解上海本土文化。

（三）加强文物保护部门与旅游部门的联系

因为文物保护部门与旅游部门联系不够紧密，会导致一些文物遭到破坏，造成大量的损失。在上海，类似于外滩、田子坊人流量极大的景点，一些破坏往往防不胜防，因此对这些景点的保护更需要关注。

（四）增强有关历史建筑保护的教育

上海对于历史建筑的保护在全国范围内数一数二，大多市民在问卷调查中都表示至少参观过3个以上的历史建筑，但参观超过7个的则不足半数。我们提倡在社区加大对历史建筑的宣传力度，让居民有机会了解上海更多的历史建筑；提供面向学生的志愿服务，既为建筑保护贡献力量，也让学生们了解和感受，激发对城市历史文化的兴趣。

参考文献

[1] 高云、白鹭、兰于兰：《独步中国，郑州　开封　安阳　洛阳　登封》，中国旅游出版社，2006年。

[2] 周宝珠、徐伯勇：《古都开封》，郑州：河南大学出版社，2011年。

[3] 卫国昌：《上海城市开发、发展与对历史建筑的保护、利用》，《上海建设科技》，2008年第3期。

[4] 奚文沁、周俭：《强化特色，提升品质，促进保护与更新的协调发展——以上海衡山路—复兴路历史文化风貌区保护规划为例》，《上海城市规划》，2006年第4期。

探究感想

我们走进了三个城市的不同场馆，通过查阅文献、设计问卷、实地采访等方式，收集到了大量信息，以此来完成这篇论文。其中的种种调研提升了我们的研究能力、采访能力和综合分析能力。在不断探索的过程中，我们深刻理解了历史建筑的内涵以及它们背后所蕴含着的一代又一代人遗留下的精神财富，这些财富是无价的，是城市发展的痕迹。除此之外，通过此次课题研究与分析，我们根据上海市的地方特色，对本地历史建筑的保护提出了一些看法与建议。我们相信，这次课题带来的经验与教训，激起的求知欲会使我们终身受益，在以后的学习中发扬“好学”的精神。最后，我们对在调研过程中给予我们帮助的市民、专家以及指导老师表示衷心的感谢！

课题组成员：上海市市西中学

华英凡　王　乐　王宇晨　柳正舞　陈　洋

指导老师：方秀红

课题组集体照

红色经典

漫话抗战史，铸造爱国魂

——以金山卫抗战遗址纪念园为例

不能忘却的纪念

——探寻“龙华二十四烈士”最小烈士欧阳立安的初心

漫话抗战史，铸造爱国魂

——以金山卫抗战遗址纪念园为例

探究缘起

金山卫抗战遗址纪念园是金山区中小学生经常开展爱国主义教育的场馆。在这里，我们能够了解金山卫抗战的史实，我们还能够看到抗战时期遗留下来的文物，为了纪念抗战建造的雕塑。在接受爱国主义教育的同时，我们也逐渐对金山卫抗战的历史有了浓厚的兴趣。

我们思考，在当今时代，金山卫抗战所体现出来的爱国主义精神对青少年有着怎样的现实意义。在现行爱国主义教育基础上，通过怎样的方式能让爱国主义精神深入人心，真正铸就我们的爱国魂。因此，我们以金山卫抗战遗址纪念园为例，进行课题研究，探讨强化爱国主义精神的有效方式。

一、历史上的金山卫抗战

（一）金山卫抗战背景

金山卫，明代四大卫之一，自明代以来，成为我国保家卫国、抗击倭寇的重要边防重地。1937 年 8 月 13 日，日军对上海发动进攻，并叫嚣“三天占领上海，三个月灭亡中国”。我国军民的顽强抗战，大大超出了日军的想象，作战两个月，进展依然不大。为了突破战局，能够向中国不断增兵，日本注意到了杭州湾北岸的金山卫。

10 月 12 日，日本参谋本部下达作战指令：“以第十军在杭州湾北岸登陆，以利于上海派遣军完成任务。”11 月 5 日凌晨，日军第十军共 11 万人，分乘运输舰，由日本第四舰队护送，总兵力达 30 万，浩浩荡荡地向金山卫地区进发。而当时，由于我国军队主力大都在淞沪抗战前线，因此驻防金山卫一带的兵力只有两个营加一个连。在金山卫西南海边裴家弄处（现卫九路）只留有一个连，金山卫城内仅有 20 余名辎重兵。

（二）金山卫抗战的过程与日军暴行

1937 年 11 月 5 日 5 时 15 分，日军在浓雾的掩护以及强大炮火的配合下，于全公亭、金山卫、漕泾三处同时登陆。在日军登陆过程中，我军驻扎在裴家弄的一个连对日军进行了猛烈的扫射。虽然我军同仇敌忾，越战越勇，但无奈四面受敌，寡不敌众，最终弹尽粮绝，全部壮烈殉国。

6 时 30 分，日军登陆基本全部结束。日军直奔金山卫城。卫城内的 20 余名辎重兵面对日军的进攻进行了英勇的抵抗。《金山县鉴》记载：“此二十余人闻敌军到即集合于蛇王堂炮台，作为驻点配各式枪炮以待，未几，敌军数十人自南门突入，我军以逸待劳，俟其迫近，猝起迎战，以一当百，及机枪发热、弹也乘尽，则各以刀刃与敌肉搏，复杀敌数十人，全部从容殉难，此实金山卫可歌可泣之战史，足以流芳百世，庙祀千秋者也。”至 10 时左右，金山卫城最终沦陷。

日军攻占金山卫城后，对城内手无寸铁的老百姓大肆屠杀，实行“三光”政策，制造了骇人听闻的“十月初三惨案”。据史料记载，日军仅 3 天内就在金山卫镇屠杀居民 1015 人，焚烧房屋 3059 间。在金山卫抗战遗址公园中，专门开辟一面墙记录着遇难者的姓名，供后人凭吊。

日军占领沿海地区之后，主力部队奔袭张堰、亭林、松隐、枫泾等地。据记载，日军在8年间，在金山共杀死无辜百姓达2933人，失踪者275人，被烧毁房屋达2.6万多间，抢劫粮食、牲畜不计其数，致使金山人民蒙受了空前的劫难。

（三）我国军民的英勇奋战

面对日军的侵略，我国军民英勇奋战，誓死保卫祖国。我们通过参观展厅，查找资料，发现了很多英雄人物和可歌可泣的抗战故事。其中，不仅有军队将领，甚至还有当地普通百姓。

在日军登入过程中，时任国民革命军少将旅长的李伯蛟，负责金山卫沿海前线阻击日军登陆。在激战中，他誓死不退，不幸被敌人的炮弹击中，壮烈牺牲。

日军登入金山卫后，向上海西南方向进攻。时任国民党少校团副的方学苏，率全团死守枫泾战略要地，浴血奋战，壮烈殉国。翻阅史料，我们发现了方学苏写给其弟的诀别书：“十一月一日，即开赴上海参战，吾素志已达，此去当与敌一争高低，试看倭奴凶焰到几时？吾兄弟将从此永别，此无丝毫悲虑，为国家民族争生存，真大荣幸！”

图1　李伯蛟

图2　方学苏

金山当地众多百姓同样奋勇反抗。日军登入金山卫后，当地百姓黄百器从金山到奉贤县乡间收集枪支，组织武装，在南汇、奉贤、金山、平湖、海盐一带抵抗日军，人称“双枪黄八妹”。金山县最早的共产党员李一谔同志的胞弟李新民组织“抗日救国自卫团”，开展抗日活动。这是金山县最早的民众抗日武装。1938年，本县居民王承照收缴地方枪支，建立“抗日义勇军”，在本县及浙北边境一带开展抗日活动。

还有许多未留下记载但口耳相传的抗日史迹流传在乡间。如今，抗日战争的硝烟早已远去，金山卫抗战遗址纪念园成为我们永远铭记历史的爱国主义教育基地。金山军民抗战的故事在中国人民抗日斗争史册上留下了一页光辉的篇章。

二、金山卫抗战遗址纪念园对青少年的现实意义

爱国主义作为中华民族精神的核心，是青少年成长过程中，鼓舞和引导青少年努力学习、奋发向上的一面旗帜。爱国主义教育能够引导青少年树立正确的理想、人生观和价值观，对青少年将来实现中华民族伟大复兴的中国梦，具有非常重要的现实意义和深远的历史意义。

金山卫抗战遗址纪念园是上海市爱国主义教育基地之一，作为各中小学爱国主义教育的平台，接受参观学习。在参观的过程中，我们发现场馆创造了浓厚的学习环境。以修缮的城墙为主体的建筑，让我们对金山卫城有了些许了解。展厅以大量的图片、文字、文物，展现了中国军民反抗侵略的斗争史与丰功伟绩。在广场上，伫立着很多表现日军暴行和军民抗战的雕塑，其中有一面浮雕记录着金山军民的抗战史，并记录着被日军杀死的金山卫无辜百姓的姓名。我们在看到这些展品时，无不感受到中华民族艰苦奋斗的过程，提醒着我们珍惜今天的幸福生活。那些为民族

独立而献出宝贵生命的烈士和故事，是我们的榜样，让我们坚定了爱国的情感。

图 3　金山卫抗战遗址纪念园

通过金山卫抗战遗址纪念园，我们能够对艰苦奋斗、自强不息的民族精神，杀身成仁、舍生取义的牺牲精神，厚德载物、兼济天下的爱国胸襟，进行传承与颂扬，让爱国主义成为我们青少年成长的强大精神力量。

三、金山部分地区爱国主义教育现状

我们在参观金山卫抗战遗址纪念园后，为了了解金山区爱国主义教育现状，课题小组设计了“关于金山爱国主义教育的调查问卷”，通过问卷星向周边学校的学生发放。调查问卷结果显示，大部分学生对金山的革命历史都有基本了解。在“是否了解金山革命历史”一题中，认为自己“很熟悉”的有 452 人，占总人数的 17.99%；“大体知道一些”的有 756 人，占总人数的 51.32%；“不了解”的有 265 人，占总人数的 30.69%。在“走进场馆对于培养我们的爱国主义精神有没有作用”一题中，有96.23%的人表示有非常大的作用或较有作用，仅有3.77%的人表示没有作用。我们通过调查发现，多年来通过多方的共同努力，爱国主义教育对于全面提升青少年对民族、国家、党的热爱之情，塑造爱国主义精神有着极其重要的作用。但我们也发现了当前爱国主义教育中存在的一些问题。

（一）开展活动的时间较少

调查问卷结果显示，有18.56%的学生1个月内至少开展过一次爱国主义教育活动，75.49%的学生在3个月前开展过活动，5.95%的学生在半年前开展过活动。调查发现，学校或者家庭开展活动的时间并不固定。大多数学校都是集中在清明节前后开展爱国主义教育活动，前往当地烈士陵园以及诸如金山卫抗日遗址纪念园、上海市见义勇为基地等地进行祭扫活动。而在其他时间里，很多学校并没有统一和规范，经常是应时、应需而设。

（二）活动形式单一

在“接受爱国主义教育的形式”这一问题中，我们发现，爱国主义教育的形式基本集中在参观纪念馆、听专题讲座、观看革命题材的影视剧、书本。而从学生对于学校开展的活动满意度来看，仅43.6%的人表示“基本满意，对于了解革命历史有所帮助”。而对于学校开展的爱国主义教育活动不满意或不太满意的原因主要是“内容枯燥无味，活动没有吸引力”或“自己没有兴趣”。

（三）内容缺乏新意

我们在调查中发现，金山卫抗战遗址纪念园中的讲解员在展厅的讲解仅仅是介绍金山卫抗战的大致情况。想要更深入地了解金山卫抗战的相关历史知识，我们只能依靠自己主动去寻找资料。而在学校或者家庭中，能够接触相关历史知识的机会少之又少。根据问卷调查，大部分学生对革命人物和革命小故事感兴趣，希望多了解这些方面的内容。

（四）学生的自主积极性不高

多数学生在活动的驱使下或者在自己需要的时候才会主动了解革命历史，能够自觉自发地去学习了解革命历史知识的较少。“开展爱国主义教育是否有必要”的调查中，认为“有必要，必须了解历史”的占总人数的 88.7%，但是在“是否会主动去了解革命历史”的调查中，选择“会，革命历史值得了解”的人只占总人数的 30.63%。

四、加强爱国主义教育的对策

根据以上我们研究小组发现的问题，为了能够让爱国主义精神真正铸就我们的爱国魂，我们以金山卫抗战遗址纪念园为例，提出了强化爱国主义教育的一些对策。

（一）提高爱国主义教育的重视度

学校是开展爱国主义教育的主阵地。我们认为，学校可以充分挖掘金山卫抗战遗址纪念园的相关历史资源，整合相关活动，把这个乡土革命历史作为爱国主义教育的突破口。学校可以利用文学社、诗词社等社团，校园文化节、民族精神月等各种平台开展教育活动。如学习方学苏的家信，开展“我的家风故事”征文朗诵活动，创作表演舞台剧等。还可以利用春秋游、雏鹰假日小队、少先队仪式教育、各种民俗节日、纪念日等开展活动。

学校可以利用升旗仪式，对革命历史进行集中教育。在课堂上，老师可以充分挖掘教材内容，结合学科特点有针对性地进行爱国主义教育。例如，在历史课中，学习“抗日战争”一课，可以把金山卫抗战的历史融入其中。在地理课上，可以探讨“为何日军要在金山卫登陆”，来学习相关知识点。班会课上，可以开展相关主题班会，用多种形式开展教育。老师在课堂将爱国主义教育融入日常课堂教学之中，能够加强学生对本土革命历史的了解和认同。

（二）创新爱国主义教育的内容

为了让青少年能够更深入地了解革命历史的相关知识，以金山卫抗战遗址纪念园为例，纪念园可以开展“革命故事进校园”活动，开设诸如“金山卫抗战中的英雄人物”“金山卫抗战中的细节”等专家专题讲座。纪念园与学校在充分挖掘自身资源特点的基础上，多开展一些互动性活动，如节假日招募学生志愿者进行讲解，安排学生采访健在的革命老英雄，让学生们在参观场馆与了解历史时，有更切身的体会与更强烈的代入感。

（三）丰富爱国主义教育的活动方式

开展爱国主义教育活动不仅仅局限于学校，我们还可以充分利用网络媒体。如纪念园制作相关历史纪录片，学校组织学生观看；可以充分利用网络、学校的 LED 显示屏、公告栏、班级黑板报等进行革命历史的宣传，内容可以采用漫画、小故事等形式让革命历史故事更有吸引力。相关基地可以开发微信小游戏等工具向青少年传播革命历史知识，并扩大革命历史知识的受众群体。

参考文献

[1] 马振犊、陆军：《抗战正面战场启示录——八一三淞沪抗战》，北京：航空工业出版社，2016 年。

[2] 杨正正：《日军在金山卫登陆》，《历史教学问题》，1989 年 5 月。

[3] 王应华：《血腥的海滨杀戮——日军偷袭金山卫暴行录》，《档

案春秋》,2006 年第 1 期。
[4] 上海市金山区金山卫镇人民政府编:《侵华日军金山卫登陆纪实》,2004 年。
[5] 黎家余:《1937 上海金山卫——抗击日军偷袭登陆》,北京:中国文史出版社,2015 年。

探究感想

我们课题小组通过参观金山卫抗战遗址纪念园,了解了金山卫抗战的详细历史、抗战中出现的英雄人物。在查找资料的过程中,我们不禁感叹道:如今,我们住着舒适的房子,吃着美味佳肴,在节假日还能旅游……为了守住我们的大好河山,先辈们在历次的反侵略战争中付出了无比惨重的代价。作为新时代的中学生,我们要继承先辈们艰苦奋斗、自强不息的精神,通过我们的实际行动塑造爱国魂。

我们对现在的爱国主义教育的现状进行了调查探究,在发现问题的基础上,相应提出了一些对策。我们研究小组认为,学校是爱国主义教育的主阵地,场馆资源是教育的载体,爱国主义教育不单单是去爱国主义教育基地走走,学校活动和场馆资源有机地整合才能够让进馆更加有益,能让学生的心灵受到更多的触动。

课题组成员:上海市朱行中学

唐嘉莹　顾　宸　张　宇

指导老师:顾其杰

不能忘却的纪念

——探寻“龙华二十四烈士”最小烈士欧阳立安的初心

探究缘起

2019年是中华人民共和国成立70周年，也是上海解放70周年。5月份，市文明办、市教委在龙华烈士纪念馆举行“从石库门再出发”励志讲堂，专门讲到“龙华二十四烈士”中最小烈士欧阳立安的英勇事迹，对此我产生了浓厚兴趣，首先是小烈士牺牲时才17岁，和我们中学生是同龄人；其次是关于爱国主义和初心的教育受到社会广泛关注；最后，小烈士是湖南人，而我父母都来自湖南，刚好暑期我回老家，前往湖南长沙小烈士当时就读的学校考察学习。

在长沙，我先后探访了位于长沙宁乡的刘少奇故居、长沙市修业学校、湘江评论陈列馆，还两次探访上海龙华烈士纪念馆，并进行问卷调查，探究最小烈士的革命初心。

他为革命事业牺牲，而我们当代少年在革命先烈们创造的良好环境中成长。他是欧阳立安。在著名的“龙华二十四烈士”中，他是最小的一位英雄，被称为“最勇敢的人”。他的“初心”是什么？对我们当代中学生有哪些启示？新时代背景下，我们该如何继承革命先烈的“初心”？

一、探寻欧阳立安烈士的成长之路

欧阳立安，1914年3月29日生于湖南长沙。父亲欧阳梅生是中国共产党的早期党员，并与毛泽东结识。母亲陶承是一位有影响的革命妈妈，长期以“住家”为掩护从事党的地下工作。

欧阳立安从小受到革命思想的熏陶，早在 1925 年，他在长沙修业学校念中学时，就积极参加宣传民族英雄等爱国思想运动。

1929 年春，立安转到上海，从事工人运动，并担任区委的交通员。1930 年，16 岁的立安加入中国共产党，成为最年轻的共产党员。这年 5 月，立安随刘少奇赴莫斯科参加赤色职工国际组织第五次代表大会。接着他又参加了在莫斯科召开的“少共”国际执委扩大会议。

11 月份回国后，立安担任了上海总工会青工部部长。一个 16 岁的少年，为党的事业挑起了“大梁”。1931 年 1 月 17 日，立安到天津路中山旅社大号房间开会。下午 1 时许，敌人突然围住了旅社，立安来不及转移，被捕后英勇就义。

短短 17 岁的生命，立安离开了大家，但 88 年来，他一直活在人们的心中。在龙华烈士纪念陵园，立安和著名的“左联五烈士”胡也频、殷夫等二十四烈士长眠于此。

二、欧阳立安为何是“最勇敢的人”

欧阳立安的机警是很有名的，凡知道他智斗敌人故事的人，没有一个不夸他的。

著名教育家和法学家、时任《大江报》的编辑谢觉哉曾这样称赞他：“当时环境恶劣，编报、印报、发报都是单线，这孩子就秘密替我们传送，勇敢机警，常常骗过敌人，真是一位少年斗士。”

那么，这位少年斗士是如何练就的呢？

（一）出身革命家庭练就的品质

立安出身于革命家庭，父亲欧阳梅生是早期的党员，1913 年就考入湖南第一师范学校，和蔡和森、毛泽东等革命家讨论国事。父母都是贫困的孤儿，对旧社会只有怨恨，他们由此也培养出革命后代。立安就是出生于这样一个革命的家庭，当时，在湖南，这样的革命家庭还有很多，如毛泽东的一家、蔡和森的一家等，他们都具有我为人人、人人为我的自我牺牲的高贵品质。

（二）在实践中不断学习，提升自我

在革命实践中，立安不断学习文化知识来提高自己。1930年，立安去苏联开会期间，他帮助中国代表团女工代表黄菊英准备大会发言稿。讲话稿详细介绍了上海工人的生活状况和组织工人斗争的体会，控诉了资本家对工人残酷压迫和剥削的罪行。

“冲、冲、冲，我们是劳动儿童团。不怕敌人刀和枪，不怕坐牢和牺牲，杀开一条血路，冲、冲、冲！”这是立安自己编写的“劳动儿童团歌”。这说明，立安的写作和讲演等能力都达到了较好的水平。

（三）有坚定的革命信念，死而无怨

1931年立安在上海被捕，敌人审讯时，他虽已无法隐瞒自己的身份，但严守党的机密，从不向敌人吐露真情。最后他义正词严地说：“中国革命一定会胜利，国民党迟早要灭亡，我是共产党员，就是筋骨变成灰，也还是百分之百的共产主义者，我为主义、为人民而死，死而无怨！”

三、探寻欧阳立安烈士的初心

“初心”意指做某件事的初衷、最初的原因，也就是“不忘初心，方得始终”的由来。“不忘初心”一词，最早出自唐代白居易《画弥勒上生帧记》：“所以表不忘初心，而必果本愿也。”意思是说时时不忘记最初的发心，最终一定能实现其本来的愿望。

图1 龙华革命烈士就义地

习近平总书记指出，中国共产党人的初心和使命，就是为中国人民谋幸福，为中华民族谋复兴。这个初心和使命是激励中国共产党人不断前进的根本动力。

那么,80 多年前,欧阳立安小烈士的初心是什么? 我认为他在龙华英勇就义时的呼声就是他的初心:我为主义、为人民而死,死而无怨! 立安的母校长沙市修业学校校长王娟说,立安出生在一个革命的家庭,小小年纪的他就心怀国家人民,坚持理想信念,敢于担当,勇敢坚毅,他的精神非常值得我们新时代少年儿童学习。

这个初心和中国共产党的初心和使命其实是一致的,那就是为人民谋幸福,为民族谋复兴。

这份初心其实对我们每个中学生来说并不遥远。在长沙湘江评论陈列馆前,我看到一副对联:东方红湘江评论萌星火,站起来强国航船挂云帆,横批:初心溯源。对当代中学生来说,我们面临的不是血雨腥风的年代,我们的初心,就是要学好本领,为中华民族的伟大复兴、为中国梦的实现多出一份力。我在参观龙华烈士纪念馆时采访讲解员杨茜老师,她的回答也很直接:中学生实现初心最好的形式就是努力学习,学好本领,今后报效国家。

四、继承欧阳立安烈士的革命初心

对于我们当代中小学生来说,要继承欧阳立安小烈士的革命初心,首先是要了解他的英勇事迹,并不断学习。

8 月底,我在中学生中做了一次有 150 人参与的调查,统计显示,有将近 80%的学生参观过龙华烈士纪念馆,主要是以学校组织的形式参加的。在参观龙华烈士纪念馆中,71%的中学生认为最吸引他们的是“革命先烈的英勇事迹”和“上海解放的光荣历史”。在回答“你知道龙华二十四烈士吗”时,将近 80%的中学不知道烈士的名字,知道“二十四烈士”中年龄最小的欧阳立安的也只有 20%左右。

在对“初心”的理解上,当代中学生都能认可以下两个选项:一是中国共产党人的初心和使命，就是为中国人民谋幸福，为中华民族谋复兴。二是中学生现阶段的“初心”就是努力学习，学成本领，今后报效祖国。在回答“中学生如何实现‘初心’”时，大家都认为：初心就是要树立远大理想，并为之不断奋斗；初心就是要继承并发扬革命先烈的英勇精神，落实到自己的日常学习生活中。

由此可见，当代中学生对继承和发扬革命先烈的精神都是认可的，但还需要更多的时间走进龙华烈士纪念馆等爱国主义基地，接受教育。

在新时代的今天，我们更不能忘却革命先烈们，我们应学习欧阳立安等烈士为国为民的崇高理想、矢志不渝的坚定信仰、不畏强权的浩然正气。

五、对提升中学生“初心”教育的建议

近期，我通过网络、电视目睹香港的暴乱场景，特别是还有不少中学生参与，我和很多同龄人一样，都感到十分震惊。青少年学生本来应该是在校园和社会中好好学习，他们为何会走上街头，成为“暴民”？其中一个重要的因素是爱国主义教育的缺失，没有爱国这份初心。

中央最近在《关于深化新时代学校思想政治理论课改革创新的若干意见》提出，思想政治课是落实立德树人根本任务的关键课程，发挥着不可替代的作用，要放在党和国家事业发展全局中来看待，要从建设社会主义现代化强国、实现中华民族伟大复兴的高度来对待。那么，如何在当代中学生中进行初心教育呢？我提出三点粗浅建议：

第一，思想政治课除了课本的内容外，应以爱国主义基地为社会大课堂，拓展上课方式和渠道。上海是中国共产党的诞生

地，有丰富的红色资源，应从小学—初中—高中形成一套上海特色课程体系，作为必修的内容。

第二，提升参观爱国主义教育基地的实效。如今，上海对中学生都有社会实践的要求，如初中生四年有272个课时，既然思政课是必修课，就要积极参与，有课题、有考核，达到实践的效果。如“进馆有益”这样的活动形式应该全市推广，鼓励每位中学生参与撰写课题。

第三，形成上海特色的中学生“初心教育”教材或读本。如宣传中华民族古代历史和革命、建设、改革时期的英雄人物、先进模范。同时，将上海的爱国主义基地，如一大纪念馆、二大纪念馆、龙华烈士纪念馆等，以图文并茂的形式呈现，影响到更多的青少年学生。

参考文献

[1] 陶承口述，何家栋、赵洁执笔：《我的一家》，北京：中国工人出版社，2011年。

[2] 上海龙华烈士纪念馆馆藏资料。

[3] 胡晓春：17岁的共产党员欧阳立安：把青春的热血洒在革命道路上，2018年4月29日，红网。

探究感想

选爱国主义这个主题，对最小烈士的初心进行探究，其实一开始我是有顾虑的，因为不知道如何去表述比较好。所幸的是，经过对长沙刘少奇故居、长沙市修业学校和上海龙华烈士纪念馆三个不同地点的四次探访，自己的认识有了改变，对我来说，每次进馆都是一次很好的爱国主义教育，也丰富了我的阅历。

犹记得，8月初，冒着近40℃的高温，父母驱车带我前往长沙郊区的刘少奇故居时，车子空调出现故障难以前行，我一度曾经考虑过是不是要放弃；8 月 6 日下午，长沙又迎来了大雨，车子只能在湘江边冒雨缓慢前行。探究的过程，本身于我就是一段难忘的经历。

正所谓风雨之后有彩虹。前往小烈士就读的学校——长沙市修业学校探访时，由于暑假这里正在装修，好心的老师得知我从上海赶来，破例让我参观校史馆和陈列馆。没想到这里竟然是著名的湘江评论陈列馆，写着“初心溯源”四个大字。毛泽东主席曾经在这里当老师，办《湘江评论》杂志，他的革命初心在这里形成，这里也是他到上海来参加一大会议前的“初心”出发点。

于我而言，这次课题跨越逾一千公里的距离，不仅仅是一次课题的探究，更是在参观过程中一次心灵的洗礼，让我懂得了中国革命成功的不易，要更加珍惜现在美好生活，努力学习报效国家。

课题作者：上海市市西中学

郭俊铉

指导老师：张海霞

杨茜（龙华烈士纪念馆）

笔者参观长沙湘江评论纪念馆留影

文化感悟

探寻童年家境与成长的关系
——以鲁迅、巴金、老舍等现代作家为例

跟着课本游绍兴：绍兴风物文化探究

踏怀古之旅，品工匠精神
——赴天目湖、宜兴探究大国工匠精神的内涵

大白兔奶糖的前世今生

心血传承忆难忘，百年老号换新颜

“汉服热”现象研究

关于海派旗袍中审美意识与文化意蕴的探究

“钱学森之问”对高中生创新力培养的启示

探寻童年家境与成长的关系

——以鲁迅、巴金、老舍等现代作家为例

探究缘起

电视剧《都挺好》的大火掀起了一阵讨论原生家庭的狂潮。一个重男轻女的畸形家庭中培养出了三个截然不同的孩子，但就像心理学家弗里曼认为的那样："人从家庭的经历中，不可能没有情感未了的需要。"所以在他们的身上都能发现原生家庭留下的痕迹。

这部剧使我们意识到了童年家境对人成长的影响之深。同时，我们联想到了现实生活中一些名人多次提起他们的童年，比如耳熟能详的《从三味书屋到百草园》、情真意切的《我的母亲》等。让我们不禁好奇，名人的童年里是否有对成长至关重要的经历，他们如何克服原生家庭带来的负面影响，又或是被困于原生家庭的阴霾下？

于是，带着疑问，我们来到鲁迅纪念馆、巴金故居一探究竟。在他们曾生活过的环境中、在他们留下的一字一句里，我们收获颇丰，探寻到了一些有关于他们童年、家境的蛛丝马迹。我想，以巴金、鲁迅为代表的那一批现代作家，他们的童年或多或少是有一些相似的吧。在这样一个注定不平凡的时代，经历了或快意潇洒，或愁苦悲怆，或跌宕起伏的童年，饱受来自原生家庭的诸多影响，他们做出了怎样的选择？

一、鲁迅、巴金、老舍童年家境及经历的梳理

(一) 童年家境及童年经历梳理表

纵观鲁迅、老舍、巴金童年家境有颇多相似之处,下表将从出身门第、家庭熏陶、家庭变故、求学之路四个方面对三人的童年家境和经历进行详细的梳理和比较,以便更好地总结相似之处,更好地探究三人童年家境对其成长经历的影响。

表1 童年家境及童年经历梳理

经历		鲁迅	老舍	巴金
出身门第		名门望族、士大夫阶级	没落满族、旗人家庭	富裕大家族
		出生于小康家庭,是一个有着深厚文化底蕴的名门望族,同时是士大夫阶级。祖父是进士,曾任翰林院编修、金溪知县。父亲是秀才,母亲是举人女儿	出生于贫民家庭,父亲是满族护军,全家靠母亲替人洗衣服、做杂役维持生活	出生于富裕家庭。祖父当家,二叔曾留学日本,大哥终沦为封建教育牺牲品
家教熏陶	他人影响	祖母会给他讲民间故事;保姆长妈妈给他找来《山海经》;从叔祖那里得知许多生僻的书,还有和动植物相关的知识。小时候看大戏、目连戏,百草园是他的一片乐土	三姐带他捡槐虫、编槐花,收买他造的泥饽饽;大杂院的日常生活,让他从小喜爱旗人的传统艺术	父亲常带他去剧院看戏;五六岁时,在姐姐的屋里找到本《列女传》;三哥和他一起读书、游戏

（续表）

经历		鲁迅	老舍	巴金
家教熏陶	母亲教育	母亲常对鲁迅说："老大，我没书看哉！"鲁迅回忆说，母亲爱看书，四处寻书的过程对他之后编著诸多作品有帮助。鲁迅有了求学这一诉求，她不惧非议，变卖家产，让鲁迅读书深造，日后又助他留学日本	坚强的母亲给了年幼的老舍生命的教育。他在《我的母亲》中这样写道："生命是母亲给我的。我之能长大成人，是母亲的血汗灌养的。我之能成为一个不十分坏的人，是母亲感化的。我的性格习惯，是母亲传给的。""从私塾到小学，到中学，我经历过起码有二十位教师吧，其中有给我很大影响的，也有毫无影响的，但是我的真正的教师，把性格传给我的，是我的母亲。母亲并不识字，她给我的是生命的教育。"	巴金说，母亲是他的"第一个先生"，让他"知道爱与被爱的幸福"，同时也用"爱"这个字把他和这个社会联系起来
家庭变故		祖父在科举考试中帮友人行贿，进了监狱。父亲染水肿病，卧病在床直至鲁迅十六岁时逝世。从此肩负重担，忍受被轻看的痛苦，深受族人欺压、流言中伤	一岁半时，差点被八国联军所杀；不足两岁时，父亲在和八国联军的巷战中被火烧死；两三岁时，差点死于肺病	十岁时，母亲病故；三年后，父亲离世。家族内斗愈演愈烈，逐渐演变成专制王国，和平、友爱的表象下是仇恨和斗争。于是，他有了冲出囚笼的念头

（续表）

经历	鲁迅	老舍	巴金
求学之路	七岁进入私塾学习，十二岁到三味书屋念书，十五岁读完四书五经。不得已离开书院，选择进“洋学堂”学“洋务”，赴南京求学于江南水师学堂	九岁入学改良私塾，后转入学堂。不久，转至南草厂第十四小学，考入祖家街第三中学，后考入北京师范	十五岁进入外专，后就读于上海南洋中学、东南大学附属中学、苏州东吴大学
	1902 年，22 岁的鲁迅为“科学救国”远赴日本留学	1924 年，25 岁的老舍赴英。五年后，在新加坡任中学教员	1927 年，23 岁的巴金离开上海赴法留学

由上表可知，三人出生的家境虽各不相同，但都年幼丧父，遭受家庭巨大的变故，家有贤母，受到了良好的教化。在饱受了家庭变故带来的心灵巨大震颤之后，他们都毅然远赴异乡，求学强国。

（二）童年重要经历折线图

以下三个折线图列举三位作家童年经历中重要事件，以箭头指向表示童年经历的走势，通过折线走势的比较以了解三位作家童年经历的转折点。

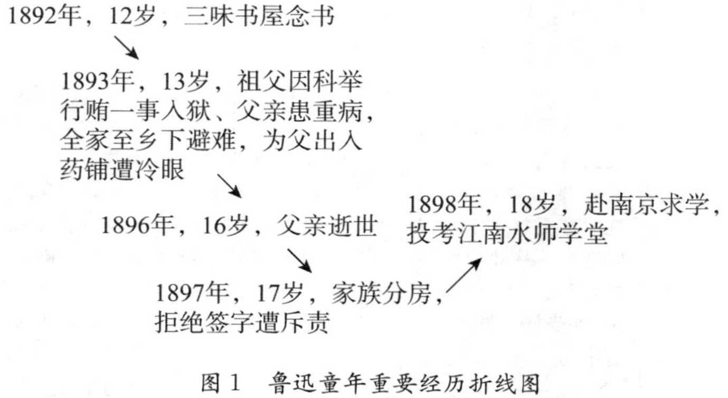

图 1　鲁迅童年重要经历折线图

1899年老舍出生

1900年，1岁，父亲在抵抗八国联军入侵北京的巷战中被烧身亡

1905年，6岁，在“宗月大师”的资助下，至改良私塾读书

1909年，10岁，转入北京西直门内大街高井胡同市立第二小学堂

1911年，12岁，转入京师第十三高等小学。临近毕业，因学业好，常被老师指定作为代课的“小老师”

1913年，14岁，考入京师公立第三中学。半年后，因家庭经济困难而退学，却考取公费北京师范

图 2　老舍童年重要经历经历折线图

1914年，10岁，母亲病故

1917年，13岁，父亲病逝，家族内部争斗愈演愈烈

1919年，15岁，进入成都公立外语专门学校，接触五四新思想

1923年，19岁，先后至上海南洋中学、苏州东吴大学等地念书，后于南京东南大学附属中学毕业，准备报考北京大学

图 3　巴金童年重要经历折线图

通过比较以上三张折线图，可知三位作家在家庭遭受变故后都出现了生命经历的正向转折，是他们后续人生之路的选择和改变的拐点。

二、家境衰败与坎坷的童年经历对他们生命历程的影响

（一）积极影响

古有云："诗人不幸，诗家幸，赋到沧桑句便工。"纵观鲁迅、老舍、巴金三人童年经历，我们可以不约而同地发现，家境的衰败和不幸的遭际并没有击垮他们，相反成了他们人生的转折点，对他们的生命经历，甚至人生选择都产生了巨大的影响，主要表现为以下两方面。

1. 来自童年经历的文学创作

心理学家弗洛伊德认为：一个人所有的行为都受童年经历的影响，所以，一切的因果都要追溯到生命开始的地方。的确，童年的生命经历往往就像挥之不去的印记，深深地烙印在我们成长的旅途中，尤其是在童年有着特殊生命际遇的人。

童年时的经历往往与我们所处的家境有关，因为家世门第决定了我们周围的环境和能接触到的人。尤其是在动荡不安的时代，底层人民甚至难以维持基本的生活，更不用说去读书了。因此，对于出生于官宦世家的鲁迅和巴金来说，他们是幸运的。年仅五岁的小巴金在姐姐的房里津津有味地读《列女传》。七岁的鲁迅去"全城中称为最严厉的书塾"求学。总而言之，"封建大家庭为现代作家的成长提供了合宜的土壤，经济条件的优越，为他们能进学堂或私塾提供了物质基础，家里的藏书和家人的知识学问也为他们的知识启蒙和思想启蒙提供了客观条件"。

的确，童年时期的知识启蒙为他们后期的文学创作奠定了良好的基础。然而，不幸的童年际遇反而成了他们创作的源头和诱因，在经历了接踵而至的变故后，他们清晰地看见了社会露出的凶狠獠牙。

幼小的鲁迅感受了复杂纷纭的社会人生，巨大的生活和地位

落差，在父亲病痛缠身、家道中落后于艰难的生活中处处受到歧视、冷漠，尝饱了人情冷暖，由此发出感叹："有谁从小康人家而坠入困顿的么，我以为在这途路中，大概可以看见世人的真面目"，才有了《朝花夕拾》中对童年曲折经历回顾和思考的文字。巴金回忆童年时自述："父亲的死使这个富裕的大家庭变成了一个专制的大王国。"失去了父亲的庇护，他目睹了虚伪的礼教在一步步地蚕食人的现实。于是，后来巴金对他的大哥谈起，我要拿他作主人公写一部《春梦》。他大概认为我在开玩笑，不置可否。那个时候我好像在死胡同里面看到了一线亮光，我找到真正的主人公了，而且还有一个有声有色的背景和一个丰富的材料库，我下了决心丢开杜家的事改写李家的事。这件事的动力在巴金得知大哥服毒后达到了顶峰，童年在家庭中的所见所闻成为他叙写《家》的原动力，他一夜之间完成整部书的构思，促成了他以自己家族情况为原型的文学创作。

而老舍的童年在贫民聚居的胡同大杂院中度过，父亲的阵亡让原本窘困的家庭雪上加霜，干枯扭曲的老树枝、墙角的虫子、捏好的泥饽饽、斑驳的矮墙院便构成了他的整个童年的生命世界，这使得他后来的创作中总保持着一个贫民知识分子的视角。《想北平》中，他自豪地说："雨后，韭菜叶上还往往带着雨时溅起的泥点。青菜摊子上的红红绿绿几乎有诗似的美丽。果子有不少是由西山与北山来的，西山的沙果，海棠，北山的黑枣，柿子，进了城还带着一层白霜儿呀！哼，美国的橘子包着纸，遇到北平的带霜儿的玉李，还不愧杀！"

2. 源于家庭变故的家国情怀

遭遇变故，饱受奚落，童年生活的磨砺让他们寻求自强的途径。鲁迅、巴金、老舍在不同时间段，不约而同地选择了出国。这让他们不再拘束于家庭，不囿于国内原有的生活环境，得以走出国门，在更广阔的天地思考着作为国人的担当。

鲁迅赴日学医。而在日本，他却发现国外充斥着中国人无能、懦弱的刻板印象，由于他的中国人的身份，考了高分却被质疑作弊。这让他切身体会到个人的荣辱是与国家的兴衰联系起来的。而真正改变他的人生走向的是他看中国人目睹自己同胞被杀却无动于衷。鲁迅开始意识到学医是救不了中国人的，于是决心走文学救国之路。

而老舍的出国经历与鲁迅大同小异。老舍曾谈起过英国人对中国人的臆测："脸黄的就是野蛮，与头发卷着的便文明，都是很容易说出而且说着怪高兴的；许多污辱中国的电影、戏剧与小说，差不多都是仅就表面的观察而后加以主观的判断。"老舍在《二马》中呼吁到："中国人！你们该睁开眼看一看了，到了该睁眼的时候了！你们该挺挺腰板了，到了挺腰板的时候了！——除非你们愿意永远当狗！"

1927年的中国正在寻找新的出路，巴金选择了留学法国，去研究无政府主义理论。异国他乡更加激发了巴金的家国情怀。他说过："离开了祖国，我有一个明显的感觉：我是中国人。"他把在国外受尽歧视的事情放进了他的作品中。巴金的《随想录》中提到："一九三一年我写过短篇小说《狗》，小说中的我会'在地上爬，汪汪地叫'，会'觉得自己是一条狗'，难道作者发了神经病？不！在那些日子里一般的中国人过的是什么样的生活？我们是不会忘记的。"

鲁迅、巴金、老舍同处于那个步履维艰的社会变革时期，正是童年时家道败落所遭受的种种艰难，才让他们相较于同龄人更深刻地感受到：国如家，家似国，家弱受欺凌，国衰受凌辱。同时，也为他们今后的创作提供了丰富的素材。在面对时代的召唤时，他们因童年经历而萌生的家国情怀迅速蓬勃，从而用一支笔针砭时弊，保家卫国。或许他们每个人具体的家境有所不同，但抽象来看，譬如大环境、所产生的民族情怀等是相似的，这些都促使他们走上了文学道路。

（二）消极影响

鲁迅、巴金和老舍童年的生命经历中，母亲扮演了最为重要的角色，寡母抚孤成了他们在原生家庭共同的遭际。因此，谈起他们的童年生活，必然绕不过去的便是母亲。孩子接受到最早的教育通常来自母亲，母亲潜移默化中影响着孩子的性格脾气，甚至人生道路。老舍在《我的母亲》中更是直言："我的真正的教师，把性格传给我的，是我的母亲。母亲并不识字，她给我的是生命的教育。"

他们受到母亲的影响颇深，尤其对于早年失怙的鲁迅和老舍，母亲在家庭生活中的比重大大增加。在那样一个"夫死从子"的时代，母亲把生活的重心和未来的希望寄托于孩子，孩子自然而然会受到更多母爱。所以他们和母亲的感情相当深厚，以至于他们"虽然都较早地离开母亲到外地或域外求学，但在心理上终身都无法摆脱对母亲的依恋"。鲁迅作为一个领导新文化运动、抨击旧礼教的人，因不愿违背母亲的意愿，接受了与朱安的包办婚姻。鲁迅把这场婚姻视作是母亲给他的一件礼物，只能无奈接受。尽管老舍拒绝了母亲要他结婚的请求，然而仍心怀愧疚。他在《我的母亲》中写道："我爱母亲，但是我给了她最大的打击。时代使我成为逆子。"而他婚姻生活的不幸，更成了愧疚痛楚的注解。

三、关于鲁迅、巴金、老舍克服不幸家庭境遇的启示：直面家庭变故，学会自我重构

黛博拉·泰南在*You're Wearing That*？得出结论："最终，家庭对孩子的影响力是最关键的，家庭不仅创造了孩子所在的世界，还告诉孩子这个世界怎样被诠释。"所以，我们终其一生都难以彻底摆脱原生家庭带来的影响，但是我们在成长过程中可以尽量发挥积极的影响，规避负面影响。

童年原生家庭一定会影响到孩子的成长，所以我们常认为家庭遭受不幸的孩子往往烙印上家庭负面的影子，但在鲁迅、巴金、老舍身上我们看见了他们对自我的重新建构。

老舍自幼家境窘迫，但是他并没有自卑自羸，而是凭借自己的努力闯出一片天；巴金出身于官宦世家，他却没有成为一个纨绔子弟，而是努力汲取着五四的新思想；鲁迅家道中落，却未曾自暴自弃，奋而寻求自强之路。从决定人生走向的选择上来看，无论是童年时期家道中落的鲁迅，还是家贫如洗的老舍，又或是曾家境富足的巴金，他们都走上了与原生家庭决裂，通过求学，丰富和重构自我的道路。

在鲁迅回忆中，他笔下的父亲是一个霸道专断的人。幼时的鲁迅十分渴望到东关看五猖会，可父亲强迫他背出完全不懂的《鉴略》才能去。鲁迅说："直到现在，别的完全忘却，不留一点痕迹了，只有背诵《鉴略》这一段，却还分明如昨日事。"由此可见这件事给鲁迅的印象之深。后来，鲁迅写了《我们现在怎样做父亲》，在文章中他对原生家庭进行了反思，强调了父母和孩子之间不应该用礼教捆绑在一起，推崇解放子女，爱子女。鲁迅的教育一直秉持着"顺其自然，除非在极不能容忍、极不合理的某一程度之内"的观念，在条件允许下，满足孩子玩玩具的愿望，充分尊重

孩子。例如有一次在饭桌上，只有海婴认为鱼丸不新鲜，被许广平斥责。然后鲁迅尝了海婴的丸子，果然不新鲜，便说："他说不新鲜，一定也有他的道理，不加以查看就指责是不对的。"在萧红的《回忆鲁迅先生》一文中印证了鲁迅作为父亲、作为长者充满爱和包容的样子。当然，这只是鲁迅诸多建构中的一例。

巴金出生在一个传统家庭，吃人的礼教像牢牢黏附的血吸虫一般，榨干家庭中每个人的生命活力。巴金的大哥被用抓阄的方式指定了婚姻，虽然有喜欢的姑娘，却没想过反抗。巴金的二叔留日回国后，"让女儿缠脚，也让巴金的大嫂迁出城门外生小孩，以避'血光之灾'"。但巴金不同，他不仅有着反抗封建礼教的勇气，更为之付出了行动。他 18 岁就离开了家，前往上海、南京求学。他说："我离开旧家庭就像甩掉一个可怕的黑影。"而《家》的创作便是他对原生家庭最大的决裂，也是他自我重构的开始。

老舍在《我的母亲》中描述，母亲终日给人洗衣服，和姐姐缝补衣服来艰难地维持生计，哥哥也是边读书边学手艺，家中贫穷可见一斑。在贫穷的家境下成长起来的孩子往往会自卑，对这个世界充满戾气，但在老舍身上流露的更多的是爱，他的爱使他关心这个世界，故而在济南那段岁月里，他常常去各大学校发表诸如《今日中国女子应有的态度》《国民性之几种缺点》的各类演讲，内容风趣幽默，表达了他这个世界的爱和思考。

今时今日，物质生活无忧的我们，虽少有家境败落、困苦之忧愁，但也依旧难免于在家庭生活中遭受其他的变故。而反复咀嚼鲁迅、巴金、老舍不同的家境，同样的遭际，同样地直面困境，他们实现生命重构的态度着实能给我们深刻的启示和方向的引领。

参考文献

[1] 老舍:《正红旗下》,天津:天津人民出版社,2017 年。
[2] 朱正:《鲁迅传》,北京:人民文学出版社,2013 年。
[3] 巴金:《巴金自传》,南京:江苏文艺出版社,1995 年。
[4] 张永泉:《童年的记忆——鲁迅性格探源之一》,《河北学刊》,1999 年第 4 期。
[5] 薛蓉许、明欣:《论童年经验对老舍小说创作的影响》,《徐州教育学院学报》,2008 年第 4 期。
[6] 谢泳:《“寡母抚孤”现象对中国现代作家的影响》,《中国现代文学研究丛刊》,1992 年第 3 期。
[7] 薛以伟:《从〈明天〉和〈祝福〉中“寡妇”形象的塑造看鲁迅独特的创作心态》,《彭城职业大学学报》,2004 年第 4 期。

探究感想

从选题到成稿,课题历时两个多月,我们制定计划表,阅读书籍、梳理材料,参观鲁迅纪念馆和巴金故居,每一项活动都让我们获得了新的认知、新的思考。但更重要的是对我们而言,此次课题活动不仅是一次知识层面的探究性学习,而且让我们小组成员对于如何面对原生家庭造成的成长困境有了新的思考。每一个个体都会受到来自原生家庭或多或少的影响,如何面对这种影响,实现自我的建构和成长是我们终身需要思考的命题,此次的探究尽管粗疏,但会是一个很好的开始。

课题组成员:中光高级中学
金佳怡　文　雯
指导老师:杨丽琴

跟着课本游绍兴:绍兴风物文化探究

探究缘起

鲁迅先生曾说过:“无穷的远方,无数的人们,都和我有关。”我们和鲁迅先生有着一种不期而遇的缘分。我们课题组成员均生于浙江,长于虹口,就读于以鲁迅先生的一个笔名命名的迅行中学。在我们的成长历程中,鲁迅的形象始终在我们的心底熠熠生辉。

我们更多的还是在书本上了解到鲁迅先生。鲁迅的文章常作为重点考察篇目让我们绞尽脑汁。但是无论是课堂学习还是报章评论,对文章的关注焦点往往在于其革命性、思想性、艺术性等方面,而对其中所涉及的风物文化及民俗背景常寥寥数语、点到即止,鲜见有广度和深度的阐述。

鲁迅笔下的绍兴风情,不仅展现了一个时代的风貌,而且对当代的绍兴地域文化仍保持着强烈的影响力,所以具有重要的史料价值。鲁迅作品中的民俗元素有丰富的内容可供挖掘探究。因此,我们查阅了大量的文献资料,并前往绍兴鲁迅故居、兰亭等地实地考察,以期能沿着鲁迅文章的脉络去探讨绍兴地方风物文化的渊源与由来。

很多人对绍兴的印象,都来源于鲁迅先生笔下的文字。学生时代的课本中就有《从百草园到三味书屋》《故乡》《祝福》《孔乙己》等名篇,其中描述的“乌毡帽、乌篷船、茴香豆、社戏”等文化符号展现了绍兴的独特风情。让我们以鲁迅的文章为地图,来一次绍兴风物文化今昔游。

一、绍兴的古往今来

绍兴是中华文明的发祥地之一。7000多年前，绍兴一带就属于河姆渡文化圈的中心区域。传说大禹治水成功后，曾在此大会诸侯，遂有了“会稽”之名。春秋末期，越王勾践在此卧薪尝胆，复仇吴国。会稽一直是古越的政治军事中心。唐宋以降，余杭兴起，会稽的政治地位有所降低，但依然是江浙的经济文化中心。南宋时，宋高宗改越州为绍兴府，才开始有了“绍兴”这个名字。

《会稽典录》这样描绘绍兴的地理环境：“夫会稽上应牵牛之宿，下当少阳之位，东渐巨海，西通五湖，南畅无垠，北渚浙江。南山攸居，实为州镇，昔禹会群臣，因以命之。山有金木鸟兽之殷，水有鱼盐珠蚌之饶。”绍兴多山多河，又近海，历史上古越人就以轻死尚武闻名，其后东晋士族的南迁又带来了自然适性的文化特质，丰富的地理风貌和历史传承孕育了绍兴多元的社会性格和文明形态。

鲁迅生活过的绍兴又是怎样一个风貌呢？19世纪末至20世纪初的绍兴，仍是以农耕为本的礼俗社会。这种社会结构以家族血缘为聚合力维系着一种社会的关系，并衍生出一套宗法礼制。其有别于法治，是用传统的礼制和道德规范约束各成员的行为。各个家族的经济来源是所有的田地。而依靠这些土地劳作的农民，是这种经济关系的基础。在这种传统的家族中出生成长，又经历家道中落而备受冷眼的鲁迅，不可避免地承受着被传统束缚，但又一心摆脱传统的痛苦。鲁迅所看到的更多的是社会人生中丑陋阴暗的一面。其文章中多次以绍兴为背景，创作出像“闰土”“祥林嫂”“阿Q”“鲁四爷”“赵太爷”等角色，正是那个社会关系下各阶层的典型人物。

鲁迅对绍兴的感情是矛盾的。他说过不喜欢绍兴，不愿称自己为绍兴人，称绍兴为“越中棘地不可居”，甚至在他生命的后十几年再也没有回过故乡；但他曾引用过这句话“会稽乃报仇雪耻之乡，非藏垢纳污之地”，仍可想见他对故乡人文传承的自豪感。

二、鲁迅笔下绍兴祭祀婚丧习俗与鬼神信仰

但凡过年，最大的传统风俗莫过于祭祀和社戏了，这在鲁迅的多篇小说中都有展现。不独江浙一带，我国其他地区也有相似的风俗。

祭祀往往要祭拜菩萨和祖先。《祝福》一文就描绘了浙江鲁镇“岁暮谢年祭祖”的场景。“祝福”是古越地区的特有习俗，俗称“请大菩萨”“请祝福菩萨”。每逢农历腊月廿四到农历年三十，绍兴每户人家都会举行这个“祝福”仪式，祈祷来年能有好的运气。“祝福”仪式上，要摆放福礼，一般分为“三牲”“五牲”或“七牲”。这种习俗中掺杂着轮回转世、因果报应等迷信观念。因为寡妇被认为是不洁不祥的，故而祥林嫂是不被允许触碰祭器、祭品的，《祝福》中故事情节的矛盾冲突是由当地民俗礼制引发的。

传统的民俗礼制起着对民众约束教化的作用，但同时它也是一种桎梏。正如费孝通在《乡土社会》中所说：礼并不带有“文明”或是“慈善”，或是“见了人点个头”、不穷凶极恶的意思。礼也可以杀人，可以很“野蛮”。现在绍兴柯桥地区还保留着“祝福”这个传统仪式，但它的意义更多是作为表演娱乐了。

比起“祝福”的沉重感，社戏就有趣多了。鲁迅的《社戏》一文中对社戏有极为生动的描写，令人读后感到趣味盎然。2008 年 6 月 7 日，水乡社戏经国务院批准，被列入第二批国家级非物质文化遗产名录。绍兴这种独特的水乡社戏是其他地区所不具有的。社戏是为祭社而演的戏。绍兴旧时习惯，每年春秋两季要祭社。

春祭叫“春社”，秋祭叫“秋社”。祭社之日叫“社日”。社戏一般在庙台、草台、河台、街台等场所演出。现今的绍兴仍保存有数百座戏台。

浙江绍兴境内河道密布、湖泊众多，素以“水乡泽国”之称享誉海内外，这为水乡社戏的孕育、成长、发展提供了良好的环境和丰腴的土壤。幼年鲁迅就经常与村里的孩子一起观看河台社戏。鲁迅有多篇文章谈到了社戏，如《社戏》《无常》《女吊》等。社戏多以传统越剧为主，也有演绍兴莲花落的，非常有地方特色。

除了祭祀社戏，鲁迅也描写到了当时绍兴的婚丧习俗。我们从祥林嫂的故事中就可以了解到，她是一个童养媳，后来又被强卖给了贺老六当妻子。当年的绍兴童养媳、买卖婚、抢婚这些婚俗都是存在的。

而在《药》《孤独者》这些文章中也提到了丧葬的习俗，详细的仪式此处不再陈述。而这些祭祀婚丧仪式背后的核心就是：鬼神信仰。

民俗中鬼神概念自古存在，即使是儒家说不信鬼神，但也要祭祀天地、祖先，崇拜圣人，而且孔子常说“知天命”，这个天命虚无缥缈，和鬼神无异。即便是如今，科技昌明，鬼神观念转个概念就重新抬头，比如风水、佛学、道学等。在鲁迅的著作中，鬼神概念更多和迫害人的传统理念联系在一起，譬如说祥林嫂，笃信鬼神的她，始终承受着一股精神压力，害怕死后会被嫁过的两个男人锯身子，费尽心思去捐门槛以赎罪孽；但仍然摆脱不了旁人的歧视，最终被活活逼死。

了解文章中所出现的民风旧俗能让我们更好地理解鲁迅文章中情节变化的动因，也能更好地理解我们生活时代的变迁。

三、从“闰土”谈绍兴起名风俗

鲁迅《故乡》谈道：闰土是闰月生的，五行缺土，所以他的父亲叫他闰土。闰土的原型名叫章闰水，也叫章运水，因为八字上五行缺水，故而名字中带个“水”字。绍兴俗语闰与运同音，所以鲁迅在小说中改写作“闰”，“水”换作五行中的“土”。

中国人自古以来对起名就非常重视，甚至衍生出姓名学这个独立学说。它结合了风水堪舆、周易、五行等中国传统文化，传承至今。而从鲁迅文章中的一鳞半爪，我们能了解到绍兴民间的一些有趣的起名风俗。

闰土运用的应该是传统取名习俗的五行规则。按传统姓名学所说：通过生辰八字起名以“中和为贵”；如果生辰八字中某一个属性过强或过弱会失去平衡，进而影响命运。比如闰土，因为他的生辰八字缺土，故而名字上要带土字来中和。

其次，还有更有趣的，是称重法。鲁迅在《风波》一文中写道：“这村庄的习惯有点特别，女人生下孩子，多喜欢用秤称了轻重，便用斤数当作小名。”这个特殊习惯在绍兴是相当普遍，并一直延续至今。绍兴曾有过人口普查登记，绍兴全市名叫“六斤”“七斤”“八斤”的人相当多。

亦有用婴儿的祖父的年龄命名的，这在绍兴也非常普遍。鲁迅的文章中多次出现这样的人名。比如《风波》中的“八一嫂”、《社戏》中的“六一公公”。据调查，鲁迅外婆家安桥头确有他儿时小伙伴鲁六一、鲁六四，兄弟俩分别是在他们祖父六十一岁和六十四岁的时候出生的。

此外，还有很多起名规则。比如以月份别称起名的。鲁迅《阿Q正传》中的阿Q称作阿桂，应该是八月出生起的名（八月为桂月）。

起名的风俗本是出于人们趋福避祸的愿望，但其中包含了很多旧社会的迷信成分，随着社会的进步，很多带有迷信色彩的起名习俗也渐渐消亡了。

四、乌毡帽和乌篷船，绍兴的符号

绍兴有“三乌”，乌干菜、乌毡帽和乌篷船。乌干菜会在绍兴的饮食章节另述。此处主要讨论乌毡帽和乌篷船的来龙去脉。

关于乌毡帽的来历，有一传说。据说古时候一个猎人进山狩猎，追捕一只老虎至山洞，他把老虎打死后，发现虎穴里有一块“毛毡”。原来，老虎把平时吃猪、羊和其他野兽后剩下的毛压垫在窝里，久而久之，磨压成一块独特的毡子。猎人把它带回洗净晾干，加工成帽子，冬暖夏凉，雨淋不湿。从此大家纷纷仿制佩戴，成为绍兴的一大特色。

传说归传说，据历史文献记载，光绪二十五年(1899 年)，绍兴有个叫潘尚升的人，在繁华闹市西营口北侧，使用原来生产红毡的“潘万盛”招牌，生产毡帽。这是绍兴城区历史上首家专业毡帽店兼作坊，年产约 2000 顶左右，生意非常不错。

绍兴毡帽取材为羊毛，经久耐用，一般可用八年、十年甚至更久。毡帽夏日可遮阳吸汗，冬天可挡风御寒，用途广泛，经济实惠，故而受到当时的农民、渔夫和手工业者这些下层民众(短衣帮)的欢迎，成为绍兴标志性的佩戴物品。戴毡帽者，便是绍兴人。鲁迅笔下的闰土、阿 Q 等人均戴过这种标志性的毡帽。鲁迅《寄〈戏〉周刊编者信》中便有阿 Q 的形象介绍：“我记得我给他戴的是毡帽。这是一种黑色的、半圆形的东西，将那帽边翻起一寸多，戴在头上的。”

随着时代变迁，绍兴人戴毡帽的越来越少了，很多人戴着它纯粹是为了表演。比如沈宝林先生，穿着长衫，戴着毡帽，在自己的酒店里扮演孔乙己，招揽顾客；机缘巧合下，这居然成为一个地方的名片。但表演归表演，我们阅读鲁迅作品时，应该知道孔乙己是穿长衫的，理应不戴毡帽。在鲁迅的作品中，乌毡帽是短衣帮的标志。而地主举人老爷们，比如鲁老爷，他戴的就是瓜皮帽。鲁迅《华盖集·补白》也说道："瓜皮帽，长衫，双梁鞋，打拱作揖，大红名片，水烟筒，或者都要成为爱国的标征。"这是民国时期长衫帮的经典配置。鲁迅在文章中用简单的衣着就能反映出人物鲜明的阶级特征，当然前提是你需要理解文章中所涉及的衣物的历史含义。

绍兴号称"东方威尼斯"，自然以水闻名，河道的发达，催生了航运的发展。乌篷船是绍兴的另一张名片，船身狭小而长，可以说是航船中的自行车；以人力推进，时速可达 10 多公里。周作人有名篇散文《乌篷船》便着重介绍绍兴这种"很有趣的东西"——乌篷船，详细地说明了乌篷船的特色："乌篷船大的为'四明瓦'(Symenngoa)，小的为脚划船(划读如 uoa)亦称小船。但是最适用的还是在这中间的'三道'，亦即三明瓦。篷是半圆形的，用竹片编成，中夹竹箬，上涂黑油；在两扇'定篷'之间放着一扇遮阳，也是半圆的，木作格子，嵌著一片片的小鱼鳞，径约一寸，颇有点透明，略似玻璃而坚韧耐用，这就称为明瓦。三明瓦者，谓其中舱有两道，后舱有一道明瓦也。船尾用橹，大抵两支，船首有竹篙，用以定船。"

那个年代乌篷船的大兴是由绍兴独特的水乡特征所决定的，然而在今天，机器代替了人工，所以乌篷船在今天的作用更多地体现了在旅游文化上的价值了。

五、乌干菜、油豆腐、茴香豆和酒
——鲁迅笔下的绍兴饮食文化

绍兴菜属于浙菜系，鲁迅文章中对饮食着墨其实并不多。然而说出于文化价值也好，商业利益也好，饮食文化在文化传承当中最容易树立起来。依据鲁迅的文章，我们专门品尝了咸亨酒店的菜肴，也查阅了一些有关鲁迅饮食习惯的文章，选择了这几个相对著名的文化符号进行阐述。

乌干菜，又称梅（霉）干菜，属于绍兴三乌之一，张载阳《越游便览》中记述："乌干菜有芥菜干、油菜干、白菜干之别。芥菜味鲜，油菜性平，白菜质嫩，用以烹鸭、烧肉别有风味，绍兴居民十九自制。"鲁迅在《风波》中也写到过："女人端出乌黑的蒸干菜和松花黄的米饭，热蓬蓬冒烟。""乌黑的蒸干菜"就是梅干菜。1935年3月，鲁迅寄给他母亲的信中也说："小包一个，亦于前日收到，当即分出一半，送与老三。其中的干菜，非常好吃，孩子们都很爱吃，因为他们是从来没有吃过这样的干菜的。"可见鲁迅本人是比较喜欢吃梅干菜的。此外还有一位名人，便是祖籍绍兴的周恩来总理，他也非常喜欢吃梅干菜。

梅干菜其实就是腌干菜。常以芥菜、雪里蕻腌制转色变黑褐色、成熟为咸菜，后经太阳猛晒脱干水分，形成干菜。梅干菜烧肉、烧鸭都是非常可口的菜肴。

鲁迅还曾特别对干菜吐槽一番："我将来很想查一查，究竟绍兴遇着过多少回大饥馑，竟这样地吓怕了居民，仿佛明天便到世界末日似的，老喜欢储藏干物。有菜，就晒干；有鱼，也晒干；有豆，又晒干；有笋，又晒得它不像样；菱角是以富于水分、肉嫩而脆为特色的，也要将它风干。"这干菜的确可口，但鲁迅也是想不明白为什么绍兴人喜欢做干菜。

干菜的产生可能与绍兴人的节俭有关。远溯到春秋时期，吴越争霸，越王勾践卧薪尝胆，令全国上下节衣缩食，咸干菜易于保存而节约，故而大行。而且梅干菜使咸与鲜巧妙结合，具有独特味道。

油豆腐其实就是油炸豆腐，加以酱料，味道非常鲜美，现在仍是咸亨酒店必点美食。鲁迅的小说《在酒楼上》就提到了这个，原文中以“我”的口吻说出了这句话：“十个油豆腐，辣酱要多。”

《孔乙己》一文让茴香豆超越了单纯食物的概念范畴，成为一种文化符号。茴香豆只是一种普通食物，但是绍兴咸亨酒店的茴香豆就不普通了。我们嚼着茴香豆，更多的是在体味鲁迅先生笔下所描绘的绍兴风情。

鲁迅嗜烟远胜过酒，但鲁迅的文章里却喜好谈酒。比如《魏晋风度及文章与药及酒之关系》中提到的魏晋文豪们，还有孔乙己、阿Q等，无论大人物还是小人物，都是中国酒文化中的著名人物。绍兴以黄酒闻名，酒文化更是由古及今。王羲之的《兰亭集序》就是在酒杯里写出来的；徐文长的“小白连浮三十杯，指尖浩气响春雷”；鉴湖女侠秋瑾把酒拔剑，“吾辈爱自由，勉励自由一杯酒”，尽见干云豪气。袁枚《随园食单》亦描述绍兴老酒：“绍兴酒如清官廉吏，不参一毫假而其味方真；又如名士耆英长留人间，阅尽世故而其质愈厚”。种种故事，都让绍兴的饮食文化带有浓厚古君子文化风范，更让人向往。

六、总　结

从鲁迅的文章中，我们能看到的不仅有他对绍兴尖锐的批判，也有绍兴传统文化对他的滋养。而鲁迅的文字也对绍兴的本地风物文化产生极大的反哺作用，传统变成了经典符号被留存，而作为读者的我们也将不断沿着鲁迅给我们的地图去探索绍兴、理解绍兴。

参考文献

[1] 陈寿:《三国志》,北京:中华书局出版社,1982 年。

[2] 渠晓云:《论越文化的多元发展》,《绍兴文理学院学报》,2011 年第 4 期。

[3] 费孝通:《乡土中国》,北京:北京出版社,2008 年。

[4] 鲁迅:《致许寿裳.鲁迅全集(第 11 卷)》,北京:人民文学出版社,2005 年。

[5] 鲁迅:《女吊·鲁迅全集(第 6 卷)》,北京:人民文学出版社,2005 年。

[6] 王德林:《鲁迅与农民朋友章闰水》,《渤海大学学报(哲学社会科学版)》,1986 年第 3 期。

[7] 陈莹静:《有趣的绍兴人名》,《语文建设》,2002 年第 1 期。

[8] 鲁迅:《寄〈戏〉周刊编者信.鲁迅全集(第 6 卷)》,北京:人民文学出版社,2005 年。

[9] 鲁迅:《马上支日记.鲁迅全集(第 3 卷)》,北京:人民文学出版社,2005 年。

探究感想

在微课题论文完成之际,我们要先感谢我们的指导老师卞文文老师和陈茵老师。卞老师在我们课题的材料收集、论文撰写、答辩等各个环节都做了详细指导。鲁迅纪念馆的陈茵老师也在我们的论文选题、研究方向分析等方面给了我们很多指导性意见。同时,也感谢鲁迅纪念馆能专门延请鲁迅研究的专家们为我们做破题讲解和研究方法培训。我们论文的顺利完成和各位老师的倾力指导是分不开的。

回顾研究之路,我们感觉既辛苦又充实。确定课题题目后,我们就开始查阅大量的资料文献,从《鲁迅全集》到"中国知网"文献,从"百度文库"到"旅游网"体验栏目,我们广泛收集契合本课题的素材与资料,细致比对,勘误校正,并利用假期时间实地考察。因为是第一次做这样的课题,我们曾犯过不少错误。同时,我们的收获也是巨大的。我们不仅拓宽了知识面,更逐步掌握了一些科学研究方法。

查阅了这么多史料,游历了鲁迅故里,让我们非常感喟的是鲁迅文章中所呈现的那难以割舍的乡土情怀。三味书屋、鲁迅故居、咸亨酒店,当这些场景一个个呈现在眼前,纵使初见,亦是那样的熟悉。故乡的一草一木,似乎已深深地刻在鲁迅的记忆里,而后又化成文字,传递给了我们。而我们似乎也能看到:闰土、孔乙己、阿Q、祥林嫂这些小说中的人物,在坎坷不平的青石路上走动生活。从这些人物悲剧故事中,我们能深切体会到鲁迅乡忆中所包含的感伤和痛苦。一方面是有着乡情和亲情牵绊的故乡,一方面是冰冷无奈的社会现实,想要"改良这人生"的鲁迅的心情可想而知。

鲁迅精神是博大的,鲁迅笔下的绍兴是迷人的。一个时代形象的呈现必然带有其历史的逻辑性,任何一种民俗文化产生与演变都有其独特的历史背景。这一切都不是一篇短短的论文能完全涵盖的。我们会将这一次微课题项目作为起点,不断地探索研究。

课题组成员:上海市民办迅行中学

王镐诚　顾一凡

指导老师:卞文文

陈　茵(鲁迅纪念馆)

踏怀古之旅，品工匠精神

——赴天目湖、宜兴探究大国工匠精神的内涵

探究缘起

工匠精神是职业道德、能力与品质的体现，是从业者的职业价值观和行为的表现，其中包含了多方面的优良品德，通过学习，我们中学生也可从中获益。然而，工匠精神很少在中学生日常生活中被提及和落实，且通过调查问卷，我们了解到当代中学生对其深层内涵的理解与感悟较为浅显且局限。

得益于向明中学传统的春假研学活动，我们到汇聚了工匠精神气韵的天目湖与宜兴进行了调研。在三日的研学之行中，我们希望探寻天目湖和宜兴的自然风土、人文底蕴与工匠精神这三者之间的融合渗透与相辅相成。

在本次研学旅行中，我们通过行前查阅资料、设计活动主题、设计发放调查问卷及实地走访，逐渐深入了解天目湖和宜兴二地自然与人文中渗透的工匠精神，充分利用学校提供的资源，保障了本次活动内容的充实性。

一、行前问卷调查

大部分同学在媒体影响与学校教育下，对“工匠精神”这一概念有基本认知（获悉与了解内涵分别达 92.5%、100%）；但理解较为局限、狭隘，且浅显（内涵填答不全面，有约 40%的认识仅限于手工艺一类，且无深入思考）。也正基于此，同学们在日常生活中

缺少这类精神的发现与感悟(能较快举例的不到 50%)。由此，我们基本确定同学们对于工匠精神认知与理解的程度有限，可以以此为基础着重于工匠精神内涵的诠释、多方位展现与现实运用的引导。

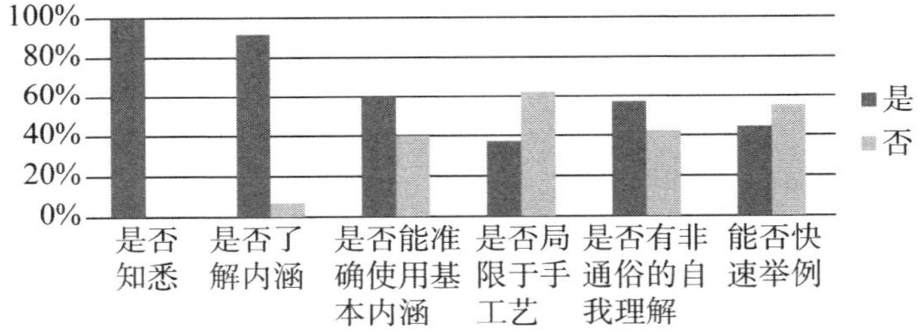

图 1　对于工匠精神认知与理解程度

二、调查过程

(一) 访鸡鸣寿仙，颂古居之雅，得工匠淳厚质朴

1. 山水比德，匠心独运

研学首日，我们前往天目湖山水园。20 世纪 50 年代，人们通过考察探索，规划拦截沙河水，建造“沙河水库”，用水发电，灌溉田地，造福百姓，可谓功在当代，利在千秋。后于 1992 年改为天目湖。由此我们不由得感叹大国工匠的智慧，是他们在探索考察过程中对自然的深入研究和规划，才成就了这样的美景。

中国茶岛则全面展现了博大精深、源远流长的中国茶文化，是中国千年饮茶历史的高度浓缩。这两处景点中，我们欣赏了园中的奇峰怪石，体验茗茶的苦尽甘来，这些都是人类欣赏、尊重自然的体现，使我们感叹于大国工匠对自然的探索，并有了更深的理解——人们对于山水的开发改造，并不是一味地破坏，以工匠精神与自然和谐共处。

我们在天目湖山水园探求的这种工匠精神，它强调人与自然的融合，在尊重的基础上和谐地改造大自然，从另一个角度来体现她的美。如今在城市里生活的人们与自然的接触越来越少，能保留这样纯朴而又美好的工匠精神是难能可贵的。而作为中学生，我们除了实地探索，领悟这种工匠精神，也需付诸行动，尊重自然，让自然与人文有机结合，成就更美好的风景线。

2. 鸡鸣三省，钟鸣六合

鸡鸣，象征着日出和新一天的开始。鸡鸣村位于苏浙皖三省交界，据说因为鸡鸣的声音可以传遍三省，故得名鸡鸣村。研学的第二天，我们来到鸡鸣村，研究古居之雅与淳朴。

古居静静地在这里伫立了几百年，清雅而淳朴，错落有致地排布在小巷两边，向我们诉说着这里的历史。这些景色让人驻足，细品之下仿佛明清工匠通过建筑与我们的心灵互通。

也许这就是明清工匠心中那份精神，不求宏伟外表，只求建筑内涵，专注地把事业做到极致。我们高中生现在虽然无须为建造耐用而有底蕴的建筑绞尽脑汁，但我们应该用这种专注、淳朴的工匠精神来充实我们的内心。

3. 寿比南山，仙隐竹海

离开了鸡鸣村，我们来到了寿星广场。南山竹海中的寿星广场寄托了古人对于长寿的渴望。硕大的寿星依山而建，以山为躯，被称为中国第一寿星。后墙上不同字体的寿字，再加上分布在山中各处的寿字，据说有 100 余个，这证明了寿文化在中国人心中的地位。

景点介绍处的屏幕上一遍遍地播放着有关寿星广场的建设过程，能看到出现在镜头里的手艺传承者们很多都是面容苍老，但是灵活的技艺却让人惊叹。究其原因,是这些手艺人心中镌刻着工匠精神。这种平淡质朴而又长久坚持的工匠精神值得我们所有人学习。

今天在这里,我们能找到那份真正淳厚质朴的工匠精神。寿星广场体现的浓厚寿文化,让我们领悟了寿文化的精髓,使我们体悟到所要寻求的目标。感受这份工匠精神,希望我们在将来也能戒骄戒躁,以平淡的心态,用几十年如一日的坚持与韧性,专注地做好每一件事。

(二) 游苍竹奇洞,叹古景之妙,习工匠严谨坚韧

1. 探索"事思敬"的意义——游平桥石坝

平桥石坝这一亚洲最大的浆砌石拱坝已在平桥河上矗立了40年之久。靠近时远远就能听到水流的轰鸣声,立于坝旁,又能见雾气中水花飞溅,如梦如幻。

平桥石坝为解决平桥河泛滥而建,因经济等问题未用钢筋混凝土,却因此在国际水坝工艺中有了很高的地位。山石浆砌节省了大量时间和资金,但也意味着更大的技术难题:平桥河泛滥期不易预测,石砖强度不足等。面对许许多多的难题,工程队发挥出了中国匠人不屈不挠的精神与智慧,以精妙的结构保证了大坝的稳固,而后人尽心竭力的维护,使其巍然矗立。

"事思敬",即专心做好自己该做的事,也就是常说的敬业。建造大坝的施工人员和维修人员用行动告诉我们何为敬业。此次游览也让我们体会到了他们"事思敬"的品质,深受触动。

2. 体会"修己以敬"的内涵——走进南山竹海竹文化园

南山竹海除了有一望无际的毛竹古松,亦有镜湖竹筏,形态各异的竹屋与古宫道等历史景观。每处都渗透着"修己以敬"这一工匠精神。如今社会风气浮躁,追求"短平快"带来的即时利益，而忽略了产品的本质灵魂。但在游竹海时，我们切实体会到了竹的寓意，并沉浸在这片宁静中。

竹海中的竹文化博物馆约4000平方米，构造巧妙如“竹”字。在馆内，我们看到竹工艺品极其繁琐精细的制作工艺和创新技术，了解了工匠对技艺的改进提高，思考了竹手工艺人背后艰辛的创作历程，不禁由衷地钦佩这种精雕细琢、精益求精的工匠精神。

“修己以敬”，即修养自己，保持恭敬。竹手工艺人年复一年地在竹林中体会竹子的美，修养自己的情操，对自然及自己的事业保持着一颗敬畏之心。他们的作品，让我们真切地感受到“修己以敬”的真谛。

3. 体验“执事敬”的成果——探索宜兴奇洞

善卷洞是著名石灰岩溶奇洞，宜兴“三奇”之首，素有“万古灵迹”“欲界仙都”的美誉。全洞分上中下后四洞，洞洞奇异且相通，且多有历史古物。

而岩洞由于地下暗河丰富，水流对岩石的侵蚀作用极强。先人留下的遗墨极易被水流冲刷。正是那些历史文物修复者，用自己渊博的知识和持之以恒的耐心，才让这些历史遗迹重为世人所见。

“执事敬”，即担任工作时要敬慎认真。文物修复者接到这些任务的时候，怀着一颗对文物敬畏的心，才能将这些古人的遗墨一一复原如初。我们在参观过程中，深刻地体会到了他们“执事敬”的精神。

（三）赏古器臻美，感书香醇厚，悟工匠精益求精

1. 探索陶艺制作背后的工匠精神——参观陶瓷博物馆

作为国内最早成立的专业性陶瓷博物馆，宜兴陶瓷博物馆距今已有近50年的历史，收藏了各个时代的展品，每一件作品的造型、雕花皆不同，其中的气质和风韵更是耐人寻味。

宜兴成为紫砂之都和当地的地理环境息息相关，没有宜兴独特的水土，也就不会有当地紫砂文化的兴盛。有了好材料，更少不了优秀的匠人们。陶是载体，大师们的堆叠削切赋予了陶器灵魂和生机。若是继续追本溯源下去，大师们的手艺又从何而来?是日复一日的锻炼，成就了现在。大师们精炼的手艺才是真正的无价之宝。在大师们锻炼自我、成就手艺的过程中，精益求精、追求完美的工匠精神逐渐成形。

2. 品味书香古韵背后的文化传承——参观东坡书院

东坡书院又名蜀山书院，俗称东坡祠堂，坐落在宜兴市丁蜀镇东北隅的蜀山山麓。始建于北宋，至今已有850多年历史。

此次造访东坡书院，我们不仅感受到了醇厚的书香气，更感受了“大江东去，浪淘尽，千古风流人物”这近一千年的时代变迁，世事变幻之后，东坡留下的敢于追求、勇于探索、不怕磨砺、精益求精的精神和灵魂。

他的作品流传百世，正是源于其精益求精的精神。书院中我们可以看到不少创作手稿，大量的涂改痕迹也被保留下来，昭示着主人曾经的刻苦辗转。书院中仍旧保存着当时苏东坡写书法时的砚台，相传苏东坡为了写好书法，特地挑选上等砚台。如今那砚台已然被磨碎，我们能从中感受到苏东坡的坚持不懈，想象他精益求精写好书法作品而经历挫折磨难的过程，令人钦佩。

在游过东坡书院后，我们也许更能参透一部分工匠精神——所谓工匠精神，就是能够沉浸自己的内心，沉淀自己的文化底蕴，做到不浮躁，不气馁，将自己心灵上的语言真实且完整地表达出来。

三、行后问卷调查

行后我们就问卷中部分题目再次开展调查。同学们对于工匠精神的理解更开放(对工匠精神的认识局限于手工艺的比率下降至0%),自我思考增加,且更能联系到生活实际(有非通俗的自我理解、能快速举例的比率均上升较多),甚至对"工匠精神"的学习与传播意愿也有增强。由此证明此次春假研学的价值与意义。此次"工匠精神"的研究结果将全校展示,以引起更多同学对"工匠精神"的探索。

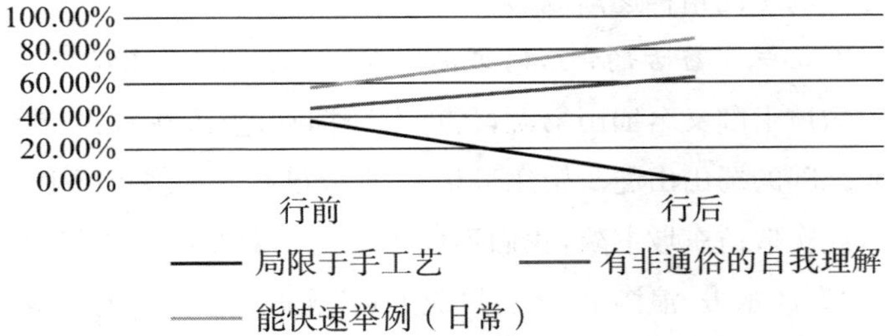

图2　行前行后部分题目比率升降

参考文献

[1] 苏燕:《人生需要匠人精神》,北京:中信出版社,2016年。

[2] 邱杨等:《匠人匠心》,北京:中信出版社,2016年。

[3] 徐秀棠:《宜兴紫砂传统工艺(修订版)》,上海:上海书画出版社,2017年。

[4] 林语堂:《苏东坡传》,西安:陕西师范大学出版社,2009年。

探究感想

通过第一天行程,我们对工匠精神有了更细致的了解,对建筑所蕴含的意义有了更深的感悟。工匠精神体现在古色古香的建筑之中，更重要的是建筑与自然的融洽表现了工匠精神在技巧之外的一面——对自然的尊重。只有在技巧之上辅以负责、严谨的态度和对自然的热爱、尊重，工匠精神才能成为一种真正的信念乃至信仰，所以才值得我们钦佩。

通过第二天的行程，我们真切地感受到了那些大国工匠们精益求精、力争完美的态度，也初悟“执事敬”“事思敬”“修己以敬”这些工匠精神内涵。在未来的生活中，我们也会以此为目标，突破自我，磨炼意志，将理论运用于实践，投身到社会的建设中去。

通过第三天的行程，我们在宜兴这个古器和书香碰撞的古都中品味到了工匠妙手回春的技艺和文人妙笔生花的文采，还透过他们的作品，领悟背后精益求精的工匠精神。我们相信，工匠精神会延续下去，为文明添砖加瓦，为时代增添光彩，为前路创造辉煌。

本次春假研学，对于渗透在天目湖与宜兴自然风土、人文底蕴中的工匠精神的研究，基本达到了我们期望的深度与广度，也有助于我们开拓思路，提升能力。尽管行前问卷中已包含见闻、使用频率、愿意学习传播程度等问题，意在为传播研究做准备，但仍缺少深度探究这一方面，止于成果分享。我们应继续探索如何发扬工匠精神，为其传承尽自己的一分力。最后，感谢课题组成员的辛勤付出，感谢指导老师的耐心指教，感谢相关景点与场馆给予我们的帮助。

课题组成员：上海市向明中学

黄子桉　朱芷仪　管悠扬

指导老师：丁　凛

大白兔奶糖的前世今生

探究缘起

电视里放着大白兔奶糖的广告:“旅途中,有‘大白兔’做伴,就少点寂寞!”我漫不经心地看着广告里的兔子跳来跳去,在我一旁的外婆却说:“真想再吃一次啊,那颗大白兔奶糖。”“外婆,原来你也吃过大白兔奶糖呀?”我好奇地问外婆。外婆告诉我:“是呀,大白兔奶糖可是外婆和你妈妈小时候的回忆。在外婆小时候,口袋里能有一颗大白兔奶糖,就觉得特别开心。在外婆生活的那个年代里,还没有现在那么多眼花缭乱的零食可以挑,所以有点儿好吃的,都记得特别深。小朋友也总是爱吃甜的,剥开一颗‘大白兔’塞进嘴里,甜甜的,软软的,满嘴都是奶香,到最后就连糖纸都要攒着。”

从外婆口中,我了解到原来一颗小小的奶糖竟然承载着几代人的回忆,同时见证了一个时代的兴盛,红蓝白的糖纸上印着的是小兔子,裹着的却不只是一颗奶糖那么简单,而是全国各地几代人的回忆。

我们生活的这个年代衣食无忧,衣来伸手,饭来张口,没有体会过老一辈的童年,但是老字号品牌身上代代相传的民族精神却值得我们每个人铭记,这也正是我们想更深入地去了解这个满满都是老一辈童年回忆的奶糖的原因。

2019 年是大白兔奶糖诞生 60 周年,我们希望通过对“大白兔”品牌起源和发展作详实考察,让更多人了解“大白兔”的前世今生,使 60 年来“大白兔”拥有的辉煌历史、所蕴含的民族情结和传统老字号品牌包含的工匠精神被当代青少年所了解与传承。

一、“大白兔”的发展历史

（一）展馆中的“大白兔”

小组成员为了进一步了解“大白兔”品牌的历史和发展，前往位于虹口区的上海益民食品一厂历史展示馆进行参观。展示馆由“老厂新生迎光明”“一心一意谋发展”“与时俱进创光辉”等展厅构成。踏入展示馆的门槛，“民以食为天，食以安为先”的醒目大字映入眼帘。通过讲解员的介绍，我们了解了益民食品厂的历史和“光明”品牌的发展历程，熟悉了家中的长辈经常向我们提到的民族老字号——“光明”“冠生园”“大白兔奶糖”等的历史。体会到了老一辈们为中华食品事业所付出的心血与努力，我们的心中感到无比自豪和骄傲。

（二）艰难起步，开创辉煌

大白兔奶糖的前身是 1943 年创立于上海的“爱皮西糖果厂”。其老板冯伯镛品尝了当时英国的牛奶糖之后，觉得味道很不错，于是半年后便仿制出了国产奶糖。当时，上海是国际化的大都市，来自美国的动画片受到了青少年的热捧。冯伯镛看中了其中的商机，便灵机一动，将孩子们最喜欢的“米老鼠”印在了糖纸上，并命名为“ABC 米老鼠糖”，由于售价比舶来品便宜，所以广受民众喜爱。

20 世纪 50 年代，“ABC 糖果厂”被正式收归国有，并改名为“爱民糖果厂”，后并入冠生园公司。此时，“米老鼠”也换了新衣，当时厂里的一名学习过美术的学徒王纯言，为其设计了更适合中国的经典形象——大白兔。大白兔奶糖就此横空出世，并成为 1959 年建国十周年的献礼产品。

在那个物资匮乏的年代，大白兔奶糖的生产与销量却很惊人。大白兔奶糖优选上乘的原料，每一锅糖浆由工人手工打制四十分钟，制出的奶糖奶味纯正、奶香浓郁、口感醇厚、营养丰富，七颗奶糖可以泡一杯牛奶。优异的品质令大白兔奶糖上市之初就受到消费者的青睐。

为了最大限度地满足市场需求，冠生园的生产车间热火朝天，工人们拼质量，比速度，上下一心，抢抓机遇，积极进取，锐意创新，在大家的共同努力下，大白兔奶糖的产量扶摇直上。即便是如此，大白兔奶糖依然供不应求。人们常常要排几个小时的长队，才能买到心仪的“大白兔”。为了满足顾客的需要，冠生园紧急增加了几条生产线，大白兔奶糖的产量从每天 800 公斤提升到 2000 多公斤。

大白兔奶糖不断改进质量和包装，形成了独特的配方和稳定的工艺流程，产品盛销不衰，1979 年，“大白兔”荣获国家银质奖。获奖后的大白兔奶糖更是成为居家必备和送礼佳品。“大白兔”为几代人留下了幸福而甜蜜的回忆。

（三）与时俱进，再创辉煌

大白兔奶糖不但历史悠久，还与时俱进，如今的“大白兔”有了许多的创新。近年来，大白兔奶糖在产品品种上，除了保持传统经典牛奶口味外，还新开发了多种新口味。此外，在产品包装上也有了铁盒包装、纸盒包装和塑料袋包装三大类。随着电商的发展，大白兔奶糖也不甘落后，先后在淘宝网、京东商城等网络平台开出多家网店。

从 2015 年开始，大白兔奶糖就开始打造一张“情怀”大网，希望吸引现在的年轻人，为此开发了大白兔气味图书馆、大白兔奶糖礼盒、大白兔牛奶拿铁、大白兔润唇膏、大白兔保温杯、大白兔奶茶，还携手法国时尚品牌“agnèsb.”推出限量珍藏版铁盒装的奶糖。

2019 年 7 月 22 日，“大白兔”联合光明乳业推出了光明大白兔奶糖风味牛奶。光明大白兔奶糖风味牛奶采用纯牛奶，融入奶糖香甜风味，配方为生牛乳加稀奶油，属于常温调制乳，“能一口喝到童年的味道”。2019 年 9 月 2 日，“大白兔”牵手歌帝梵推出“Godiva×大白兔”冰淇淋，每款冰淇淋包裹有大白兔奶糖定制糯米纸，以及一小块 Godiva 巧克力，每款做好后，都会再洒一层大白兔奶糖所用的进口奶粉。“大白兔”的一系列营销获得了年轻人的喜欢，赢得了口碑。

在冠生园公司的一系列创新之下，荣誉和奖状接踵而来。2003 年、2006 年，大白兔奶糖两次被授予上海市质量金奖。2004 年，大白兔糖果被评为国家免检产品、中国名牌。2009 年，大白兔糖果获品牌食品博览会金奖。2010 年，大白兔糖果连续十三年被评为上海名牌。2011 年，注册商标“大白兔”被中华人民共和国商务部授予“中华老字号”称号。这一系列奖励都是对“大白兔”品牌的认可。

二、“大白兔”的成功之道

那不同年龄段的市民对于大白兔奶糖又有着怎样的认识呢？大白兔奶糖在市场上的实际销售情况又如何呢？为了更直观地了解当下大白兔奶糖的知名度，以及上海市民对这一传统民族品牌的情感，课题组通过问卷调查、调研访谈进一步开展研究。

（一）问卷调查

我们共回收 108 份有效调查问卷，其中男性 35 人，女性 73 人。年龄分布情况如下：11～18 岁，25 人，占 23.15%；19～30

岁,31人,占28.70%;31～40岁,16人,占14.82%;41～50岁,6人,占5.56%;51～60岁,4人,占3.70%;60岁以上,26人,占24.07%。职业情况:学生39人,占36.11%;企事业单位员工,40人,占37.04%;退休人员,29人,占26.85%。

这108人中,97人听说过"大白兔"品牌,占89.81%,11人没听说过,占10.19%。可以看出,大白兔奶糖在不同年龄段的人群中知名度都非常高。

表1　了解"大白兔"的途径(多选)

选项	小计	比例
电视广告	60	55.56%
他人推荐	50	46.3%
网络宣传	40	37.04%
报刊书籍	21	19.44%
其他	22	20.37%
本题有效填写人次:108		

由表1可以看出,不同人群了解大白兔奶糖的途径也非常广,大部分人是通过电视广告的形式知道大白兔奶糖的,其次是他人推荐与网络宣传,少数是通过报刊书籍。

表2　购买大白兔奶糖的途径(多选)

选项	小计	比例
超市	75	69.44%
商场	69	63.89%
网络	39	36.11%

（续表）

选项	小计	比例
其他	2	1.85%
本题有效填写人次:108		

由表2可知,现在绝大部分人群都会从超市和商场途径购买大白兔奶糖,但是随着网络购物的兴起,现如今也有不少人选择了从网络途径购买大白兔奶糖。

“您平时喜欢吃大白兔奶糖吗?”84人表示喜欢,占77.78%,24人表示不喜欢,占22.22%。可以看出,参加问卷调查的大多数人都喜欢吃大白兔奶糖。人们喜爱大白兔奶糖主要因为大白兔奶糖口感极佳,品牌知名度高也是吸引人们购买的另一大原因,价格亲民以及包装美观也是大白兔奶糖深受群众欢迎的原因,可见大白兔奶糖优点很多,人气很高。

选择不喜欢大白兔奶糖的人群,问其原因,选择吃糖影响健康的人数占比明显高于其他;也有少数人认为大白兔奶糖价格高,口味不好,包装单一,选择品种少。可见健康原因是影响人们选择大白兔奶糖最为关键的一个因素。

（二）实地调研

那大白兔奶糖在上海市场上实际的销售情况又如何呢?为此我们做了一番调研。

我们小组成员分别选取了万里城实验学校周边的一家大卖场、一家中型超市和一家便利店作为调研大白兔奶糖销量和市场占有率的场所。

7月7日,我们来到大华路518号的华润万家大华店。采访了一位糖果部门的营业员,营业员告诉我们,在所有的奶糖类品牌中，销量领先的还是“大白兔”。大白兔奶糖不仅口感好，而且价格还远远低于同类的进口品牌，因此老人与小孩都会经常购买，超市也会经常补货。可见大白兔奶糖在同类产品中的销量还是遥遥领先的。

随即，我们又去了大华路352号的全家便利店。发现大白兔奶糖相比不二家等类似的奶糖品牌，剩下的包数很少，销量似乎也不错。7月11日，我们又走访了灵石路1553号的联华超市，未发现大白兔奶糖在售。询问了营业员才得知，大白兔奶糖在此店的同类奶糖中卖得非常好，当日已经卖完了。

通过这次实地调查，我们发现大白兔奶糖不论在大、中超市还是便利店，销量都很好，市场占有率都很高。

（三）网络调研

考虑到目前不少市民喜欢在网络购物，于是我们小组成员又在网络上调研了大白兔奶糖的价格和销量情况。

我们在网络上选择了三家市场上常见的进口奶糖品牌和大白兔奶糖进行对比，考虑到不同品牌都有较多的商品，为了方便统计，我们都选择了它们主打的奶糖类产品，对它们的销量和价格情况进行分析。

表3 四个奶糖品牌销量和价格比较(统计时间:2019年7月29日)

品牌	大白兔	不二家	悠哈	阿尔卑斯
销量	7000+	201	264	362
价格（每500克）	21.4元	36.5元	45.8元	46.7元
数据来源	淘宝网（大白兔官方旗舰店）	淘宝网（不二家官方旗舰店）	淘宝网（uha悠哈旗舰店）	淘宝网（阿尔卑斯官方旗舰店）

通过对不同奶糖品牌销量和价格的调查，我们发现大白兔奶糖在网络上的销量远远高于其他三款进口奶糖品牌，并且在价格上也低于其他三款进口奶糖。可见大白兔奶糖靠着它低廉的价格和纯正、奶香浓郁的口感，不仅在实体店卖得好，而且在网络上的销量情况也远远领先于其他进口品牌，可见市民对于大白兔奶糖品牌的认同和支持。

（四）小结

通过问卷调查、实地和网络调研，我们发现总体上来说，大白兔奶糖在同类产品中的知名度很高，销量情况也很好，那么不同年龄的人群，他们对大白兔奶糖又有着怎样的看法呢？我们分别对本课题组组员的几位家庭成员开展采访，了解他们心目中的大白兔奶糖。

三、个别访谈：关于“大白兔”的记忆

（一）访谈组员的外婆（上海人，64岁，退休）

组员：外婆，你知道大白兔奶糖吗？

外婆：知道。老上海人都知道。大白兔奶糖是我们上海人的骄傲。

组员：你小时候喜欢吃大白兔奶糖吗？

外婆：喜欢。因为这是当时我们能买到的最奢侈的糖，吃大白兔奶糖在当时还是种时尚。

组员：那你感觉味道如何？

外婆：一股子浓浓的奶香味。在以前，牛奶是很稀罕的，所以吃到“大白兔”是种幸福，是种享受！

组员：那您对这个品牌印象如何？

外婆：印象深刻，特别对于我们五十年代出生的人来说，大白

兔奶糖等于我们的童年，还是上海老字号，是我们上海乃至全国响当当的品牌。

组员：那你现在还吃大白兔奶糖吗？

外婆：偶尔。因为身体缘故，常吃甜食容易得糖尿病、高血压。但我对大白兔奶糖有特殊的好感，每次去超市看见大白兔奶糖总忍不住买一袋回来。

（二）访谈组员的父亲（台湾人，48 岁，公司职员）

组员：爸爸，你知道大白兔奶糖吗？

爸爸：知道，是上海的一个品牌。

组员：你是怎么知道的？

爸爸：大白兔奶糖这个品牌在台湾也略有名气，公司同事也有讨论提起过。你妈妈总时不时会买点大白兔奶糖。

组员：那你对大白兔奶糖这个品牌印象如何？

爸爸：一个有好多年历史的老字号奶糖品牌，但是感觉现在好像不太能见到他们的文宣了，倒是进口奶糖品牌在这方面比较重视。

组员：你喜欢吃大白兔奶糖吗？口感如何？

爸爸：挺喜欢的。有嚼劲，奶香挺足。

组员：那你现在还吃大白兔奶糖吗？

爸爸：现在不像以前吃那么多了，因为现在年纪大了，对健康比较关注。

组员：你觉得大白兔奶糖和其他牌子的奶糖比起来是赢是输？

爸爸：赢吧。因为其他奶糖太甜了，有点齁，而且奶味还没“大白兔”浓。回台湾时我也经常买些大白兔奶糖当礼物给奶奶他们。

(三) 访谈组员的妹妹(在上海长大的台湾人,10岁,学生)

组员:妹妹,你知道大白兔奶糖吗?

妹妹:知道啊,过年时爸妈一直买回来吃,平常也经常吃。

组员:那你喜欢吃大白兔奶糖吗?

妹妹:我超喜欢吃"大白兔"的! 每次我心情不好时感觉吃什么都是苦的,但是我一吃甜甜的大白兔奶糖,心情就瞬间好起来啦!

组员:你对"大白兔"这个品牌的印象如何?

妹妹:很深。我一直吃,外公和外婆还老提到"大白兔"。

组员:你吃过的奶糖品牌中你最喜欢哪个? 原因是什么?

妹妹:"阿尔卑斯"吧! 虽然大白兔奶糖很甜,但是阿尔卑斯奶糖包装很美观很卡通,糖纸五颜六色也很好看。

(四) 小结

通过组员对不同年龄段家人的访谈,得知"大白兔"这个老字号品牌知名度很高,老少皆知,且胜于其他品牌的奶糖。对大白兔奶糖的印象也是价格低,口味佳,是人们甜蜜的回忆。甚至在台湾,"大白兔"也很有名气,深得台湾同胞的喜爱。这样一个老字号产品,虽看似完美,但也有美中不足之处。例如:吃太多糖不够健康,不适合老年人;产品种类不多,包装形式较为单一,不能博得孩子的眼球;目前文宣策略不如进口奶糖等。

四、"大白兔"面临的挑战和机遇

针对以上问题,本课题组又进行了实地考察和网络调研。

我们来到黄浦区凯德晶萃广场的"大白兔"快闪店,了解"大白兔"销售的新商品。之前就有所耳闻,"大白兔"出了一款网红奶茶,销量情况很好,要排队几个小时才能买到! 那实际情况又如何呢?

到店之后,我们发现和之前的大排长龙相比,现在排队的人已经寥寥无几,十分钟不到的时间我们就买到了大白兔奶茶。我们觉得大白兔奶茶口感与普通奶茶并无太多区别,也没有突出独特的“大白兔”风味。看来大白兔奶茶不能只靠着情怀怀旧,奶茶的口感不佳可能不能长久地吸引顾客。这也是大白兔品牌的一个问题所在。

针对问卷调查和家庭成员采访中反映大白兔奶糖形式单一、包装不美观、宣传不到位等缺点,我们又在淘宝和微信公众号上进行了深入调查和研究。

“大白兔”在淘宝网(大白兔官方旗舰店)出售的商品只有奶糖和话梅糖两种产品。“大白兔”网站的页面简单清新,颜色和糖果包装的形式单一,设计的“大白兔”形象也较为单调。

“不二家”在淘宝网(不二家官方旗舰店)中出售的商品有棒棒糖、饼干、巧克力和奶糖。“不二家”网站的页面五彩缤纷,颜色鲜艳,食品包装多样化,设计的卡通人物可爱动人,非常有趣吸引人。

“悠哈”在淘宝网(uha 悠哈旗舰店)中出售的商品有水果软糖、奶糖、巧克力。“悠哈”网站的页面五颜六色的,很绚丽,食品包装色彩各异,形象设计的卡通小人也很可爱,引人注目。

“阿尔卑斯”淘宝网(阿尔卑斯官方旗舰店)中出售的商品有棒棒糖、水果橡皮糖、奶糖(分硬糖和软糖)。

在淘宝旗舰店的页面布局上,“大白兔”相比较“不二家”“悠哈”品牌的网站页面,没那么夺人眼球,对孩子来说“不二家”和“悠哈”旗舰店的网站页面更有吸引力。

那在微信公众号的产品推广和宣传上,几个奶糖品牌又有着怎么样的差异？为此我们进行了一系列调研。

我们想在微信上关注大白兔奶糖的公众号，可是没有找到。后来在反复探索之后发现，原来要在搜索时填上关键字“冠生园”才能找到。大白兔奶糖这个品牌在微信上没有独立的公众号。我们在微信上寻找“不二家”品牌的公众号，一搜索就马上弹出公众号“不二家食品”，很便于搜索。在寻找“悠哈”品牌的公众号的过程中，搜索关键字“悠哈”便立即轻松地找到。其公众号的名字为“UHA 悠哈”。

可见，大白兔奶糖并没有设立单独的微信公众号来推广它的品牌，而是以母公司作为公众号，没有“不二家”“悠哈”等品牌的公众号便于搜索。

我们又进一步调查了“大白兔”和两家进口奶糖品牌的微信公众号推送的文章阅读量和文章的内容，进一步探索它们的宣传和推广策略。

表 4　三家品牌微信公众号文章阅读情况

品牌	“大白兔”	“不二家”	“悠哈”
文章 1	内容：企业探访“大白兔”，分享甜蜜与美味。 阅读量 778 关键字：企业探访	内容：圣诞节准备好大号圣诞袜，将甜蜜糖果装满圣诞节。 阅读量 511 关键字：圣诞节	内容：又到了开学季，回忆起“悠哈”相伴的校园美好时光。 阅读量 617 关键字：校园

（续表）

品牌	“大白兔”	“不二家”	“悠哈”
文章 2	内容：“618”即将来袭，大白兔奶糖优惠活动火热开启。 阅读量 486 关键字：购物	内容：母亲节到了，送一袋甜蜜的“不二家”棒棒糖作为礼物送给母亲，让她生活甜蜜蜜吧。 阅读量 801 关键字：母亲节	内容：“悠哈”新出草莓味系列软糖，一口甜爆你的少女心！ 阅读量 650 关键字：少女心
文章 3	内容：发挥示范引领，共促冠生园创新发展。 阅读量 236 关键字：企业	内容：愿“莓好与你相伴”不二家新出草莓口味硬盒包装糖果。 阅读量 1385 关键字：女生	内容：“悠哈”七夕限定糖果礼盒预售。 阅读量 671 关键字：七夕
文章 4	内容：60 岁的大白兔还是上海制造的活力代表，仍受人们喜爱。 阅读量 349 关键字：怀念	内容：这个暑假，让“不二家”、冰镇可乐、西瓜与你相伴。 阅读量 700 关键词：暑假　清凉	内容：暑假来啦，让孩子们吃着“清凉棒棒糖”清凉一夏！ 阅读量 620 关键词：夏日　冰镇
平均	阅读量 462	阅读量 849	阅读量 639

“冠生园”的微信公众号推送的文章平均阅读量相对其他品牌较低，并且在文章的内容中，“冠生园”推送的文章多数和企业形象、企业活动有关，而在一些关键的节日，“冠生园”则较少有宣传推广旗下产品的活动。而“不二家”和“悠哈”的宣传内容则贴近于年轻人，更吸引人注意。这体现了在宣传方面大白兔奶糖还有待提升。

针对以上问题，我们提出几个改进的建议：

（1）针对老人顾虑多吃糖不健康的问题，我们建议推出由木糖醇所制的奶糖，减少老年人的健康顾虑。目前，我们在超市和网络销售中都没有发现大白兔奶糖有出售完全无白砂糖添加的产品。

（2）针对小朋友认为糖纸包装形式单一、产品包装不如一些进口奶糖美观的问题，我们建议商家除了保留传统“大白兔”形象的同时，能多设计一些新颖、卡通、可爱的包装，这样会更加吸引儿童。

（3）针对宣传与推广的问题，我们建议其推出官方认证的“大白兔”微信公众号，独立运营，让民众可以了解老字号品牌的现状，也方便企业更好地推广旗下的产品。

（4）在参观益民食品一厂历史展示馆时，我们了解到展馆开放的时间非常有限，在周末不开放，讲解也要提前预约。而且展馆仅在虹口区的影响力比较大，而在课题组成员所在的普陀区的中学并未组织学生参观过该展馆。我们建议展馆可以适当考虑在周末开放一天，方便全市市民参观。同时，利用微信公众号，多推送一些品牌历史的文章，起到宣传的作用。此外，还可以跨区和学校联合开展教育活动，多组织非虹口区的学校进博物馆参观，了解老字号的历史，体会民族品牌的精神。

每一个老字号的背后都隐藏着一段精彩纷呈的故事，它的兴衰历程也是一部微型的中国历史。老字号品牌拥有的家传秘方、独门绝招，保证了其卓越的品质与独特的口味，使得它能够在激烈的市场竞争中立于不败之地，并且在一代又一代人的传颂中维系良好的信誉口碑。所以，老字号不仅仅是良好制作工艺的代表，更是民族品牌与传统工匠精神的象征。

时间真的可以改变一切，从大白兔奶糖到“冠生园”民族品牌的振兴与创新之路，正可谓是全国人民的骄傲。从一开始的小品牌到现在人人皆知的老字号，其中的努力、毅力让我们钦佩。

2019 年是大白兔奶糖诞生 60 周年，现如今“大白兔”不仅仅只是一颗奶糖，而是一代人的回忆，它代表的更是 60 年来民族品牌自强不息和坚持不懈的民族精神。大白兔奶糖这个品牌传承的“民以食为天，食以安为先”的品牌精神，和在挫折中不断创新、精益求精的民族精神，让我们年轻的一代永远铭记在心。

参考文献

[1] “光明，在这里诞生”编委会：《走进上海食品益民一厂历史展示馆》，2011 年。

[2] 朱国顺：《上海老字号古韵悠悠谱新曲》，上海：上海三联书店，2017 年。

[3] 张倩：《中学生不可不知的民族品牌》，南京：江苏教育出版社，2010 年。

探究感想

此次活动中，我们了解了以大白兔奶糖为代表的上海老字号品牌丰富的历史底蕴。一颗小小的奶糖，不仅见证了大白兔奶糖 60 年来光辉的历史，也见证了劳动人民自强不息的民族精神。伴随着研究地深入，我们感触良多，有了些许启发：光有久远的历史或资历是不够的，老本总有吃完的时候。务必在前人的基础上做出创新，这样才能使一个品牌长久发展。老字号面对新环境时应当勇于创新，不要拘泥于旧的方式。

吃着大白兔奶糖，与父母一起聊聊他们小时候的故事，所谓的代沟、隔阂也会烟消云散。作为中学生的我们也应该在生活中积极践行与发扬“大白兔”的民族精神，因为这是前辈们留给我们的宝贵财富。

最后，感谢高老师对本课题的悉心指导，也感谢上海益民食品一厂历史展示馆的周超群老师与鲍珊珊老师为我们提供相关的资料文献和讲解。

课题组成员：万里城实验学校　八(3)班

严苡宁　程怡然　林伊惠　潘梦瑶　吴宇真

指导老师：高　阳

课题组在益民食品一厂历史展示馆前合影

心血传承忆难忘，百年老号换新颜

探究缘起

老字号有着鲜明的中华民族传统文化背景和深厚的文化底蕴。绍兴的中华老字号，历史最短的也有50年，然而如今老字号却呈现着冰火两重天的局面，有的历经时代变迁仍闻名遐迩，但有些却不能继续在历史的卷轴上书写它的传奇，只留下淡淡的墨痕证明它曾经存在过。“老字号”成功传承的原因是什么？消亡的原因又是什么？我们课题组将结合理论与实践，汲取传承的经验，总结消亡的教训，并通过与南京老字号进行比较，给出合理建议，希望凝聚着传统文化和特色的老字号代代传承。

第一组：酱园老字号的枯荣探寻

（一）问题背景

绍兴是一个拥有悠久历史的古都，绍兴的酱园也逐渐成为当地特色，给百姓带来了巨大的生活便利。到了现在，这些酱园有些挺过了时代的洗刷，至今还日进斗金，而有些却在世事变迁中无法经营下去。这些酱园能够世代传承下来，成为“老字号”是因为什么？不幸消亡又是因为什么？为了探寻问题的答案，第一组将对酱园的现存状况展开调查研究，从而总结“老字号”传承的经验并给予建议。

（二）方法过程

1. 文献检索

利用网络和图书馆查阅相关内容。

2. 采访咨询

前期先大致了解需要采访的酱园，通过电话沟通交流我们采访的想法，询问是否可以接受采访。设计采访问题，对两家酱园的负责人进行采访调查，在得到允准后进行摄像录音，最后整理出采访稿。

3. 问卷调查

在对将要采访的酱园做好了解的基础上，设计几个针对酱园且切合老字号主题的问题，制作成网络问卷，题目数在 10 题左右。在网络上进行调查，并在酱园附近寻找路人做调查问卷。

4. 数据分析

返沪后，整理采访和电子问卷结果，分析并形成图表。

（三）研究结果

位于绍兴市中心附近的两家酱园——故里酱菜和仁昌酱园，它们两家主营的产品不同，故里酱菜只是一家开业至今七八年的小店，它从一家老字号酒店——咸亨酒店进货进行贩卖，以酱菜类产品为主；而仁昌酱园则以酱油、醋等产品为主，有自己的多家直营店。然而我们发现，故里酱菜以及咸亨酒家的生意兴隆，而仁昌酱园的多家直营店却都大门紧闭，似乎生意并不是太好，咸亨和仁昌同为老字号，如今这样的差别原因何在呢？

1. 老字号酱园发展不顺利的原因

通过调查，我们发现酱园老字号发展不顺利的原因大致如下：

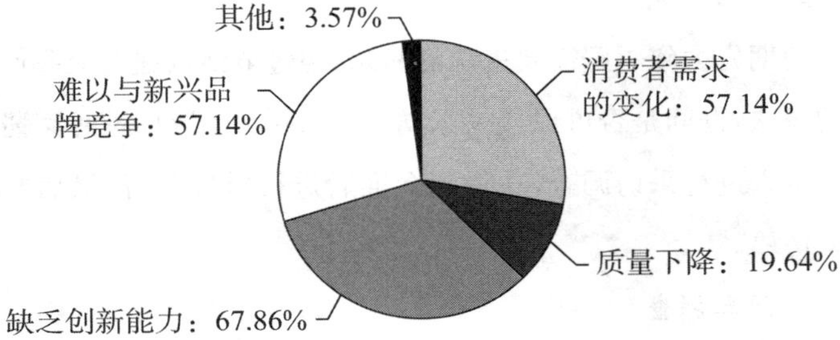

图1　老字号酱园发展不顺利的原因

（1）缺乏推广宣传

老字号酱园因缺乏宣传，导致许多从别的地区来的顾客或是绍兴当地年轻人都不知道有这些本地的老字号产品。且有些直营店位置有时会发生改变，而大部分顾客都无从得知这一消息。我们探访仁昌酱园时也遇到这样的问题，那么就有可能导致顾客白跑一趟、浪费时间，甚至对这些老字号有所不满。

（2）缺乏应对消费者需求变化的产品创新

随着时代发展，人们的口味也变得越来越挑剔，而酱菜和酱油等日常食用的产品若不能有所创新的话，顾客很容易吃腻，从而转向别的品牌。加上有些老字号对自己的产品过分自信，不考虑对产品进行任何创新，导致生意惨淡，难以生存和发展。

（3）购买渠道单一化，顾客购买不便

老字号酱园多以数量有限的直营门店进行销售，加上宣传不善，即使有网上购买渠道，也很少有顾客会去网店购买，故而导致了网上没人买，实体店购买不便的尴尬情形。

（4）难以与新兴品牌竞争

新品牌对于当前市场的调查和对顾客喜好的了解大多是比

较充分的，因此他们的产品往往会有些新奇的地方；加上善于宣传、制造噱头，容易吸引顾客，导致许多并未习惯如此激烈竞争的老字号还未有机会进行改善就衰亡了。

(5) 保护政策普及面较小

当地政府出台了关于老字号的保护政策后，并没有能够落实到大部分老字号品牌，对于咸亨酒店等较为出名的老字号有着较好的保护措施，但是对于一些较小的、容易被忽视的老字号，保护政策并没能发挥作用。

2. 老字号长久存在的原因

(1) 选址优势

我们探访的这两家酱园，包括咸亨酒店在内，都在绍兴市中心附近，尤其是故里酱菜和咸亨酒店，位于鲁迅故里，因此人流量很大。附近交通也十分便利，有地铁和公交，这也更加方便人们前往。从对故里酱菜老板的采访中我们得知，顾客中有许多是外地来的游客，当然当地的回头客也不少。

(2) 产品改良以迎合不同的消费者群体

以故里酱菜为例，通过对老板的采访我们了解到，他们对于多数酱菜的口味进行了改良，更适合多数人的口味，因而适合在鲁迅故里对游客进行销售；也保留了许多酱菜的传统口味以符合绍兴当地人的口味，保证附近稳定的客源。故里酱菜因地制宜，区别对待不同消费者的口味需求，使得自身能够长久发展。

而咸亨酒店也在这方面有所规划。就像咸亨集团党委副书记陈先生所说，光靠一碗黄酒、一盘茴香豆是不可能让咸亨这一老字号品牌多年来屹立不倒、繁荣发展的，咸亨酒店在产品的改良上也做出了巨大的创新和改善，包括推出的日本料理和西餐，并发展了许多配套的产业设施，形成了如今商务中心、土特产商场、康乐休闲会所等一应俱全的新咸亨。

(3) 明确老字号核心内容,定位品牌发展方向

不同的老字号有着不同的核心内容,这也决定了它们不同的发展方向。

仁昌酱园秉持着传统的制作工艺和优质的产品,其母子酱油、香醋等产品口碑一直很好,仁昌酱园也以此为自己的发展方向,不断在酱油等制品上推陈出新,并将原本直营店销售为主的营销方式转变为多渠道的销售方式,不仅避免了与同行间的竞争,也拓宽了自己的产品受众、销售量和知名度,这就是为什么仁昌酱园直营店看似生意不好,却仍能长久存在并持续发展。

咸亨酒家则始终将鲁迅文化作为自己的立足之本,并以此优势进行发展,本着不忘鲁迅文化、重视创新的发展方式,成为一家在商贸旅游、文化休闲、餐饮连锁、食品加工等方面取得令人瞩目成就的知名企业,将这一老字号品牌的名声传遍全国。因此,古老却又年轻的咸亨酒店,成为绍兴文化游览休闲的地标。

这两家老字号的发展方向各不相同,都具有各自的特色,这使其能够长久地发展传承下来。

(四) 改善老字号酱园的方案建议

我们从采访及问卷调查中总结出改善老字号酱园的一些方法和措施:

1. 对政府而言

审核老字号的标准不应该仅仅是因为其创办历史久,还应该综合企业的经营管理情况和消费者对其的评价,将老字号的称号给予名副其实的企业。政府出台老字号保护政策后应监督实行、全面铺开,重点也可逐步转移到影响力较小的老字号企业上,时刻关注老字号的兴衰。若出现不符合成为老字号标准的情况,可

撤销其称号。

2. 对老字号本身而言

要更加关注消费者的需求，定期收集消费者的意见和建议，做充分的市场调查，不断地改变服务和产品的不足之处，把核心内容中独特的方面完整地表现出来，不能让消费者觉得和别的老字号或是新品牌没有区别。

要注重宣传，开拓多种销售渠道，例如可以尝试电商、开设微信公众号等方式，定期发布一些产品信息，进行消费者调查等，以获取更多的客源。

3. 对老百姓而言

不能仅仅因为老字号酱园店铺外在陈旧或是产品包装、宣传广告等的不足而对其抱有不同看法。应该以产品的质量为准，积极地了解老字号的渊源背景，并尽可能地多多光顾老字号，适当地提出对老字号不足之处的建议和看法，支持传统老字号的传承发展。向周边的亲朋好友推荐品质优良、服务到位的特色老字号。

第二组：药店老字号的存亡探求

（一）问题背景

绍兴诞生了无数个中医药传奇：有着世界上第一个非处药，第一部格式化的新医案，最早期的中西医汇讲沙龙，独树一帜的绍派伤冷。绍兴不仅是御医的主产区，还是医书的高产地——《景岳全书》《中国医学大成》《珍本医书集成》等皇皇巨著都为中国医药文化写上了浓彩重墨的一笔……而这些传奇的创造者，也被人们赋予了一个独特的名字——越医。但面对各类新式西医药店的新起，老字号的中医药店正在逐步走向衰亡，我们将探寻其衰亡的主要原因及传承老字号的方法。

（二）方法过程

1. 文献检索

利用网络和图书馆查阅相关内容。

2. 采访咨询

前期先大致了解需要采访的药店，通过电话沟通交流我们采访的想法，询问是否可以接受采访。设计采访问题，对景岳堂的负责人进行采访调查，并采访正在购药或看病的患者、顾客。

（三）研究结果

我们所着重调查研究的景岳堂药业成立于2003年，是上市公司浙江华通医药股份有限公司旗下的中医药企业。虽说景岳堂是2003年成立的公司，但因为其传承了张景岳的越医文化，并将我国中医药文化理念融入企业的发展中，所以被评为了老字号。近年来景岳堂发展迅猛，业务覆盖面广。其推出中药配方颗粒后，被授予了“浙江省高新技术企业”“青年文明号”“现代服务业重点企业”等称号。这是一家以传统中药产业为主的制药企业，在当代西药对传统中药以及传统中式药店的冲击之下，景岳堂却能够通过延伸其产业链、拓展服务等方式来适应目前的消费市场，从而成为全省中药传承创新领域的领跑者。

1. 老字号药店逐渐走向衰亡的原因

通过调查，我们发现药店老字号发展不顺利的原因大致如下：

（1）耗时较长

相较于西药，中药的疗程周期普遍偏长，药效也没有西药在短时间内明显。中药的熬制需要耗费大量的时间，很难有人愿意为了煎一剂药而花费数小时时间，因而药店的受众受到了限制。

（2）知名度低

中医行业的知名度和关注度的下降导致大部分首次接触中

药的顾客望而却步。

2. 老字号长久存在的原因

（1）传统和创新并重

以景岳堂中药配方颗粒来说，企业聘请3位老专家到景岳堂任技术总监，用符合炮制规范的传统药饮片作为原料，经现代制药技术精制而成，其生产工艺高度融合中药汤剂煎煮方法，如浸泡、先煎、久煎等。开展中医诊疗，也为中药配方颗粒的药材基原产地、真伪鉴定、炮制方法进行科学“搭脉”，这是传承；而配方颗粒成分的完整提取、质量的有效控制、易于携带，智能调配快递、精确和卫生，改变了千年来中医药处方靠人工称量调配的落后现状，实现现代科学技术与传统中医药的有机结合，是为创新之处。

（2）指向性明确、宣传到位

在药店内部设有介绍中药的展示厅，里面陈列了各种药材的标本并配上详细的介绍，介绍该药的疗效和适宜人群。同时设有中药史研究馆来培养人才继承传统行业，并定期开展讲座向大众普及中药、中医知识。此外，药店内标识清晰，指导性强。由于年轻人基本上手机不离手，网络宣传就变得十分有效且快捷，因此景岳堂的微信公众号间断性地发布文章，在为老百姓科普生活小常识的同时，也在老百姓的心中留下良好印象。此外，祖师级的名医的形象也减少了老百姓对中医药的忧虑。

（3）中西结合

中医讲究调理的过程，而西药则擅长快速治疗。景岳堂充分发挥了两者的优点并将其有机地结合在一起。药店内主要分为两部分，一部分卖一些治疗常见病症的西药，另一部分则为中药的购买区。在中药购买区既有包装精美的名贵中药材如人参、鹿茸、虫草，也有医师现场坐堂抓药。但抓药区的顾客较为固定，以老年群体为主，抓的药也以调理为主。

（四）改善老字号药店的方案建议

我们根据采访，总结出了一些能够改善老字号药店的方法和措施：

1. 成为医院的延伸

将其打造为医院的延伸，施行线下实体店的营销，线上旗舰店的经营。旗舰店作为主要销售手段，让广大群众足不出户就可以买到药。建立完备的药品配送服务网络，实现与医疗机构的快捷、高效对接。一个优秀的中药企业，不仅懂得追求经济效益，更要重视社会效益，尤其要坚持传承和创新老药工的“工匠精神”，为民众多谋福利。

2. 注重软实力培养

在软实力上积极投入。一是形成师徒传承带教模式，重拾中药鉴定、炮制技术的学习传承，每两年选拔考核一次，夯实企业中药专业人才基础；二是规划成立中医药博物馆，启动中医药文化研究，发掘整理越医药文化瑰宝；三是筛选部分品种，开展中药传统古法炮制研究，寻求医疗机构合作推广；四是筛选传统经典名方，参照配方颗粒先进工艺进行二次开发研究，拓展海外市场；五是加快技术研发中心的平台建设，引进博士后工作站，打造院士平台，着力研究中药的新技术、研发新产品，包括纳米中药、中药的现代化发酵技术等，实现传统中药与现代技术的紧密结合。

第三组：酒铺老字号的兴衰探究

（一）问题背景

绍兴有着深厚的底蕴，其饮食文化是比较富有特色的，而老字号酒铺更是其中的瑰宝。人们去绍兴老字号酒铺，细细品味其中所保留的中国传统饮酒文化，与此同时，一些老字号的酒铺正逐渐淡出我们的视野……它们消亡与兴盛的原因值得我们去思考，我们小组决定对此进行实地考察，走访绍兴酒铺，从中发掘问题的答案。

（二）方法过程

1. 文献检索

利用网络和图书馆查阅相关内容，到绍兴后再前往黄酒展示馆寻找所需资料。

2. 采访咨询

前期先电话联系需要采访的酒铺，沟通交流我们采访的想法，询问是否可以接受采访。再设计问题对负责人进行采访调查，并在得到允准后进行摄像录音，最后整理出采访稿。

3. 问卷调查

在对将要采访的店铺做好了解的基础上，设计几个针对店铺且切合老字号主题的问题，制作好一份网络问卷，题目数在 13 题左右。在鲁迅故里附近寻找路人做调查问卷。

4. 数据分析

返沪后整理采访和网络问卷结果，分析并形成图表。

（三）研究结果

我们小组经过走访，发现绍兴酒铺很多，在街上几乎走两步就能见到一家。但是老字号酒铺却越来越少了。一般都是一家店铺中售卖许多不同类的黄酒。

1. 历史变迁

（1）咸亨酒业

1946 年，张阿王家庭酿酒作坊自酿自销。受到鲁迅先生小说的启示为品牌取名“咸亨”。1981 年，老店新开。1990 年获省优质产品。企业赞助北京亚运会，被列入北京第十一届亚运会指定产品。1992 年，被评为首届浙江省著名商标。1994 年，获美国国际金奖、全国黄酒产业优质产品。2004 年，被认定为“中国驰名商标”“中国优秀企业”。2008 年，被认定为“浙江老字号”。

（2）古越龙山

1994 年，“沈永和”成为古越龙山绍兴酒股份有限公司的“中华老字号”的著名酒类商标。1997 年，中国黄酒第一股“古越龙山”股票在上海证券交易所成功上市。2003 年，收购女儿红股权，建设黄酒工业园区，实现黄酒产业优化升级。

（3）女儿红酒店

1993 年，根据传说，成功注册“女儿红”商标，并请著名导演改编成电影《女儿红》，从此“女儿红”红遍大江南北。2005 年，进行万吨优质瓶装酒灌装线技改项目，并有六项外观设计获国家专利。2006 年，荣获“中华老字号”称号。

2. 老字号长久存在的原因

（1）选址优势

走访的三家酒铺都在绍兴市中心，且位于鲁迅故里附近，因此人流量很大。附近交通也十分便利，有地铁和公交，方便人们前往购买。

（2）品牌优势

绍兴黄酒历史悠久，最早的沈永和创业于清代康熙三年，是绍兴黄酒行业中历史最悠久的著名酒厂，很早就拥有“行销中外，驰名遐迩”的金字招牌。而位于鉴湖源头的鉴湖酿酒厂始建于 1951 年 9 月，也有着几十年专业生产、经营绍兴酒的经验。

悠久的历史使这些老字号在百姓中的认知度非常高，在同类商品中具有很高的识别度，百姓对其也有着极高的接受度。

（3）变通的经营方式

以会稽山绍兴酒股份有限公司和浙江古越龙山绍兴酒股份有限公司为例，作为绍兴黄酒的两大巨头，会稽山和古越龙山掌门人都提出了关于企业该如何由老字号跻身新网红的想法。绍兴黄酒企业在产业转型升级上已经走在了全国黄酒企业的前列，会稽山绍兴酒股份有限公司在黄酒产业转型升级过程中，较好地实现了“机器换人、智能酿酒和互联网＋管理”，在生产过程取得重大突破，成为浙江省工业化、信息化“两化”融合的典型示范项目，开启了黄酒企业转型升级的新时代。

3. 老字号发展不顺利的原因

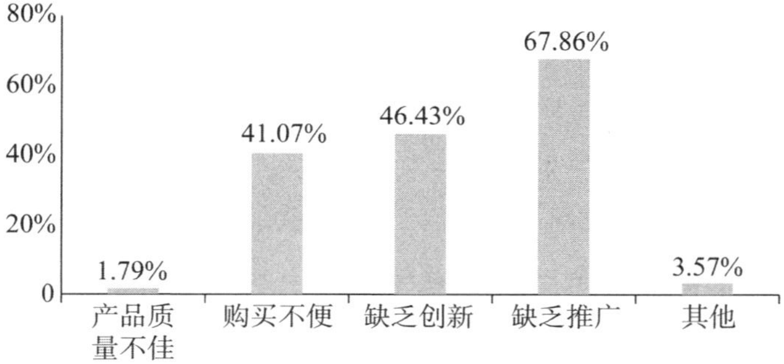

图 2　酒铺老字号发展不顺利的原因

（1）品牌不够年轻化与时尚化

中国老字号过于强调自己是“老字号”，给人以老态龙钟的刻板印象。绍兴黄酒也不例外。对于年轻人来说，他们更青睐啤酒或红酒，他们认为黄酒“是我爸爸、爷爷买来喝的酒”。因而，绍兴黄酒在年轻一代的消费者当中并不吃香。

（2）品牌不够大众化与普及化

黄酒的区域消费格局较为狭隘，大多集中在江浙沪地区，国内其他地区并不普及，增长空间因此受限。在国际市场几乎没有什么影响。

(3) 对于消费群体定位不够明确

对于自家品牌服务的消费群体定位不够明确，无法迎合年轻一代的消费群体，因而无法调配适宜的口感与制定合适的价位。

(四) 改善老字号酒铺的方案建议

我们从采访及问卷调查中，总结出了一些能够改善老字号酒铺的方法和措施：

1. 对政府而言

评老字号称号时应该就企业的经营管理情况和消费者对其的评价进行综合审核。若出现不符合成为老字号标准的情况，可撤销其称号。出台老字号保护政策后，应积极落实到位。

2. 对老字号本身而言

保留自身特色，不随波逐流。不能因为层出不穷的外国品牌而自乱阵脚，把那些原本的特色舍弃。应该在做好产品的同时保留自己的品牌特色，定期检查产品，把好质量关，采用择优劣汰制。

了解消费者的需求，明确服务的消费群体。根据不同的消费群体采用不同的产品方案。进行经营模式的改变，不局限于线下店铺销售，可通过互联网电商平台推广酒产品以得到更大的客流量。

3. 对老百姓而言

对于老字号多加关注，积极地了解老字号的渊源背景，并多选择老字号酒，支持传统老字号酒铺的传承。

对比南京老字号

2018 年 5 月，9 班同学在南京以“心血传承忆难忘，百年老号换新颜”作为主题，对南京百货、工艺、美食三方面的老字号进行了考察研究。2019 年 5 月，同样以此主题，我们对绍兴酱园、药店、酒铺三方面的老字号进行了为期三天的考察研究。考察中我们发现两地都纷纷开始重视老字号，南京设立了老字号博物馆，供大家了解各类老字号，并通过一张张店铺收据历史文物，让大家认识那些消逝在历史长河中的老字号。绍兴则是成立了老字号协会来保护老字号，他们还设立了自己的网站，会及时更新许多关于老字号的最新消息，以及被认证的老字号名单。虽然两地都存在着老字号消亡的情况，但都通过政府、商家、百姓的三方共同努力，将那些幸存的老字号传承下去。

参考文献

[1] 绍兴市政协文史资料委员会、绍兴老字号企业协会编：《绍兴老字号》，杭州：西泠印社出版社，2012 年。

[2] 周露阳、孟艳杰：《越商老字号品牌创新的战略取向——以绍兴黄酒老字号为例》，《绍兴文理学院学报》，2015 年第 2 期。

[3] 王伟、马蕾、高霞、王戬：《壮大提升特色优势产业　推动甘肃转型跨越发展》，《甘肃农业》，2013 年第 30 期。

[4] 张荣来：《中医药国际发展战略——基于文化营销的研究》，《现代商业》，2012 年第 15 期。

[5] 南京市商务局编：《南京老字号》，南京：南京大学出版社，2014 年。

探究感想

为期三天的春假看似短暂，我们在“寻访老字号”的过程中却收获颇丰：不仅得到了研究成果，还锻炼了胆量和各方面的能力。

本次课题研究结合了理论与实践，对酱园、药店、酒铺三方面多家老字号传承与消亡的原因进行了较为深入的探究。

过程中，我们也遇到了不少的困难。但是经过全班同学的共同努力，克服了困难，并为以后做研究积累了经验；同时增强了班级凝聚力，也让同学们有了新的体悟与见解。为期三天的春假研究过程中，我们收获快乐之余，充分了解了绍兴老字号的现状，为消亡的老字号感到惋惜心痛的同时，也借此向全社会呼吁一起关注老字号，尽己所能发扬和传承凝聚着传统文化特色的老字号，从而让优秀老字号及老字号的文化代代相传。

课题组成员：上海市向明中学　2020届9班
熊艺菲　王春阳　李翌阳　李卓晗　张倪悦
指导老师：丁欣梓

采访老字号博物馆副馆长

“汉服热”现象研究

探究缘起

汉服是华夏民族的服饰总称，又称汉衣冠、华服，拥有悠久的历史与深厚的文化底蕴。近年来，“汉服热”成为席卷全国的社会现象，并随之衍生了汉服圈、汉服节、汉服典礼等新生事物，“汉服热”现象也正在文化、艺术、经济和社会生活等各领域产生日益显著的影响。与此同时，社会民众对“汉服热”现象的评价和认识并不统一，有人认为这是一种以弘扬中国传统文化为基调的古风文化，也有人认为这只是昙花一现的时尚潮流，甚至还有人说这只是一种新 cosplay(角色扮演)，而非对中华民族传统服饰的认同。针对上述问题，我们希望能够透过“汉服热”现象探究汉服对于现代人的意义。因此，我们开展了本次课题研究，并采用文献查阅、问卷调查和数据统计相结合的方式对社会民众的观点进行收集、归纳和分析，期待从中发现规律和启示。

一、调研方法

(一) 文献查阅法

通过阅读前人对于汉服的研究以及对于古风热现象的看法，我们得到了大量有价值的信息，筛选后作为我们观点的佐证。

(二) 问卷调查法

为了能够直观地了解现代人对于汉服的理解与认知程度，我们设计了一份由主观题和客观题共同组成的问卷。主观题旨在了解答题者对于汉服的态度以及是否认可汉服改良等观点，客观题从汉服的基本形制及其所蕴藏的文化内涵等方面调查答题者对于汉服的了解程度。

（三）数据统计法

由于针对个体的访谈无法揭露大众的审美趋势与艺术品位，因此我们在淘宝购物平台上选择了两家拥有众多粉丝的古风服饰专卖店进行数据挖掘。比起在实体店选购汉服，现代人更偏向于借助网络来搜索符合自己喜好的服饰并进行购买。商家为了迎合大众的喜好往往会定期更新和设计新产品，我们希望能够从中了解当今汉服爱好者的喜好。

二、结果分析

（一）文献查阅分析

通过阅读汉服研究的相关文献，可以发现，“汉服热”首先是一种古风文化。李贝的研究对“古风文化”做了界定，“它主要是指以弘扬中国传统文化为基调，以传承中华民族优秀民族精神为支撑，以大众传播为媒介，以音乐、小说、诗歌、游戏、服饰、绘本、影视剧、广播剧等为表现形式，结合传统艺术、文学、语言、色彩等诸多中国元素，不断磨合发展而来的一种表现传统文化的文化形式”。作为一种新文化现象，尽管汉服复兴方兴未艾，但它所呈现出的是新一代人对传统文化的认识、接受以及阐释。

同时，中国古代传统文化的重心主要体现在礼制。在长期占据统治地位的儒家思想影响下，封建社会的等级制度在服饰上有极其明显的反映。服饰与礼制相结合，规范和管理不同阶层的穿衣戴帽，对服装的质料、服色、图案纹样等都有详尽的规定，以区分君臣士庶服装，充分表现人们的身份、地位。可以说，中国服饰制度具有鲜明、独特的礼制文化特色。中国的服饰制度始终与中国礼制思想紧密相连，因此古代中国的服饰纹样始终依从着礼制而发展。某种意义上来说，这正是大多数人对真正的汉服文化不甚了解的地方，也是今天“汉服热”现象背后需要重点讨论的问题。

中国传统服饰文化源远流长，璀璨夺目，具有极高的艺术价值、经济价值和理论研究的价值，现代科技的飞速发展给予了我们古人所不能实现的技术手段，如果当代服装设计能从历史长河中寻找精华，一定会有很多收获。中国传统的图腾纹样凝聚了无数先人的智慧与心血，作为传统文化的继承者，我们不能忘记对传统图腾元素的传承与创新。正如蒋莼淳所言，“这些中国符号在以后十年的设计中一直反复出现，常见的有：龙、凤、牡丹、云纹、墨竹、山水、青花、书法、剪纸、京剧脸谱等图形符号，立领、盘扣、衣缘、连袖等造型符号，中国传统文化的外在典型在服装中通过纹样、纹饰在人的视觉和知觉中传递出传统的文化情韵”。在保留传统图腾精髓的基础上，我们要对传统图腾重新组合、提炼运用，以更好地符合现代人的审美。

当前，围绕“汉服热”开展的相关活动层出不穷，传承汉服文化俨然成为一种时尚潮流，汉服业已成为一大热门话题。21 世纪以来，伴随着我国综合国力的提升，汉服文化开始走出国门。中国风格的汉服文化和设计元素在世界时尚圈中成为部分设计师的灵感，创作了诸多精彩的中国元素的服装设计。2001 年上海 APEC 会议举办期间，世界各国领导人身着唐装参加会议；2014 年北京 APEC 会议除了让世界看到了中国腾飞的经济，也让各国的媒体关注到了欢迎晚宴上各国领导人的宋锦“新中装”和领导夫人的漳缎中式旗袍，这些民族素材和传统工艺在国家领导人的带领下得到了发扬光大。应该说，“汉服热”现象是一个逐步深入的发展过程。当代人对汉服文化的了解程度并不深，目前还停留在片面不全的理论知识上，“古装新穿”依然是“汉服热”需要长期面临的一大问题。

（二）问卷调查分析

因本次调查时间有限，主要采用网上填写问卷形式，共计回收了575份有效问卷。其中男性182人，女性393人。14岁及以下有9人，15～18岁有75人，19～22岁有27人，23～29岁有45人，30岁及以上有419人。总体结果显示，目前汉服的接受率接近五分之一；部分人对汉服感兴趣，但自己很少穿着汉服；社会对于传播汉服文化的途径尚无统一认识；人们对于汉服的了解和体验十分有限；30岁以上女性群体对汉服文化的关注度明显偏高。具体情况如下：

该调查结果显示目前大约有17.39%的人穿过汉服，说明现在汉服的接受率接近五分之一，一部分人已经接触过汉服，对它有一定了解。

表1　以下关于汉服的描述有哪两项是正确的？

选项	回复情况
1. 除了深衣和襦裙，普通百姓也会穿裤子。汉服不包括屐、簪花、玉佩	134
2. 汉服的袖子又称“袂”，它们都是圆袂，代表天圆地方中的天圆	316
3. 古代汉服的色彩以鲜艳为贵，平民常服则多用淡色	197

（续表）

选项	回复情况
4. 交领“右衽”是指“把左前襟掩向右腋系带，将右襟掩覆于内”的穿法	180
5. 袍服（深衣）为帝王百官最隆重正式的礼服，上衣下裳为百官及士人常服	168
6. 长着、袴、唐衣、圆衫是汉服常见的形式	155

该调查项正确答案为第二、四项，结果显示第二选项集中度明显高于其他选项，第四选项居中。这说明人们对汉服的服饰结构有所了解，但对于其背后的发源历史、等级含义、适用场合等知识却不甚了解。

表 2　您偏向于在哪些场合穿汉服？（多选）

选项	回复情况
漫展	296
旅游景点	253
日常	49
社团活动	376
家里	71
其他	21

表 3　您认为人们为什么会想穿汉服呢？（多选）

选项	回复情况
颜值即正义，汉服好看	107

（续表）

选项	回复情况
对它的文化背景感兴趣	358
大家都穿	18
合适景色	144
参加相关活动	299
其实我并不想穿	89
其他	13

表4　看到街上有人穿汉服您会怎么想？（多选）

选项	回复情况
无法理解这些人的品位	15
有钱人，佩服	31
同好哪	59
弘扬文化值得提倡	347
还挺好看的	360
cos服、和服、汉服傻傻分不清	78
年轻人的爱好	211
其他	7

表2、表3、表4调查项主要考察人们对于生活中汉服应用场合的看法。可见，很多人因为汉服背后的文化和它新颖的款式而对其十分感兴趣，但真正在日常生活中却鲜有人穿着汉服。

表 5　您对于汉服热的看法？(多选)

选项	回复情况
纯粹对这类衣服的追求	190
这是中华文化的崛起	344
仅仅是昙花一现罢了	47
新奇的时尚潮流	298
其他	13

表 6　您对改良汉服的理解(多选)

选项	回复情况
原汁原味最好,但改良也不错	382
有助于汉服文化普及	381
是一种对汉服的亵渎	26
服装企业的商机	198
其他	8

表 5、表 6 调查项考察人们对于古风元素在现代服饰中的具体运用的看法。有一大部分人认为汉服颜值高、气质好,对改良汉服表示包容;但也有一小部分人对改良汉服十分排斥;还有另一部分人认为原版汉服并不利于汉服推广,将传统文化与现代服饰相结合反而可以传播汉服文化。总体上来说,社会对汉服的看法分散,持完全相反观点的对立情况不在少数。

表7 您听到过以下哪些名词？（多选）

选项	回复情况
中国华服日	142
梦霓裳汉服十周年庆典	124
汉服成人礼	451
同袍	185
其他	27

表8 您从哪里听说过汉服？（多选）

选项	回复情况
视频网站	286
看见别人穿	399
亲身体验	69
逛淘宝时看到	160
古装剧	374
其他	6

表9 您能接受的汉服价位？

选项	回复情况
200～500元	330
500～1000元	194
1000～1500元	33
1500～2000元	6
≥2000元	12

表7、表8、表9调查项主要考察人们对于汉服的了解渠道和

体验经历。有不少人口头上支持汉服，却不会在这方面投入资金或者亲身体验。而另一部分人对汉服有一定的接触，但是基本上都是通过古装剧、网上购物或看到别人穿，并不能深入了解汉服。

（三）数据统计法

1. 重回汉唐旗舰店

表 10

店铺名称:重回汉唐旗舰店		商品总数:496
常见形制	分类	数量
襦裙	齐胸	17
	齐腰	105
上衣	对襟	78
	褙子	14
	交领	66
长衫	大袖衫	31
	长袖衫	36
宋裤(宋)		2
马面裙(明)		9
袴		14
配饰	鞋	3
	吊衫	28
	头饰	16
	扇子、包、挂件	15
	其他	28

（续表）

常见形制	分类	数量
改良	连衣裙	3
	外套	11
	上衣	5
	宋裤	15

从该店家数据来看，目前大多数汉服消费者在挑选上衣时多选择对襟，襦裙则多选齐腰而非齐胸襦裙，对其他种类的服装数量比较可发现，大众更偏向于长衫等衣物，对马面裙和宋裤似乎兴趣较低。个人认为这种选择反映了现代人着装习惯，大众选择汉服时偏向选择符合日常着装风格的汉服服饰。

2. 清水溪汉初旗舰店

表 11

店铺名称：清水溪汉初旗舰店		商品总数：140
常见形制	分类	数量
襦裙	齐胸	23
	齐腰	30
上衣	对襟	38
	交领	13
	褙子	10
长衫	大袖	16
	长袖	14
宋裤（宋）		3
马面裙（明）		2
袴		0

（续表）

常见形制	分类	数量
配饰	鞋	3
	吊衫	7
	头饰	0
	扇子、手包、挂件	0
	其他	0
改良	连衣裙	12
	外套	1
	上衣	2
	宋裤	0

该店铺中传统汉服居多，改良汉服也有一小部分。传统汉服中齐胸与齐腰所占比例基本一致，而上衣以对襟为主，其次是交领；马面裙和宋裤也有，但数量不多；吊衫和鞋也有几件，而头饰、团扇等则没有。相比之下，改良汉服更多是改向连衣裙这种更贴近现代的衣服，且改动较大，接近现代流行款式。

三、总　　结

汉服文化的博大精深，不仅体现在它的种类繁多、形式多样，更在于其背后所蕴藏着的深厚文化。然而，现在人们的兴趣点大多聚焦于汉服新奇的外观上，对其历史源流和文化内涵知之甚少，甚至无心了解。因此，“汉服热”现象如果只是基于单纯的外形美是不可能持久下去的。我们认为，在汉服的宣传环节不应该只展示出相应的花色和图片，还应该对其所属形制、文化背景做一定深度的解析，并且需要有一定趣味和创意来吸引消费者阅读。

随着“汉服热”的推广，其形式也越来越丰富。高中成人礼、汉式婚礼等屡见不鲜。赞成者认为这是一种弘扬传统文化的方式，应该大力推广和支持；持怀疑态度的则认为这是一种作秀的行为。我们认为，通过举办一些大型活动来普及汉服的做法固然是可行的，但根据问卷结果来看，它们的传播范围并不广泛，只是局限于汉服爱好者等较小群体。真正想要普及和发扬汉服文化，可以通过在学校开设特色课程、举办公益讲座等方式，更加有效地向大众传播关于汉服的历史知识，而不仅仅是一场只针对小众群体的视觉盛宴。

从调查中我们也发现，许多人是从影视作品中了解到汉服及其背后的古风文化的。有些服装设计师会在设计影视中古代服装时结合自己的设计理念，创造出各种各样架空时代，甚至出现现代化元素的服饰。这种混搭并不能算是真正意义上的汉服，因为它很可能会误导大众对于汉服的认知。但是它在客观上也对“汉服热”起到了很大的推动作用，使得更多人关注汉服，吸引更多人将古风元素融入现代生活中。

另外，从对网上店铺的数据统计中我们也可以发现，大众选择汉服时偏向选择符合日常着装风格的汉服服饰。因此，店家也会向着这方面进行改良。大多数人第一次选购汉服时可能更偏向于买一件改良的连衣裙或者长衫，而不是一套对襟加襦裙。从中也可以看出人们对于在日常生活中穿着汉服实际上接受程度还是不高的。既然汉服的现代化是大势所趋，那么我们可以在复兴传统汉服的同时将古风元素融入现代设计之中，帮助它更好地被传承和发扬。

参考文献

[1] 李贝:《“古风文化”产生缘由探析》,《河北科技师范学院学报》,2015 年第 1 期。
[2] 常征:《谈中国古代服饰纹样中礼制精神的体现》,《艺术教育》,2008 年第 3 期。
[3] 刘世声:《中国传统服饰文化与当代设计》,《浙江纺织服装职业技术学院学报》,2005 年第 4 期。
[4] 陈娅彬:《浅谈汉服文化的复兴与创新》,《艺术科技》,2018 年第 2 期。
[5] 蒋莼淳:《从符号至于情韵的会通——改革开放后中国风服装设计的演进研究》,苏州大学硕士学位论文,2017 年。

探究感想

这次课题研究更像是一次在黑暗中慢慢找到光明、继而摸索的过程。原本我们对汉服文化的认知仅限于街头巷尾所见的一个掠影,但在课题研究的过程中,我们逐渐得以细细了解伟大而精妙的汉服艺术。它不仅仅是一件衣服、一种样式那么简单,汉服的韵味是深藏在那一丝一线之间的。汉服热,热的不只是一种时尚,更是人们的归属感、亲近感、认同感。我们相信,汉服热不会只是昙花一现,它有着值得被正视、被传承的魅力,未来会越来越好。借此机会,感谢活动主办方为我们提供了本次学习的机会,感谢常宇鑫、王开尔两位老师对我们的悉心指导。

课题作者:上海中学

蔡雪逢　李嘉琪　任妍乐

指导老师:常宇鑫　王开尔

关于海派旗袍中审美意识与文化意蕴的探究

探究缘起

提到旗袍二字，人们首先联想到的便是海派旗袍。它不仅是一种女性传统服饰，更是作为变革之后平等、先进、时尚的象征，且就其样式、印花颜色和工艺来说，已经可以算是一件艺术品了。旗袍的美是独特的，它素雅宁静，它张扬怒放，它载歌入梦。令人惋惜的是，当代女性并没有太多适合穿着旗袍的机会。

爱美之心，人皆有之，更何况是女生呢？我们研究小组的4位成员都是女生，对旗袍有着浓厚的兴趣，所以借暑期“进馆有益”活动的机会，参观了东华大学内的上海纺织服饰博物馆，以其中的古代馆和近代馆为参观重点，想进一步了解旗袍的历史、海派旗袍中的审美意识与文化意蕴，思考其现实价值和未来发展。

一、海派旗袍的由来、发展和现状

在21世纪，到处都能看到女性穿海派旗袍的身影，她们无论年龄多大，都显得别有一番风韵，每种款式、风格的海派旗袍都令人眼前一亮，凸显出穿着者的自身气质，而如今的海派旗袍是从20世纪开始，历经一次一次改良演变而来的。

（一）海派旗袍的由来

旗袍，被誉为中国国粹和女性国服。旗袍分海派旗袍和京派旗袍。

京派旗袍：传统派，大家风范。它起源于明清服饰文化，特别是晚清时期的旗装改良，具体为旗装收腰设计，再加上汉服的立领，左右两面开叉。宽厚的面料体现出舒适感和大家风范，直线裁制，胸部、肩部、腰部、臀部完全平直，女性身体的曲线毫不外露。

海派旗袍：西化派，贴身。兴于民国上海女学生，采取西方的裁剪方法，使旗袍更贴身，更能展示女性的身材，且为了从外观上与京派旗袍区分，海派旗袍用窄边进行服饰边料外包。海派旗袍是民国旗袍的典型，领、袖采用西式的处理，如用荷叶领、西式翻领、荷叶袖等，或用左右开襟的双襟。胸省和腰省的使用使旗袍更加合身，同时出现了肩缝和装袖，使肩部和腋下也合体了。

在对旗袍初步了解后，我们在参观东华大学的上海纺织服饰博物馆时，了解到清代的女装主要有两个系统，即旗女的袍服和江南妇女的襦裙。至晚清，这两个系统发生了互相交融与渗透。

辛亥革命后，服饰的变化不再囿于图案、色彩、材料。服装造型由抹杀人体特征和差异渐渐变为有意识地去表现人体特征：由宽大渐渐变为合身，装饰由繁复渐渐变为简洁，面料由厚重渐渐变为轻薄，并注重悬垂性的使用。

海派旗袍形成于 20 世纪 20 年代，有部分学者认为其源头可以追溯到先秦两汉时代的深衣。海派旗袍在 20 世纪 20 年代之后成为最普遍的女子服装，由中华民国政府于 1929 年确定为国家礼服之一。

（二）海派旗袍的发展

民国时代的电影银幕上涌现了许多新潮的女性形象，她们的造型时尚，服装西化、前卫，引人关注，带领陷于封建等级服饰制度中的中国女性从传统中解脱出来，尽情地追求新潮的美和女性的魅力。

银幕中，女星的服饰从中国传统的上下两节制服装、旗袍马甲逐渐偏向量体裁剪一体式旗袍。这一改变不仅改变了传统女性用宽衣宽袖掩盖自己躯体的行为，还凸显了女性身体曲线的特征和现代美的追求。随着旗袍的问世，它的搭配也渐渐多了起来，烫发、卷发成为新潮流，妆容也多样起来，蕾丝、蝴蝶结、花边等诸多西方元素被加以利用，充分显示着中国女性服饰的重大变革。

这样的女性旗袍造型在民国电影中随处可见，以至于人们在20世纪20年代中后期称海派旗袍为电影服饰。回望旧上海的电影，美人的装束无不与旗袍密切关联。电影里，周璇、胡蝶、阮玲玉等女子与旗袍相得益彰，冷艳凝香。她们在那个闻香识女人的年代，在那深深浅浅的光影里，演绎着飘逸典雅的万般风情，以及曾经沧海的幽怀感伤，无数影迷想起她们时，总忍不住发出“女人如花花似梦”的感叹。

纵观反映民国世事的影视剧，《花样年华》里的张曼玉、《倾城之恋》里的陈数，她们无不是风姿绰约的女子。而那一身旗袍，用独有的细腻笔触深刻地勾画出她们的玲珑有致。如此不仅衬出那婀娜体态，更与演员氤氲凄迷的眼神、冷傲高贵的气质完美结合，恰如其分地通过影像呈现在观者面前，堪得上一句“相得益彰，彼此成就”。

众多女星的造型服饰通过舞台、报刊、广告等渠道推广，观众相继效仿，从而引发社会服饰新的变化与潮流。

“社会生活与政治都与衣服的改变有密切的关系。”服饰的改变，彰显着民国时代中国男女社会地位的变化、社会观念的开放、传统社会秩序的逐渐瓦解，以及中西方文化的交流碰撞。

（三）海派旗袍的现状

我们在茂名路旗袍实体店开展了访谈工作。一开始我们的工作就遇到阻碍，一家家旗袍店以时间不够为借口，将我们拒之门外，但大家不放弃、绞尽脑汁，最后以“为班主任庆祝生日定做旗袍”为借口，才与店员顺利聊了起来。我们做好了相关记录，为后面问卷调查做了铺垫。

基于访谈的内容，我们研究小组通过问卷星发布了对于海派旗袍文化的调查问卷，共收到 129 份有效问卷。

在图 1 中，女性对海派旗袍的喜爱度明显高于男性，且女性的喜爱态度比男性更直接。这表明男性对海派旗袍的了解较少，认同度低，我们还需加大力度推广海派旗袍。

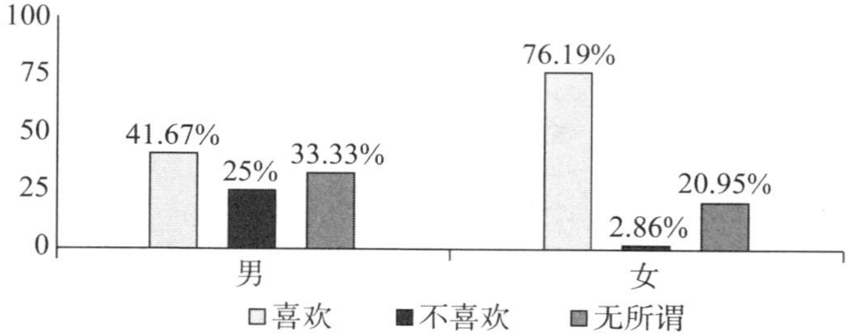

图 1　男性与女性对海派旗袍的喜爱程度

图 2 则展示了在对旗袍的价格判断上，女性所填写的旗袍价格更符合实际情况，由此得出，女性对旗袍的了解程度相对于男性更多一些。我们通过采访，对旗袍的价格有了初步的认识，茂名路上的旗袍多在 1000～4000 元不等，其中有些定制的长款旗袍更要上万元，这些旗袍多用于宴会、婚礼等正式场所，而在淘宝、京东等网上购物平台上的改良日常旗袍的价格约为 100～600 元不等。

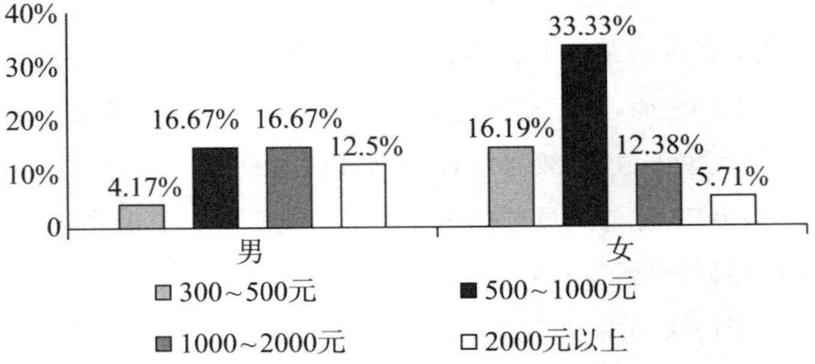

图 2 海派旗袍的价钱

图 3 显示出不同年龄段对于旗袍的需求度，每个年龄段都有半数以上的人都认为社会需要旗袍，他们都认可旗袍在过去、现在、未来生活中的重要程度以及它在群众心中不可磨灭的地位。

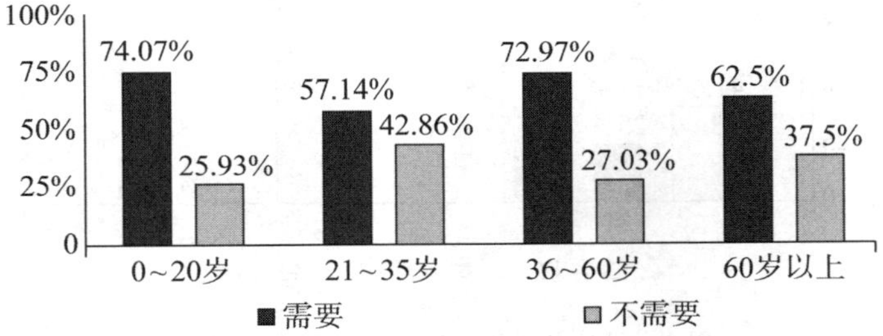

图 3 社会需不需要海派旗袍

如今的影视剧很多，大家对于民国风题材的电视剧可能持有可有可无的态度，但没想到的是，在各个年龄段，都有人特地对旗袍题材的电视剧和电影进行观赏，这也许可以证明海派旗袍代表了许多人心中难以忘怀的老上海情怀与精神吧。

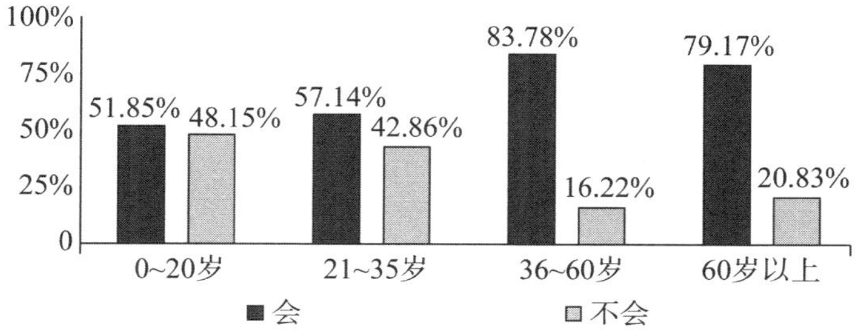

图 4　是否会特地观看有海派旗袍的影视作品

图 5 显示出每个年龄段都认为，在婚礼、典礼这种正式场合，旗袍的使用率极高，在春节等热闹的节日中，使用率相对很高。我们在走访茂名路的旗袍店时，店员告诉我们，店里的海派旗袍多选购作为婚礼和毕业时用的，而且有的店还专设了一个婚礼旗袍展示区域。

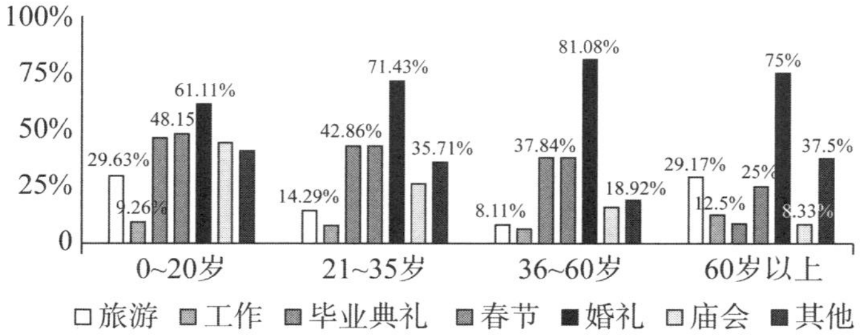

图 5　选择穿海派旗袍的场合

在图 6 中，各个年龄段对于海派旗袍的看法基本一致，大家都肯定了海派旗袍可以展现中国特色，漂亮、典雅则是次要的，可见，对于海派旗袍，大家都认为其可以代表一种文化，衬托女性典雅的气质。

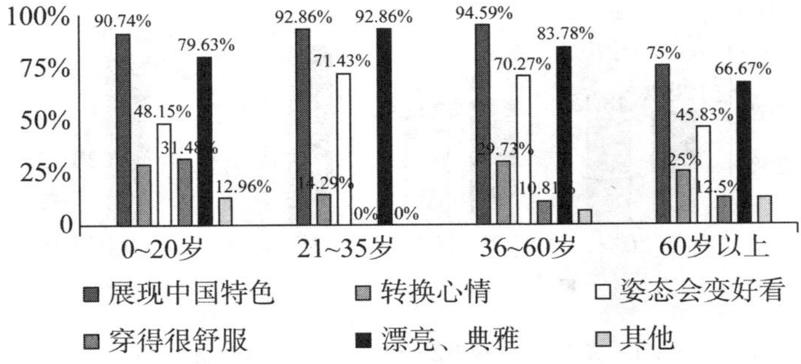

图6 对海派旗袍的看法

如今,青少年偏爱的游戏及动漫中,若是有中华风的女性角色,便常能看见她们身着海派旗袍。比如最近大火的《明日方舟》中,食铁兽就是一位中华风角色,她的特色便是身上的旗袍。在卡牌类音乐游戏中,游戏人物卡面的服装常常是一大看点,她们在不同的活动中有着不同的服饰,而换上旗袍则基本是必定的流程了。

随着时代发展,人们对于自己的穿着、外貌以及精神上的追求更加强烈了,海派旗袍制作精美,可根据不同人的要求进行定制,可谓是一种艺术品。无论由哪位女性穿着,它总能取长补短,遮盖缺点,展现人最好的身材曲线。如在日常生活中穿,虽说会引来不少好奇目光,但上街拍照或是跳舞走秀,的确也是不错的选择。不管是热情洋溢的中国大妈们,或者是剪了娃娃头的小姑娘,若是都穿着海派旗袍,那也是一道别样的风景线。

二、海派旗袍的审美意识与文化意蕴的探究

海派旗袍作为中国传统服饰的代表之一,不仅拥有独特的形式美感和装饰美感,更是传统中国多民族和多元文化不断交流、

融合的例证与产物。刘瑜提出中国旗袍的演变存在时间和空间位置的变迁，其流行之地从北方的旷野到北京，再到上海，进而南下至香港、台湾，最终不仅回归大陆本土，还遍及世界各个时尚之地。卞向阳、周炳振在《民国时期实物的面料研究》中，通过对上海中国服饰文化博物馆收藏的439件旗袍实物面料加以分析，结合其他资料得出民国时期旗袍面料的基本特征。海派旗袍有着海纳百川的独特审美情趣，又有着深远悠长的文化意蕴。

海派旗袍是民族时装的象征，它的主要特征是上下连体、适度收腰，充分展现女性优美曲线，盛载东方高雅、端庄、怡静气质。旗袍以中国深厚的传统文化为底蕴，呈现出浓厚的历史韵味，衬托出东方女性的优雅、知性、贤淑气质。

（一）海派旗袍是民族精神的体现

作为中国女性的经典服饰，海派旗袍彰显着儒家礼教所倡导的含蓄、悠闲、清静、优雅、端庄的精神传统，借助于儒家所倡导的服饰伦理，成功塑造出了具有和谐之美的东方女性形象。旗袍形象地反映出了中华民族的风格——含蓄中庸，讲求和美，有着鲜明的民族特色，是中华民族精神的自然流露。

（二）海派旗袍是中国传统文化的载体

海派旗袍的整体设计和局部细节，能够彰显出穿者的身份和地位。平稳的构造、简洁的线条、宽松的形体设计体现出和谐、适度的美感，这与儒家所倡导的和谐、中庸相符。

（三）海派旗袍是中国服装文化的体现

品位高雅的海派旗袍彰显出中国文化的高雅和精湛。从外在的构造来看，海派旗袍在形、色上的含蓄、朦胧和婉约给人以美的享受。旗袍的制作工艺如刺绣、滚边、镶边、嵌条等表现出中国服饰文化的精细和极致；从内在的文化意蕴来看，旗袍穿在身上呈现出一种稳重、端庄、高雅的艺术美感，有一种古色古香的文化意蕴和高雅稳重的民族风格，使得旗袍能够在众多的服饰中超凡脱俗、一枝独秀。

旗袍作为中国经典服饰的典型代表，它以中国博大精深、源远流长的传统文化为底蕴，体现出不同时代的文化底蕴和文化惯例。

通过上述探讨，笔者希望能够充分展现旗袍的永恒之美、文化意蕴，并为之赋予新的时代魅力。

三、海派旗袍设计成果

我组沈钰琳同学在参观、撰写论文后，又根据海派旗袍特点、自己的审美眼光，设计了两款适合年轻或中年女性日常穿着的海派旗袍。

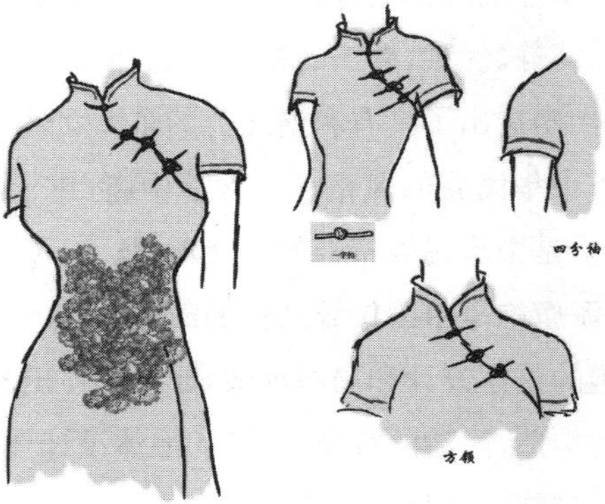

图 7　款式一

款式一在衣领方面使用方领，方方正正，线条平直，有点类似中山装的小立领，风格就是端庄严谨。但当旗袍和方领结合在一起，给人的感觉又是充满了书卷气息，将人衬托得清新淡雅，如同文人的水墨画，充满诗情画意。

由于设计的是年轻人的旗袍，一字扣较为简洁，不夸张但不平庸，凸显出年轻女性的干练，简约美。

小盖袖的旗袍是比较合适的一个选择。它的裁剪袖口平直，包住了一部分的手臂，不会显得太胖。但它也有缺点，如果旗袍使用的面料没有弹力的话，会卡胳膊，限制活动。

衣服的整体色彩选择淡黄色。黄色是色彩中最轻的色彩，代表着娇嫩、天真的色调。在亚洲，黄色是代表“幸福极乐”的色彩，象征荣誉、智慧、和谐、高雅。

而在花饰的选择上，则选了蜀葵。蜀葵的花呈总状花序顶生单瓣或重瓣，蜀葵叶大，颜色鲜艳。蜀葵的花语有“梦”的含义。人们觉得蜀葵是一种勇敢的植物，它不惧目光，毫无收敛，安安静静开满自己的花。旗袍上的花卉可以反映出穿衣人的性格、品格。

图 8　款式二

款式二的海派旗袍使用了凤仙领。凤仙领的特征是小翻领，能够很好地衬托脸型，给人一种娇俏的感觉。这类领子没有领座，就像一朵开放的花自然打开，又像瓷器花瓶的瓶口，圆润、自然地翻折下来，并且常常以繁复的盘花扣作为点缀。使用繁复花蕾扣，烘托出中年女性的精致、优雅。

九分袖，基本上就是只露出手腕的一款旗袍袖子，长度一般在50厘米及以上，可以很好地显示出纤细的手腕，如果配上合适的首饰，就更好看了。相比长袖，九分袖在秋冬搭配外套更合适。

这件海派旗袍的整体色彩选用了冷调的蓝色，蓝色非常纯净，表现出一种美丽、冷静、理智、安详与广阔，会给人高贵的感觉，并且引起人们的注意。在花饰上，则选用了玫瑰。在世界范围内，玫瑰是用来表达爱情的通用语言，寓意纯洁美好的感情，突出女性的高贵优雅。

参考文献

[1] 刘玉琪、陈芳:《1927～1937年上海地区女子服饰与新女性形象》,《艺术设计研究》,2017年第2期。

[2] 姒晓霞、康弘哲:《二十世纪二三十年代上海电影的时尚表征与精神内涵》,《江苏社会科学》,2017年第5期。

[3] 王美新:《新世纪以来民国时期服饰问题研究综述》,《黑河学刊》,2017年第4期。

探究感想

我们怀揣着对海派旗袍浓厚的兴趣，想推广海派旗袍文化，让身边更多的人熟知这个源远流长的文化，让海派旗袍成为人们心中女性独立的服饰象征。

在设计问卷时，我们遇到种种困难，如用词不准确、问题之间逻辑性不够。在老师指导下，我们明白了要根据论文需要，把握提问内容，要注意问题由浅入深，有逻辑性；要注意问卷的完整性，反复修改了三稿，我们才解决困难，最终定稿。

在最后，感谢所有帮助过我们的志愿者、老师、同学等，本次活动提高了我们的团队沟通与协作能力、对外交流能力，加深了我们对于旗袍的认识、对社会的理解，锻炼了我们的思考与创新能力。

课题组成员：上海市第十中学

沈钰琳　郑解源　蒋清逸　樊恺欣

指导老师：李祎凡

课题组参观上海纺织服饰博物馆留影

“钱学森之问”对高中生创新力培养的启示

探究缘起

“为什么我们的学校总是培养不出杰出人才？”“钱学森之问”引发国人对中国教育体制的长久关注和深思。高中阶段是人生中的一个非常重要的阶段，高中生的行为品质、思维能力及解决问题的能力逐渐趋于成人化，思想观念在形成，行为模式在固化，综合素质在提高，所学知识将会融进其生命，塑造其行动。但环顾当下高中教育，“高考至上”“分数至上”有增无减，面对“应试教育”的强大束缚，作为高中生的我们该如何在完成高考“规定动作”外，借助学校育人模式、高校图书馆等社会资源来培养和提升自己的创新力呢？本课题组围绕高中生创新力培养这个课题进行了调查研究，以上海高中生为研究对象，提出高中生通过自身努力提升创新力的建议和方法，让“钱学森之问”不再成为国家之惑、教育之惑、青年之惑。

“钱学森之问”引发国人对中国教育体制的长久关注和深思，其本质上是对目前学校难以培养出创造发明型人才的疑惑和不解，也是对中国教育模式和体制的反思与叩问。对一个国家和社会而言，只有拥有创新人才，才能充满活力和前进动力，才能在全球化大潮中立于不败之地。如何培养具有创新力的人才，应作为教育界的一项重要课题加以研究和实践。

2018 年 9 月 10 日，习近平总书记在全国教育大会上强调，坚持中国特色社会主义教育发展道路，培养德智体美劳全面发展的社会主义建设者和接班人。这为新时代教育改革指明了方向，同时也为回答“钱学森之问”提供了可能。

一、研究的对象、方法与过程

（一）研究对象

为全面了解高中生对“钱学森之问”的了解情况，以及各中学、场馆创新人才培养方式，课题组针对上海市高中生、教师、家长，通过互联网问卷模式展开调查。

（二）研究方法

1. 问卷调查法

本次问卷共有三类，分别面向高中生、教师、家长三个群体，其中面向高中生问卷调查共有四个板块。板块一：个人情况，有 4 道题；板块二：高中生科技创新情况，有 7 道题；板块三：学校创新人才培养情况，有 7 道题：板块四：科技馆、图书馆对高中生创新能力培养的帮助，有 5 道题。

高中生问卷共有 105 人作答，男生 63 名，占 60%，女生 42 名，占 40%。其中高一学生比例为 46.67%，高二学生比例为 41.9%，高三学生为 11.43%；有 20%来自上海市著名的四校八大；70.48%来自一般市重点；6.67%来自区重点；2.86%来自其他学校。

教师问卷共有 96 人作答，涉及各个学科，其中语数外教师最多，占 52.08%；理化生教师次之，占 19.79%。

家长问卷共有 76 人作答，其中母亲参与最多，有 66 人，占 86.84%；父亲 10 人，占 13.16%。

2. 深度访谈法

本研究共访谈 3 名教师和 6 名学生，了解他们对钱学森图书馆的认知情况，请他们谈谈对钱学森的认识和参观后的感想以及对提升自己创新力有无帮助等。

3. 文献资料研究法

通过上网查询信息、在图书馆查阅文献、找老师学习等方式研究相关理论知识，探究“钱学森之问”，阅读《集大成得智慧——钱学森谈教育》，了解钱学森生平及其伟大的科学贡献和不朽的精神；运用相关的理论知识，研究高中生如何从自身做起，提升创新力。

（三）研究过程

1. 提出问题，查找“钱学森之问”的相关文献，确定研究课题背景；2.设立初步研究方案及流程，确定采访对象并制作问卷；3.结合采访结果与馆内导师意见，设计有关调查问卷，通过微信平台实施调查；4.针对问卷结果，进一步采访参观学生和馆内工作人员；5.分析、讨论所得数据，得出结论，完成结题报告。

二、永远的丰碑——“钱学森”精神

为了更好地了解“钱学森之问”和钱学森精神，我们寻访了钱学森图书馆，进一步了解党的历史，学习革命传统精神和老一辈科学家的优良作风。

钱学森图书馆虽名为“图书馆”，但其实是由国家立项、建于上海交通大学徐汇校区的顶级人物博物馆。人物博物馆是中国博物馆的重要组成部分，是展现名人、伟人风采的一个平台与窗口，是人们缅怀纪念名人、伟人的场所，也是对广大青少年实施科学教育的基地。钱学森图书馆是钱学森各个时期文献实物最完整、最系统、最全面的收藏保管中心，是钱学森科学成就、治学精神、高尚品德、传奇人生的宣传展示中心，是钱学森科学思想和科学精神的研究交流中心，也是全国爱国主义教育示范基地。图书馆内将展示空间语言主体化，让人与空间能够对话，把展示形式设计成“无声诉说”的感性空间，让来访者不仅了解了钱学森光辉的一生，还深刻了解到他杰出的科学贡献，感悟到他崇高的精神境界与深沉的爱国情怀。

（一）忠贞不渝的爱国情怀

“我的事业在中国，我的成就在中国，我的归宿在中国。”爱国是贯穿钱学森一生的精神支柱，他始终把自己的命运和祖国人民紧紧相连。

在钱学森图书馆的第三展厅——人民科学家风范，一段段文字、一张张证书都在向我们述说：青年时代的钱学森怀着“实业救国”的理想选择了交大，攻读铁道机械专业，准备日后实现“交通救国”的抱负。1934 年，他考取第二届庚款留美飞机设计专业留学生，抱着“航空救国”的理想赴美深造，并通过刻苦努力成长为世界顶尖的应用力学、火箭技术专家。他无时无刻不心系祖国。1955 年，钱学森放弃在美国的优裕工作和生活条件，冲破美国政府的重重阻挠，历尽艰辛回到一穷二白的祖国。之后，他几十年如一日地投身于我国科技发展和国防科研事业。几十年来，无论国家处于顺利时期，还是遭遇暂时的困难，他始终对党高度信赖，把一个科学家追求真理的科学精神和一名共产党员坚定的理想信念完美地结合在一起。他的一生始终将个人理想与祖国命运相结合，将个人选择与社会需要相统一，将个人追求与时代主流相契合，实现人生价值的最大化，成为祖国需要与个人理想相结合的光辉典范。

（二）一丝不苟的求真精神

在钱学森图书馆里面，大约有三层楼高的大厅挂满了钱老的手稿，仔细瞻仰钱学森的遗物，那工整的字体、规范的表格、精确到小数点之后 8 位的运算式等，都让观者倍受感动。

展厅中摆放着钱学森存放论文定稿的信封，透过泛黄的纸张，依稀看见一位躬耕不辍的学者在案头奋笔疾书：那是1941年，钱学森撰写的《柱壳轴压屈曲》一文最终定稿共十页，但他前后修改了五次，演算草稿达七百多页。在存放最后一稿的信封上，钱学森写上了“Final”（完结），但随即意识到，对科学真理的探求是永无止境的。于是他在旁边补上了一句“Nothing is final”（凡事皆无止境）。钱老说：“科学研究工作的过程是很曲折的，要准备付出劳动，准备出汗……我自己过去发表过一篇关于薄壳方面的论文，只几十页，可是反复演算报废的却有七百多页。”

在领导“两弹一星”工程期间，他严格贯彻“严肃认真，周到细致，稳妥可靠，万无一失”的要求，精心组织工程实施，亲自到第一线具体指导，在航天界传为佳话，并影响了几代科技工作者。他和青年同事们谈心说，科学上不能有一点失误，小数点错一个，打出去的导弹就可能飞回来打到自己，无论是学习还是做研究都必须做到“严谨、严肃、严格、严密”。

虽然隔着玻璃橱窗，但观者透过泛黄的纸张，好像是在与这位科学巨人进行一次跨越时空的无声对话：科学没有捷径，千里之行，始于足下。钱学森之所以能取得一系列卓越的成就，与他的“勤”“真”是分不开的。

（三）勇于探索、敢于超越的创新精神

无论是青少年时漫漫求学还是到麻省理工、加州理工学院任教，最后到归国任中科院力学所所长、国防部第五研究院院长、中科大近代力学系主任，成为中国科学技术大学的创始人之一，都随处可见钱老先生勇于探索、敢于超越的创新精神。

童年游戏掷飞镖，钱学森做的飞镖总是比那些大孩子的飞得远、飞得稳。面对大孩子的不服气和质疑，他说：“我的飞镖也没

有什么秘密，我也是经过许多次失败，慢慢地一点儿一点儿地改过来的。我的飞镖用的纸比较光滑，飞镖的头不能太重，重了就会往下扎；也不能太轻，头轻了，尾巴就重，就会先往上飞，然后就掉下来。翅膀太小，就飞不平稳；太大了，就飞不远，爱兜圈子。”小小的飞镖体现出钱学森“勇于探索、敢于超越”的创新精神。

归国后研发火箭，钱老大胆探索，勇攀高峰，率先提出了用一枚三级火箭将飞船送入太空的设想，之后又前瞻性地提出将核能用作火箭动力的设想，在学术界引起了强烈的反响，这些原创的学术思想引导了航天技术的发展，为人类太空时代的到来作出了重要的贡献。

钱老先生还将创新人才的培养作为国家未来发展的关键。他提出，今天我们办学，一定要有科技创新精神，培养会动脑筋、具有非凡创造能力的人才；我们要敢于研究别人没有研究过的科学前沿问题；“没有创新应对，死记硬背，即使你考试成绩很好，也不是优秀的学生”。

（四）文理兼通、专博相济的大成智慧

从钱老先生的求学路看出，他兴趣广泛，知识面很宽。他不仅是科学大师，而且在音乐、绘画、摄影等方面都有较高的造诣。早年求学时，他虽然学的是自然科学，但同时也学过钢琴和管弦乐，曾是上海交大铜管乐团的重要成员，注重科学、艺术与人文的结合。他对于画画和摄影也有浓厚的兴趣，并担任1934级级刊委员会美术部干事。他曾师从著名国画大师高希舜先生学习绘画，而且成绩很好，得到高先生的表扬。钱老常说，他在科学上之所以取得如此的成就，得益于小时候不仅学习科学，也学习艺术，培养了全面的素质，因而思路开阔。艺术是钱学森科学人生中不可或缺的组成部分，他始终保持对真善美的追求，并将科学与艺术结合作为创新能力的重要源泉。

三、当下高中生创新力培养现状分析

(一) 高中生对“钱学森之问”的认知情况

调查显示,79.05%的高中生没有参观过钱学森图书馆,63.54%的教师不了解钱学森图书馆。高中生、教师对钱学森图书馆了解得并不多,导致了兴趣并不浓。

在105份有效问卷中,有69.52%的学生不知道“钱学森之问”的内容,只有30.48%学生知道“钱学森之问”的内容。可见,高中生们埋头苦读,缺乏关注时事及对科学之事的热情。

对于“‘钱学森之问’对我们的启示”,37.14%的学生认为学校要探寻培养创新人才的规律;23.81%的学生觉得学校要借鉴国外卓越人才培养模式,41.9%学生感到中国教育体制存在严重弊端,63.81%学生认同学校肩负着培养创新人才的重要使命;41.9%学生觉得学校的主要任务是培养创新人才,55.24%学生认为学校应积极探索培养创新人才的新举措。由此可见,中学是培养创新人才的主要阵地,要积极推进教育教学改革,探寻创新人才培养新举措。

(二) 学校开展创新力培养情况

为了更好地了解不同中学所开展的创新精神教育情况,我们设计了如下问题:您所在的学校有创新精神的教育吗? 根据105份问卷作答来看,只有2.86%的学校完全没有创新精神的教育,8.57%的学校很少有,54.29%的学校有一些,34.29%的学校有很多。

根据学生问卷反馈,可知47.62%的老师比较能培养学生的应用能力及创新能力,13.33%老师能完全在课堂上培养学生的创新能力。可见大部分的老师们已经在行动了。

如表1所示,学校举办的创新实践活动内容比较丰富,居榜首的是“做课题、写论文”,其次是“社会实践”,再次是“学术报告、

讲座”。

表 1　学校举办的创新实践活动

选项	小计	比例
学术报告讲座	69	65.71%
社会实践	74	70.48%
做课题、写论文	80	76.19%
学科竞赛	47	44.76%
研学	41	39.05%
参加创新实践活动	62	59.05%
其他	2	1.9%

从问卷反馈结果来看，61.9%的高中生希望增加实践课时，56.19%的高中生希望老师能加强指导，54.29%的高中生期望老师能改变小组课题研究的教学方式，变单一为多元，52.38%高中生希望能增加测验中实操所占的比重，可见他们知道实践出真知，动手促使创新能力的提升。

从调查问卷可以看出，高中生都意识到创新能力的重要性，有 80%的学生觉得学校要重视对学生创新能力的培养；55.24%的学生觉得学校需要致力于从“分数至上”到“能力至上”的转变；54.29%的同学觉得学校要有创新教育模式；48.57%的学生认为学校要给学生独立发展的空间；45.71%的同学认为学校还需加强同高校、企业的紧密联系与合作。

（三）高中生科技创新情况

根据学生问卷调查数据，看出参加“小课题”的人最多，占 79.05%；学科竞赛次之，占 39.05%；再是科创比赛，占 20.95%；

而申请专利发明的少之又少，只占 6.67%。可见这个科技创新参与的面并不广，需要进一步提升。

图 1 显示，目前高中生参加最多的创新活动就是社会实践，而非校园里的学习和实践；其次是听讲座。而专业创新课程指导只占 35.24%，可见创新活动在学校里的基础课程学习中所占比例并不高，需要学校增加科创课程的内容和节次。

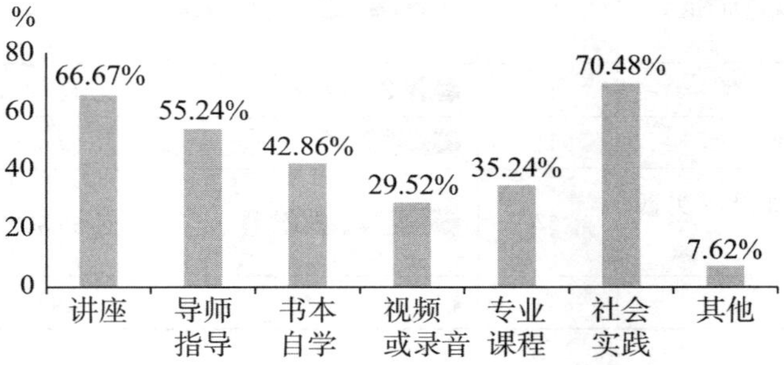

图 1　高中生接受过的科创教育形式

从图 2 中我们看到 75.24%的高中生希望自己能学习更多新的知识，扩大视野，可见他们探索新领域知识的渴望非常强烈，显示了强烈的好奇心。

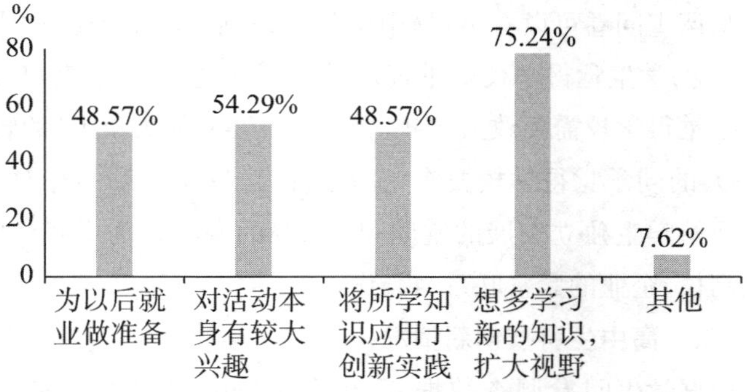

图 2　高中生参加学校创新活动的初衷

高中生已经强烈地意识到学习的重要性。从图3可知高中生认为创新人才首先应该具备良好的学习能力，在此基础上，还需要具备团队合作能力、语言表达能力、应变能力、把握机会能力、人际交往能力、资源整合能力。

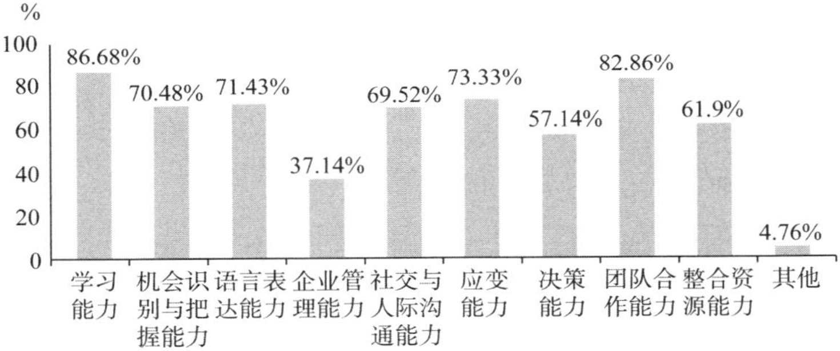

图3　高中生认为应用型科技创新人才所具备的能力

从图4中可知高中生参与科技创新活动遇到最大的两个困难是：缺乏教师指导和没有课余时间。因为高中生平日的基础课程学习耗时又耗力，加上繁重的作业，所剩的双休日还被外面机构补课所占，可以用来钻研科技创新活动的时间少之又少。另外，中学教师资源分布不均，并不是每个学校都有配备负责科创比赛、课题研究以及小发明等的专职老师，指导学生心有余而力不足。

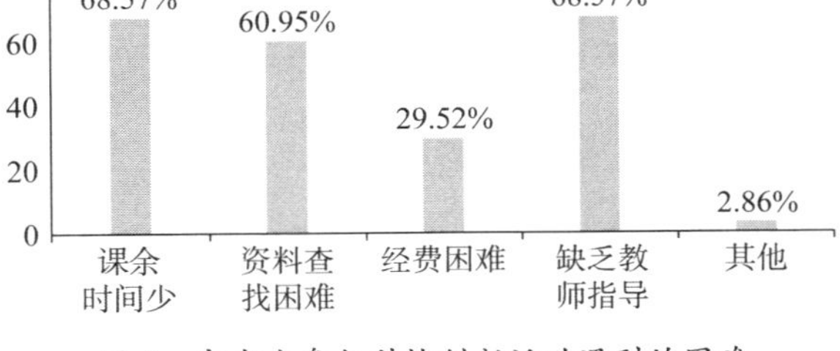

图4　高中生参与科技创新活动遇到的困难

高中生们认为现场展演(口试、面试、口头汇报、答辩、辩论)和撰写论文或调研报告最能考查他们的创新能力,如图 5 所示。因为这些板块能检验高中生的学习应用知识能力、表达能力、应变能力、组织能力、沟通能力和人际交往能力,与他们上文所提到的创新人才所具备的能力相匹配。

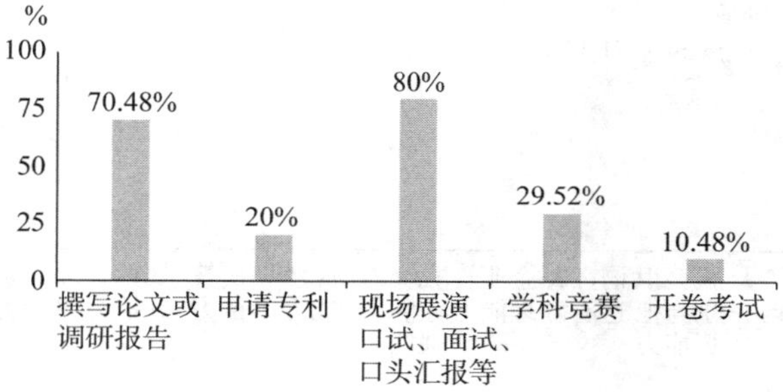

图 5　最能考查学生创新能力的方式

如图 6 所示,创造力强、奋斗目标明确、世界观人生观价值观正确、知识结构合理、道德品质高尚等内部因素占在前位,影响高中生们的创新能力。

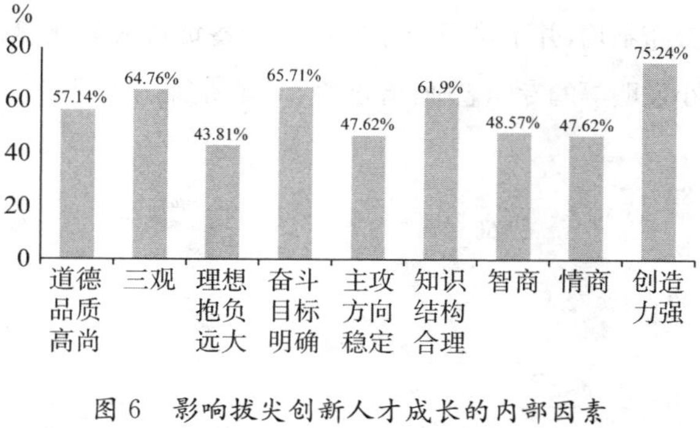

图 6　影响拔尖创新人才成长的内部因素

（四）家长对于高中生创新能力的态度和期望

课题组同时对上海的高中生家长做了调研。调研发现，100％家长支持并鼓励孩子多多参加创新课程，68.42％认为课外实践非常有必要，还会主动帮助孩子寻找资源参与课外实践。

对于高中生的创新能力情况，57.89％的家长认为高中生喜欢创新，可见高中生表现出的创新意愿是很强烈的。52.63％的家长认为高中生的创新能力关键是要看学生自己的兴趣，38.16％的家长认为是教师和学校的引导，6.58％的家长认为是要看学生的性格，2.63％的家长认为与学生的成绩有关。

根据调研数据，只有 26.32％的家长认为高中生现在所在学校具备一个完整系统让学生进行创新和实践；而绝大部分的家长认为学校的创新课程还不完整，没有系统化，需要改进和提升。

52.63％的家长们认为各类图书馆、科技馆、博物馆能提高学生的创新能力，也鼓励学生积极参观。家长认为，无论是小课题研究、社会实践、改变课堂教学模式还是各种实验操作都能培养高中生的创新能力，希望学校都能开设相关课程，并提供相关平台让高中生参加。

（五）教师对于高中生创新能力的态度和期望

课题组还对上海的高中教师做了调研。通过调研，只有35.42％的教师比较满意高中生的创新能力，43.75％的教师勉强接受，可见不少教师认为当前高中生的创新能力还需要花大力气提升。

接受调研的教师中，72.92％认为培养创新型科技人才的关键在学校教育；96.88％的教师愿意在自己的课堂中向学生普及科学知识、倡导科学方法、传播科学思想、弘扬科学精神；67.71％的教师会经常鼓励学生利用批判性、发散性思维去解决问题、自主探究；83.33%的教师认为实践课程最能培养学生的创新能力，与前面家长们的认识不谋而合，并且 70.83%的教师认为理化生最能培养学生的创新能力，其次是信息技术与通用技术，可见实践动手能力、丰富的理科知识是提升高中生创新能力的重要途径，必须认真对待，努力在实践运用中创新。

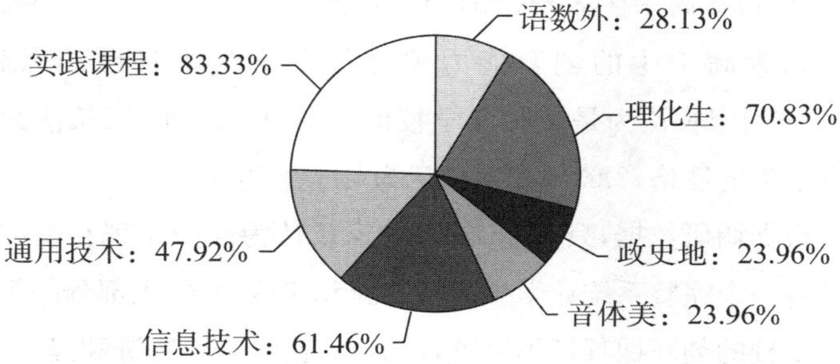

图 7　最能培养学生创新能力的学科

根据调研结果，86.46%的教师认为学校的教育机制是影响高中生创新能力发展的重要因素；其次是针对教师和学生的激励机制、专项经费投入和相关课时安排，可见有必要改革中学教育体制，促进学生创新能力的发展。

表 2　学校影响中学生创新能力的主要因素

选项	小计	比例
教育机制	83	86.46%
领导重视程度	39	40.63%
专项经费投入	55	57.29%

（续表）

选项	小计	比例
家长是否支持	44	45.83%
针对教师和学生的激励机制	62	64.58%
课时安排	54	56.25%

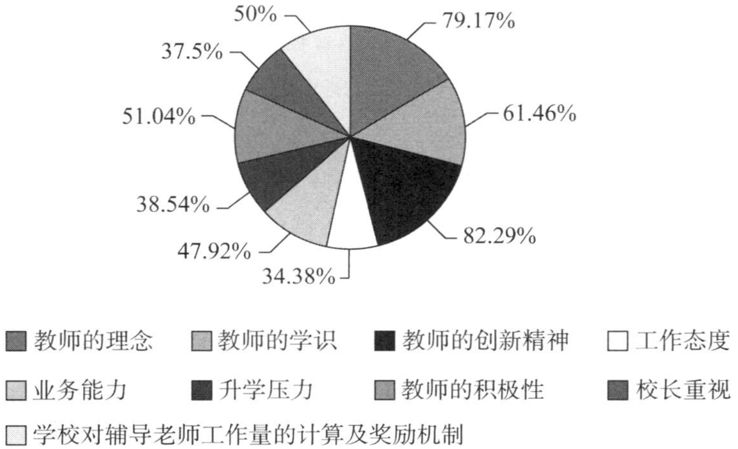

图 8　影响教师培养学生科技创新能力的主要因素

另外，82.29%的教师觉得自身的创新精神、理念是影响学生创新能力的重要因素；再有是教师的学识、积极性和学校对辅导老师工作量的计算及奖励机制。

90.63%的教师认为，现在培养的高中学生是未来进军科技强国的强大后备力量，97.92%的教师表示会尝试改变教学理念、改进教学方法，将科技创新能力的培养融入日常教学；其中，

64.58%的教师表示自己愿意成为一名用科学思维和科学方法教授学生的科技辅导员。

当学生对他们课堂上讲解的内容提出质疑时，67.71%的教师愿意鼓励学生多种渠道去实践验证，31.25%的教师会去耐心解答。与此同时，72.92%的教师会经常鼓励学生去图书馆或科技馆之类的场所提升创新能力。可见教师们的育人观念、授课模式也都发生改变，逐渐在提升学生综合能力水平和创新能力。

综上调研，高中生创新能力的培养与提升，离不开学校各科教师的熏陶，需要教师们在课堂教学中不断更新观念，树立创新思想，在教学中把学生当作研究者、合作者，真正将教学的重心从“教”转到“学”上来。打破传统教学中教师负责“教”，学生负责“学”的教学观念，以学生的发展为目的，努力创设使学生独立探索、发散求异的教学情景，鼓励学生自由发表独创见解，营造热烈讨论的课堂气氛，尽可能地为学生提供创造时空，不断培养学生发现问题和提出问题的创新能力。

四、高中生提升自身创新力的对策与建议

作为高中生的我们该如何在完成“高考”规定动作外，借助学校育人模式、高校图书馆等社会资源来培养、提升自己的创新力呢？通过寻访追踪名人的足迹，调查了解当下高中生创新力的现状，我们更加理解了“万丈高楼平地起”“千里之行始于足下”的古训，提出以下提升高中生创新力的对策与建议。

（一）不忘初心，为实现伟大中国梦而奋斗

1. 锤炼自己的品德修为，践行核心价值观

当下高中生要自觉树立和践行社会主义核心价值观，从中华民族传统美德中汲取道德滋养，从英雄人物和时代楷模的身上感

受优秀风范，成为有理想、敢担当，有团队合作精神的青年人。

2. 关注时政，学习马克思主义哲学，用辩证唯物主义思想来研究和观察问题

钱老先生曾说："搞科学研究，特别是对复杂而又新奇现象的研究，一定要注意思路，即立场、观点、方法。我认为我们必须用马克思主义哲学（即辩证唯物主义）、马克思列宁主义毛泽东思想的立场、观点、方法。丢了这个唯一正确的立场、观点和方法就会陷入困境。"高中是我们世界观、人生观、价值观形成的关键期，马克思主义哲学是科学的世界观和方法论，是当今时代精神的精华。创新探索和社会实践不能脱离它，它是我们观察和分析问题的根本点和立脚点。钱老先生在此给我们树立了光辉的榜样。

3. 积极主动参与学校开展的生涯课程，规划未来发展自我行动力

通过生涯规划一系列课程帮助自己全面、客观地评价自我，在盘点个人资源以及职业情况的基础上，确立生涯发展目标、人生发展方向以及成长路径，找到自己真正擅长又热爱的发展方向；自主进行深度学习；找到更理想的学业和人生导师。让浮在空中的梦想落地，将计划转变为切实、有效的行动，发展自我行动力。

（二）探源索隐，寻找偶然中的必然，培养创新能力

1. 变"要我学"为"我要学"

钻研自己感兴趣，且是人类至今未知的科学或技术难题，锲而不舍地寻求解决的办法，并将结果有说服力地撰写出来。兴趣、执着是创新人才之"核"，因为一个不知道自己"要去哪儿"，甚至连方向都没有的"迷茫者"，是不可能激发自己所有的潜能去达成一个艰难的使命的。

2. 加强团队协作，提升领导力

加入自己喜欢的社团，或与同伴成立学习小组，与同伴定期定点定主题开展交流、分享、沟通、策划活动，通过轮流负责，培养组织能力、领导能力、团队合作能力等多维能力。

3. 充分运用现代化信息化技术

与时俱进，学会云课堂学习，利用高校 MOOK 课程与专家面对面等，对知识进行自主学习、深度学习、广泛涉猎，提升自身学习力。同时尽早掌握信息处理的工具：电脑和网络，采用多种方式，进行高效而系统的学习。

4. 文理兼修，夯实基础

优化好“3＋3”三大主科和小三门的学科之间的平衡，不偏科。

5. 积极参与校内校外的各项创新实践活动

刻苦钻研，通过规范科学训练，增强自己分析问题、解决问题的动手能力与创新综合素养。在长时间地与老师、实验室科研人员的近距离相处中，潜移默化地学习他们严谨的科学作风，崇高的学术道德以及坚定的学术信仰。

(三) 敢于质疑，大胆想象，追求独特，形成创新

1. 质疑问难

“学贵有疑，小疑则小进，大疑则大进。”我们只有对书本知识不迷信，对已有结论不盲从，多持怀疑态度，才能于无疑处生疑，才能对原有结论重新进行判断评价，才能闪现批判性思维的火花。无论是语文课、英语课、历史课，还是数学课、物理课、化学课，我们得学会质疑问难，尝试用批判精神客观地、全面地、本质地看待问题。

2. 日日反思

通过观察、操作、讨论、交流、收集和整理数据、探索问题等培养自己的反思学习技能，在解题过程中进行“反思”：

（1） 回忆解题的方法、过程；

（2） 概括解题的关键、注意点；

（3） 改进表达、操作方法。

反思让我们的思维变得更开阔，更有创意。

3. 大胆想象

爱因斯坦说过：“想象力比知识更重要，因为知识是局限于我们已经知道和理解的，而想象力覆盖整个世界，包括那些将会知道和理解的。”想象是创新的基础。在日常活动中，可以细致观察，让自己有目的、有计划地开展设想，拓展思维空间。依靠想象力，我们可以超越现实的局限，可以徜徉于艺术的天地，可以在经典诗词中漫步，可以天马行空地遨游。

（四） 利用馆藏资源，不断实践，让创新源泉注入心田

1. 多进图书馆、科技馆等育人平台，开阔眼界

图书馆、博物馆是高中生进行再学习的第二课堂，它们具有丰富的文献资源，能帮助我们树立正确的世界观、人生观、价值观，为我们思维能力的培养打下坚实的基础。

2. 参与岗位实践，与社会接轨，提升自己

2019 年 9 月 1 日，《上海市初中学生社会实践管理工作实施办法》正式实施。这是上海市推进高中阶段学校考试招生制度改革实施的重要组成部分。为了配合这一办法的实施，为了丰富学生们的社会实践，钱学森图书馆除了开展对馆内展品的参观考察，还设置了小小保管员、小小研究员、小小策展人、小小设计师、小小讲解员等不同职业体验岗位。通过不同岗位的实践与创新

尝试，让学生能全方位地与科学家、参观人员对话，把所学知识与实践运用相结合，既学会了如何与人沟通，提升了语言表达能力，又发散了思维，培养了钻研精神，最后还能获得实践评价和证明。通过实地体验，我们深刻体会到这种形式多样的馆藏活动能帮助同学们有效地提升自身的综合素质水平。希望更多的同学能够参与到这类活动中来。

进入21世纪的今天，一个国家和民族真正实现崛起，主要表现在文明创造上，反映在科技发展上。一个伟大的民族只有为人类文明提供了大量创新成果，方可证明自己、成就自己。所以，在正在崛起的当代中国，弘扬钱学森的科学创新精神，对于引领我们国家和民族的发展走向极其重要。在十九大报告中，习近平总书记专门谈到了青年："中华民族伟大复兴的中国梦终将在一代代青年的接力奋斗中变为现实，青年兴则国家兴，青年强则国家强……"这些话蕴含着祖国对于青年深深的寄望，也正如《永久奋斗》中说的那样：在奋斗中释放青春激情、追逐青春理想，以青春之我、奋斗之我，为民族复兴铺路架桥，为祖国建设添砖加瓦。

参考文献

[1] 上海交通大学编：《集大成得智慧——钱学森谈教育》，上海：上海交通大学出版社，2007年。

[2] 李淑珍：《充分利用高校图书馆资源探析》，《河南图书馆学刊》，2010年第3期。

[3] 林崇德、胡卫平：《创造性人才的成长规律和培养模式》，《北京师范大学学报（社会科学版）》，2012年第1期。

[4] 林剑：《李约瑟难题与钱学森之问的文化诠释》，《人文杂志》，

2017年第12期。
[5] 吴婷、钟敏、李华:《高中大学衔接创新人才培养与选拔路径与策略》,《高等建筑教育》,2018年第6期。

探究感想

此次“文化根·民族魂·中国梦”——“进馆有益”课题研究活动让我们收获满满。首先,提升了我们对课题的认识,掌握了课题研究的“小技巧”:“微课题”研究需要借助场馆资源,走进身边的育人平台,而不是现成材料的下载或收集;研究的过程就是调查、思考、观察、实验等解决问题的过程;最终要借助资料,通过观察和调查等,形成有说服力的结论,提出解决问题的新的方法、见解和观点。其次,学会了更好地沟通合作,开阔了眼界。本课题组两个人在不断抛出自己问题的磨合中,逐渐理清思路,找准主题。课题切入口要“以小见大”,从高中生最需要提升的创新力出发,我们实地探访交大钱学森图书馆,结合探访中的问题分工设计高中生、家长、教师的三份调查问卷。我们在团队中的责任感增强了,处理问题的能力得到了提高。

本次调研能顺利结题,特别感谢钱学森图书馆以及馆内郭娅老师,她在馆内参观中细心讲解,馆外指导中耐心周到,让我们在校外教育活动场馆资源这个平台上深入了解国情、党情、市情、民情、学情,让我们更多地了解了我国科技发展状况。我们通过课题研究,增强了民族自豪感,更加坚定立志报效国家的信念。我们在参观的过程中,体会到钱老回国的不易、进行导弹设计的艰难、生活的简朴与严谨的学风。我们高中生要以钱老为榜样,确立正确的世界观、人生观、价值观,树立远大的理想和崇高追求,自觉把个人理想与祖国的命运紧紧联系在一起,把个人志向与民族的振兴紧紧联系在一起。我们身为21世纪的新青年、中国特色社会主义事业的接班人，必须将钱学森精神时刻铭记在心，接过钱老手中的接力棒，学习钱老勇攀高峰、不断创新的精神，立志报效祖国，为中华民族的伟大复兴奋斗终生！

课题组成员：上海市闵行中学
毛绍谦　何焕然
指导老师：郭　娅（钱学森图书馆）
竺海燕（上海市闵行中学）

社会调查

“阿拉来港上海话”：上海话现状调研

探究缘起

正常情况下，你孩子的上海话会比你的好吗？在上海长大的孩子却说不出一口纯正的上海话，平日里更是几乎普遍都不使用上海话，这在生活中早已不是少见的事。我们这一代人总是容易成为老一辈人眼中的“洋泾浜”。关于这一问题，我们课题小组在2019年暑假对本市部分市民进行了调研，其中包含了各个年龄段的人群，旨在了解他们日常生活中使用上海话的状况。本文通过对调研结果的统计与分析，得出了居住于上海的市民越来越少使用上海话的原因，并提出了一些相应对策和建议。

一、上海话的历史发展

上海话，俗称沪语，是主要分布于上海市区的方言。上海话是现代吴语地区最具影响力的方言，这不仅因为上海的城市地位，也因为上海话的历史形成和特点。

上海话源于吴语，吴语是长江以南百越话和来自北方的汉语的混合产物，在春秋战国时期不断南下，直至传播到以“上海”相称的聚落——现今的上海，在这片土地上开始发展，关于此事最早的记录见于北宋熙宁十年（1077年）《宋会要》。吴语逐渐转变成为上海话的时间大约可追溯至宋、元时期。南宋时，因为长三角地区的重要航运路线吴淞江开始淤塞，所以原先在吴淞江上的大港口青龙镇被“上海务”替代，政府也在上海设立了主管商船税收的市舶务，从而使上海的经济、贸易等方面都得到了较大发展。

到至元二十八年(1291 年),上海已成为滨海大港,蕃商云集,户数达 6.4 万户,人口数十万。大量的人口流入使得一种有别于松江方言的上海话就这样生成了。

因为上海开埠前一直处在农村包围之中,所以上海城区也处处依赖农村,语言受农村影响很大。上海话就是在这个农耕时代大背景下产生的,因此大量词语都与农业生产、农村生活、乡村风俗有关,使上海方言富有特色,传播广泛。

上海开埠后移民大量涌入,西方各国在租界很快形成了繁华城区,使得上海成为国际性的移民城市。因为清政府签订了《黄埔条约》,被迫取消对天主教的禁令,天主教更为便利地流入中国。当时的西方传教士为了传教和文化交流的需要,对上海话进行了系统的学习和研究,使得上海话当时流传极广,风靡一时。也因为当时人口急剧增加,经济文化飞速发展,交际频繁快速,加上中西融合,给上海话带来了很大的变化和发展。各路移民的语言对上海话造成了一番影响,尤以宁波话为重,再与当时的"洋泾浜"英语融合,形成以上海本地的松江话为主,多种吴语方言,例如苏州话、宁波话等为辅,并融合了现代词语的新上海话。新上海话继承了老上海话的基本特色,融合了北部吴语的主流特征和当时社会的语言特色,一跃成为太湖片吴语区发展最快的方言,也替代传统的苏州话成为最有影响力的吴语方言。上海由一个小镇迅速蜕变为全国的商业经济重心,中西大汇融的海派文化随之渐趋形成。

二、关于上海话的研究与推广

之前,上海话在本地人民群众中十分普及,人们的生活几乎离不开上海话,在日常生活中、单位里、菜市场里……上海话的影子随处可见。然而随着社会发展，越来越多的外地、外国人才涌入上海这个国际大都市，人口的快速融合和普通话的大力推行双管齐下，使得上海话的发展空间不断缩小，年轻一代使用方言的能力也愈发不足。年轻的沪剧演员越来越难招募，街头巷尾的交谈声不再是地道的上海风情……普通话侵蚀着原属于上海话的角角落落，上海话与海派文化危在旦夕。

对此，上海前两年也做出过许多推广，推行过许多政策，大量关于上海话的活动火热举办。如沪语电视节目《老娘舅》，2018年全国两会出台的方言保护政策，上海书展活动中亮相的《沪语表演教程》，公共汽车上播报一遍的上海话报站……从政府呼吁到多方联动，保护上海话的行动一时热火朝天，效果也很显著。我们通过搜索数据资料，发现2016年和2017年的调研数据中显示，会流利说上海话的上海本地人占比达到96%；能够听懂但不会流利说上海话的上海人占3%；完全不会说上海话及听不懂上海话的上海人，比例在1%以下。相比起2012年上海社科院发布的调查报告中上海本地出生的中小学生只有60%左右“基本会说上海话”的情况，可以说是有很大进步了。毫无疑问，这是非常乐观的数据，绝大多数的上海人都会说并能够使用上海话。

但在进一步观察调查中，我们发现那些出生于外地，移居到上海生活的人，能够流利使用上海话的比重直接下降至3.5%，不能够流利使用上海话的占比上升至32.5%。同时根据数据显示，我们可以发现在这批年轻人中，有40%不能熟练说上海话。对于更年轻的一代，也就是我们这一代而言，情况更是不容乐观。说明对于从外地迁居上海的人而言，越是年轻，越是不愿学习上海话。在年轻一代上海人中，出现了方言能力滑坡的现象。越来越多的年轻人不会使用上海话，不善于学习上海话，不愿意学习上海话。总的看来,政府的保护政策的确使上海话有所普及,但仍有些赶不上外来人口涌入和新文化发展的速度。

三、上海话使用现状

为了探究现今上海话的使用情况,我们在网上发布调查问卷,吸引了201人来完成此次调查。其中19岁以下的占了41.79%,19至29岁和30至39岁各占了6.97%,40至49岁占了33.33%,50岁及以上占了10.95%。虽然有78.61%为上海人,但鉴于大部分受调查者为青少年,刚开始我们并不认为有太多人懂上海话。但出乎我们意料的是,能听懂上海话的人竟然占了68.16%,会说上海话的占了46.77%,不能听懂和不会说上海话的仅占了3.84%和8.96%。并且73.77%的人都是从家人那边学来的,另外还有69.95%的人会在家庭交流中用到上海话。这也就是说,很多家庭都注重于传承上海话,但同样69.65%的人认为上海话在一点一点地消失。

根据我们的调查数据,虽然有90.55%的人认为保留上海话是有必要的,但在大家的生活中,82.09%的人认为说上海话的大多数为老年人,75.12%认为是中年人,不到40%的人认为是青年人和未成年人。

之前我们一直认为,学业与工作的繁忙让年轻一代学习和使用上海话心有余而力不足。不会有多少学生会真的为了上海话的传承而去向长辈学习。年轻的上班族工作之余更希望休息放松,不会有劲头向长辈学习上海话。很多人认为的有必要,仅仅是口头上说说的。后来围绕本次课题研究,我们去了上海历史博物馆。在那边有关于上海话的区域,围绕着很多孩子和成人。我们排了好一会儿的队才得到机会上前观摩录制了很多上海话的童谣和上海话的题目的机器。虽然我们在答题过程中答错了很多题，但我们颠覆了对上海话的理解，增强了对上海话的兴趣。看着附近的孩子和年轻人脸上都洋溢着欢乐的笑容，我们才发现，现在的学生和年轻人还是很乐意接近并使用上海话的。

虽然学说上海话的宣传并没有像垃圾分类那么声势浩大，虽然上海话的传承还没有那么深入新老上海人的内心，虽然现在的使用状况并不像普通话那么普及，但我们相信，上海话会潜移默化地深入上海人心中。

四、我们对上海话传承的建议

上海话传承着中国海派文化，是地域文化的直接标志。谁也不会忘记，改革开放后，粤语歌一度成为中国亿万青年的“心声”。最早大约是从 20 世纪 80 年代的电视连续剧《霍元甲》的主题歌开始；再到 1996 年电影《古惑仔》主题曲《友情岁月》中“来忘掉错对，来怀念过去，曾共度患难日子总有乐趣”的歌词，被当时的人们反复传唱，风靡一时；随后是大量香港歌星的感召，广东话居然成为一种特有的“音乐语言”，一度流传极广。这就是语言特有的魅力。同样，上海话亦是如此。当上海人听到有人在说上海话时，就会不由自主地有一种亲切感、亲热感，瞬间就拉近了人与人之间的距离。这种只有乡音能给人们带来的亲切感受，是其他东西所做不到的，是独一无二的。我们希望可以通过以下三点来更好地传承和保护上海地方方言。

（一）调整相关语言政策

上海之前曾大力推广过沪语的学习与使用，当时的效果确实很好，但并不长久。上海这座城市人口流动性大，且推广普通话仍然在不断进行，导致上海话的使用也就少了。所以我们可以调整相关语言的政策，体现方言的重要地位，明确方言保护政策。

（二）在学校里设置每周一节拓展型课程

以地方传统文化为载体，多渠道、多形式整理和发掘方言。可以在上海的各中小学校每周设置一节关于了解、学习、使用上海话的拓展型课程，让上海学生从小就了解并掌握上海话。事实上，早在2012年，沪语专家、上海大学中文系教授钱乃荣编写的第一部小学沪语教材《小学生学说上海话》就出版了，上海已有部分小学向出版社订购，纳入辅助教学内容。课本由浅入深，从称呼、学校、出游、习俗等方面教孩子们讲上海话，让孩子们在老师的指导下学说上海话。浦东新区的林宛小学就用了这版教材，并打算把沪语课作为快乐活动日的拓展课，让孩子们学会用沪语交流。就目前来看，效果不错，孩子们都有所收获。

（三）采取编书、录音等方式留下学习资料

言传身教学习语言的方式大多局限在家庭内部，因而普及性不够，我们也要留下有价值的学习资料供当下及后人来学习，所以可以采用编书、录音等方式有效保护方言，方便愿意学习上海话的人有合适的学习资料。

（四）注意文化融合

保护上海话和海派文化不是守旧，而是文化的融合。陆鸣在《大国小城：当代中国的统一、发展与平衡》一书中写道："全球城市的定位决定了中国一线城市的人口将由本地人、中国其他地方的新市民和全球优秀人才共同构成，而这样的城市文化也必须由传统的本地文化、中国其他地方的文化、国际上所有国家的优秀文化共同构成。"城市的文化是城市的脉搏，是这座城市密不可分的元素。所以我们要做到的，不是在发展中不断接受新文化而淡忘原有的文化，而是在接受新文化的同时，做好文化的融合，使文化呈现出它的多样性，迸发出更绚丽的火花。

参考文献

[1] 钱乃荣:《上海方言》，上海：文汇出版社，2007 年。
[2] 钱乃荣:《沪语盘点：上海话文化》，上海：上海文化出版社，2002 年。
[3] 陆铭:《大国小城：当代中国的统一、发展与平衡》，上海：上海人民出版社，2016 年。

探究感想

通过此次的课题研究和探究讨论，我们掌握了很多新的研究方法，了解了关于上海话历史与发展的众多资料。我们知晓了上海方言的历史发展与魅力所在，明白了海派文化传承的重要性与实用性，同时，我们也了解到上海话发展的空间日益缩小，年轻一代和外来人员对上海话掌握能力越来越薄弱，对于上海话的传承与保护工作刻不容缓。我们也针对上海话的传承现状提出了一些看法与建议。作为中学生，我们的能力还很有限，第一次做课题，有许多不够成熟的地方。因为自身知识掌握得不充足、不充分，有些问题依然无法分析得足够透彻。但是我们相信，不成熟不意味着永远不成熟，不成熟也意味着有进步的空间。总而言之，此次的课题研究不仅拓宽了我们的视野，同时也给予了我们自己发现问题，独立探究问题的经验和意识。

课题组成员：上海大学附属中学　高一年级

陆欣妍　施瑜璐　叶颖盈

指导老师：张凡凡

沪语的使用情况调查及保护措施

探究缘起

上海作为一座国际化大都市，对内和对外交往融合日趋紧密。但随着普通话的推广普及和外来人口比例的不断增加，使用沪语的人数正在逐渐萎缩。尤其是在上海出生的年轻一代，能够熟练掌握沪语和经常使用沪语的人数比例也呈现较快的下降趋势，如何保护和传承沪语已成为一个不可回避的社会问题、公共问题和文化问题。我们的小组成员关注到该社会现象，希望通过本次探究，调查和研究沪语的使用情况，并针对性地提出对沪语的保护措施。

上海作为一座海纳百川的国际化大都市，具有开放包容的海派文化底蕴，沪语可以被看作是这座城市的文化标识和精神文脉，沪语所蕴含的文化属性完整而充分地展现了上海人身上特有的最真实的生存状态和风格脾性。其实，任何一种方言都是当地文化最直观的体现，方言裹挟着特殊而深厚的文化价值，保护和传承沪语的真正目的是为了保留方言信息中的文化属性，以维系海派文化的持久生命力。

由于受到全球化和现代城市化进程的深刻影响，很多地方性语言和方言正面临失势甚至消亡的风险，语言是文化重要的载体，如何保护语言和文化的多样性是当今人类所面临的重要课题。

2003 年，《保护非物质文化遗产公约》在联合国教科文组织第 32 届会议上通过，该公约将“口头传统和表现形式，包括作为非物质文化遗产媒介的语言”纳入“非物质文化遗产”范畴。沪语则是海派文化的非物质文化遗产的一种重要存在方式。但随着普通话的推广普及,各地域的联系和交往不断深入,中国的一些地方性语言的使用范围和频率有着萎缩之势,特别是上海这样外来人口占较大比重的国际化城市,说沪语的人群比例在不断缩小。全球化背景下如何保护语言和文化的多样性是当今人类所面临的重要课题。

我们针对沪语的使用情况展开了调查研究:通过查阅文献及参观上海历史博物馆,了解和掌握沪语的发展历程;通过发放调查问卷及走访调查,了解沪语当前所面临的问题,判断沪语的发展趋势,分析沪语保护的重要性。最后,我们对如何有效保护和传承沪语提出具体建议。

一、场馆探索

上海市历史博物馆是一座全面反映上海历史发展的博物馆,收藏了大量的代表上海历史进程的文物和文献,见证了上海创造的文明。其中有大量与沪语发展相关的资料,例如沪语民间歌谣、特色词汇等,还有趣味沪语闯关互动游戏,大大增加了参观者对沪语应用的兴趣,为研究本课题提供了宝贵的材料。在参观过程中,我们分工合作,有负责笔头记录的,有负责拍照留底的,积极为后续研究收集相关资料。

二、沪语的现状问卷调查分析

课题组对沪语的现状设计了调查问卷,问卷内容包括被调查人的基本情况,被调查人对沪语的掌握程度、使用频率、使用场合和使用对象,还有被调查人对沪语发展的预期和对沪语保护的态度等诸多方面。

本次调查问卷共发放123份，回收120份，有效问卷120份。调查对象包括大中小学生、上班族、外来务工人员和退休人群等。被调查人员中，男性占比52%，女性占比48%；20岁及以下人员占比59%，20岁以上人员占比41%；上海户籍人员占比62%，非上海户籍人员占比38%。

对调查问卷的结果进行统计分析情况如下：

（一）沪语的使用情况

从图1的调查统计结果可看出，能够非常熟练或比较熟练使用沪语的人数不足60%。听得懂但不会说的人群占据较大比重，根据调查了解的情况，这部分人群中较大比例是成长在上海但父母是新上海人的人群，或在上海工作生活时间较长的外来人员。

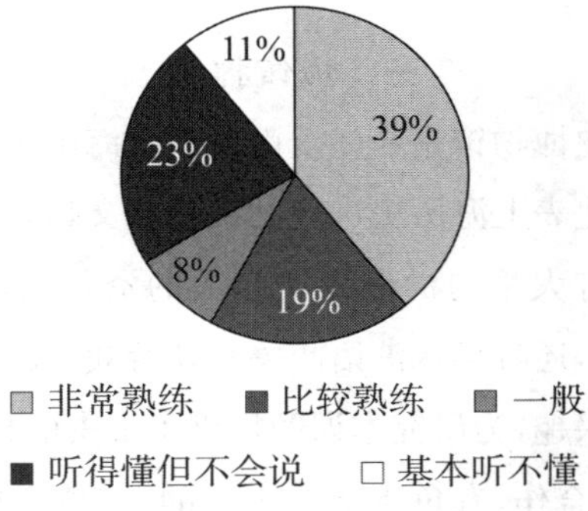

图1　调查人群对上海话的掌握程度

通过图2的调查统计结果可看出，20岁及以下人群中能够非常熟练或比较熟练使用沪语的人数已不足50%，听得懂但不会说的人群占据比重进一步增加，这充分说明上海年轻一代的沪语掌握程度明显下降。他们受教育时正值普通话的普及和外来人口增加的时期，此外，不少人的父母是新上海人，家庭里缺少说上海话的语言环境。

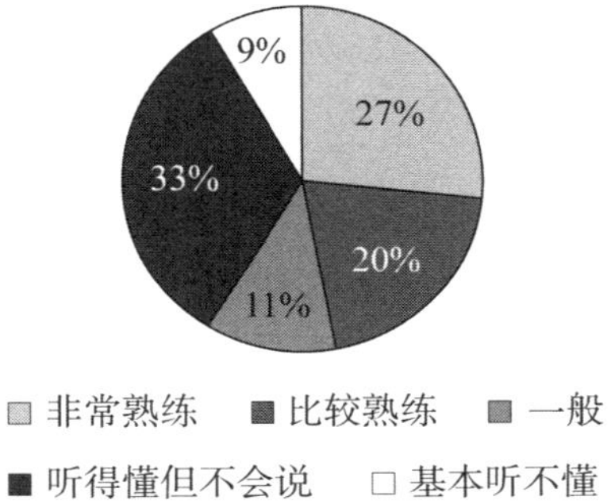

图 2　20 岁及以下人群对上海话的掌握程度

在熟练使用上海话的人群中，他们平时用上海话交谈的对象情况怎么样呢？从调查情况分析来看，73%的人与家人或长辈主要用沪语交谈，18%的人与朋友、同事或同学主要用沪语交谈，与老师或上司次用沪语交谈只有 8%，而在公共场合与陌生人主动采用沪语交谈的比例只有 1%。

这充分说明家庭是上海人的主要沪语交流场合，老一辈上海人较多使用沪语，这样与长辈会有很多的沪语交流机会。而在工作或学习场合中沪语的交流机会并不多。

从图 3 可看出，上海人在家说上海话的比例达到 86%，但仍有 14%的上海人在家不太说上海话，尤其是年轻人在家不太愿意主动说上海话，约有 31%的 20 岁及以下的上海人在家不太说上海话，这个比例是比较高的。

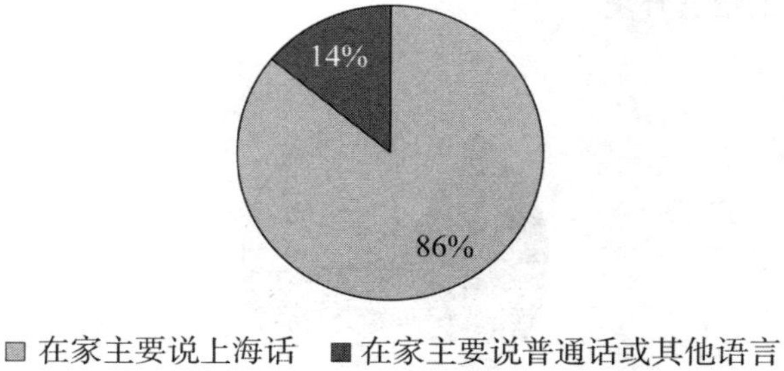

图 3　上海人在家使用语言情况

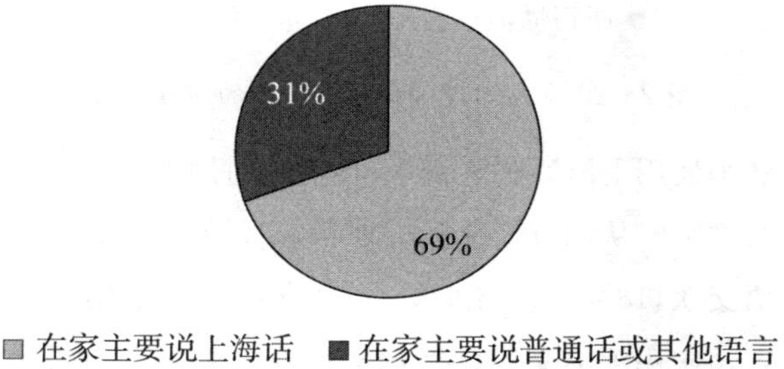

图 4　20 岁及以下上海人在家使用语言情况

综合上面的分析可看出，上海人中说上海话的人数比例以及熟练程度随着年龄的降低呈较大幅度下降趋势。

(二) 沪语的发展趋势和推广所面临的阻力

图 5 显示，调查人群中有近一半的人认为上海话未来肯定或很可能会消失，这说明大家已经意识到上海话传承所面临的严峻形势。

对于推广上海话遇到最大阻力的认识，外来人口聚集涌入、过度推广普通话、没有好的语言环境占据了前三位，如图 6 所示。

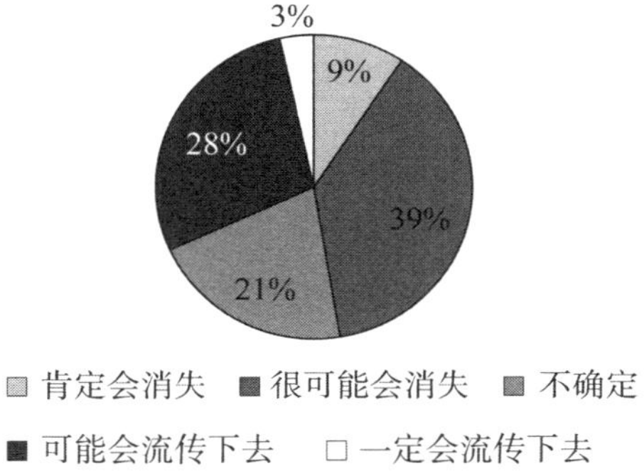

图 5　调查人群对上海话的未来预期

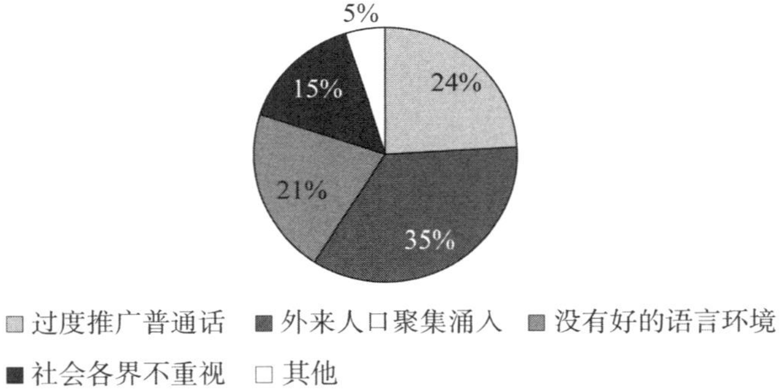

图 6　推广上海话遇到最大阻力

在推广上海话的态度上，大部分人是持支持态度，约 71%的人支持推广上海话，如图 7 所示。

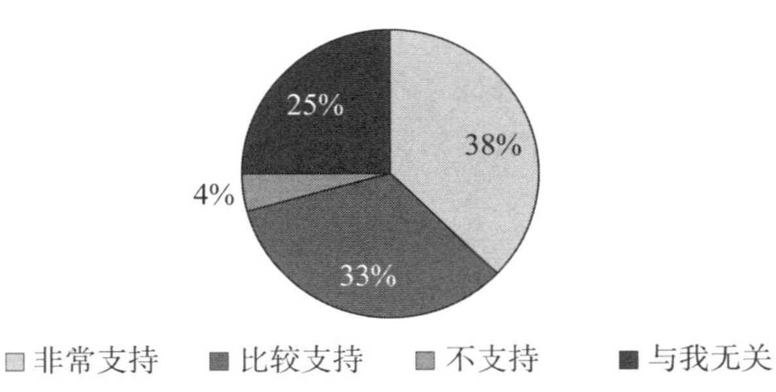

图 7　对推广上海话的态度

三、沪语保护和传承的措施建议

（一）形成保护和传承沪语的共识

首先，要让更多的人认识到沪语所面临的严峻形势，让大家形成保护和传承沪语的共识。形成共识后，才会营造出沪语保护的群众基础。让新上海人和长期居住在上海的外来人口也一起加入保护沪语的行动之中，沪语是上海这座城市的名片，保护沪语就是保护上海所特有的海派文化。其次，官方可出台保护沪语的相关政策措施，并加大相关宣传力度。

（二）营造说沪语的生态环境

1. 学校里增设沪语课和相关的社会实践活动

语言的传承要依靠广大青少年，通过在中小学开设沪语兴趣课和在上海的高校增设沪语选修课等形式，形成说沪语的氛围；组织与沪语和海派文化主题相关的学生社会实践活动。

2. 地方台增加沪语的电视和广播节目

目前沪语的电视和广播节目主要是针对中老年观众，可增加针对青少年的沪语电视节目，如沪语动画片之类的。

3. 公共场合增加沪语广播

在公交车和地铁上进行普通话和沪语的双语广播。

4. 开发学习沪语的 APP

让大家可以更方便地通过手机 APP 学习沪语。

5. 开展说沪语和老上海弄堂游戏的竞赛活动

学校或社区定期开展说沪语及老上海弄堂游戏的竞赛活动。

参考文献

[1] 吴怡敏：《沪语传播危局的思考》，《视听》，2017 年第 4 期。
[2] 郑子安、原苏荣：《上海中小学生沪语使用情况及教学调查报

告》,《语言应用研究》,2017 年第 1 期。

探究感想

课题组的同学们通过为期数月的课题准备、调查、参观、分析、总结和撰写论文等工作,付出很多,但也收获良多。探究的过程中,大家不但增加了对沪语和海派文化更深层次的了解,也愈发增强了对上海这座城市的热爱。上海既有海纳百川的气度,又有精致高贵的细腻,而沪语正是这种独特文化的重要承载和表现形式。我们在品味和挖掘沪语的韵味和魅力之时,也深深感到保护沪语的紧迫性。我们通过思考、研究和讨论,努力寻求科学保护和传承沪语的有效措施,希望能够为沪语的保护尽到自己的一分力量!

课题组成员:上海市第十中学　七年级(3)班

白　果　朱宜旻　耿媛媛　王孜腾

指导老师:徐如意

课题组成员走访上海市历史博物馆留影

对黄浦区的爱心暑托班现状调查及研究

探究缘起

近年来，共青团上海市委员会等单位开办的小学生爱心暑托班进入上海市民的视野。由于我父母的职业都是教师，所以我有更多的机会接触学生和学生家长，我也听到了一些对于爱心暑托班认同或不满的声音。在暑假期间，黄浦区的爱心暑托班向我校提供志愿者服务岗位，我报了名，对爱心暑托班的现状深入了解调查，设计了针对教师、家长、学生等多套问卷及访谈稿，获得了宝贵的一手资料。我通过数据分析与具体实践，提出了完善爱心暑托班的可行性建议。

一、问卷设计与调查概况

为获得较为真实的一手数据，我先后走访了黄浦区各街道的近10所爱心暑托班，在问卷调查框架的设计方面，主要从教师、家长、学生和志愿者对爱心暑托班的感受和建议展开。本次调查共发放问卷586份，收回问卷586份(其中学生卷153份、教师卷140份、家长卷153份、志愿者卷140份)，有效问卷586份。

二、问卷调查的结果与分析

(一) 人们参加爱心暑托班的目的

调查中显示，家长将孩子送往爱心暑托班的原因主要来自两个方面，一是为了丰富孩子的假期生活，占比达 66.01%左右；二是锻炼培养孩子的综合能力，占到 60.13%左右。参选原因中“解决孩子暑期看护难”的占比较预期要少很多，“希望孩子通过暑托班学习知识”占比最小，说明家长们更希望爱心暑托班是一个可以丰富孩子暑期生活、培养能力的去处，而非一个仅仅解决看护问题的组织。从中可以看出，家长们对爱心暑托班的期望值还是较高的。现如今孩子的综合素质越来越受到重视，家长们对此也非常关心，希望将参加爱心暑托班当作一个培养孩子的机会。

表 1　家长将孩子送往爱心暑托班的目的

选项(多选)	人数	比例
A. 解决孩子暑期看护难问题	89	58.17%
B. 丰富孩子的暑期生活	101	66.01%
C. 锻炼培养孩子的综合能力	92	60.13%
D. 希望孩子通过暑托班学习知识	64	41.83%
E. 其他	2	1.31%

目前，爱心暑托班招募的任课教师大多为社会上有一技之长的青年人，比如擅长魔方、英语、绘画等。这些青年人有的是身兼多职，有的是专职爱心暑托班教师，但却没有经过十分系统化、专业化的教学培训和相关证件考核测评。

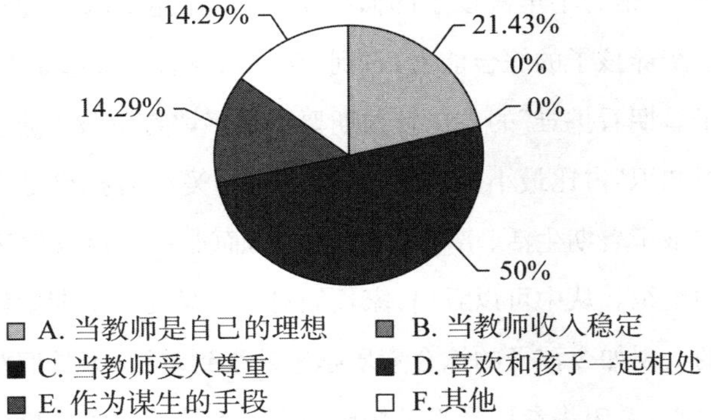

图 1 爱心暑托班教师从事这份职业的主要原因

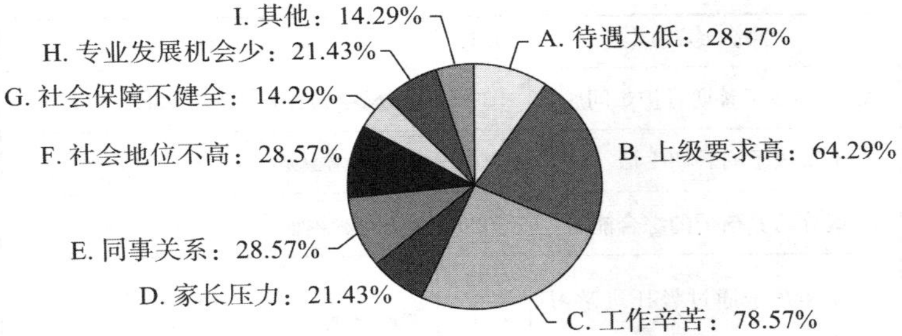

图 2 爱心暑托班教师工作压力的主要来源

根据图 1 中的数据可以发现，大多数爱心暑托班的教师之所以选择这份工作是因为他们喜欢与孩子们相处，所以我初步认为他们对于自己的工作状态是十分满意且享受其中的。然而，图 2 中的数据表明，爱心暑托班的教师的压力是非常大的，其中主要压力来源于工作辛苦，占比约 78.57%。为此，我在暑假期间前往爱心暑托班进行实地考察。当我坐在教室最后一排观察整个课堂的时候，不难发现，有一部分学生是没有在认真听讲的，更有甚者会吵闹不停、坐立不安，影响课堂秩序。当面对这种情况时，授课教师往往显得有些束手无策。尽管授课教师会多次口头上劝说,但仍然无法从根本上解决问题,让孩子跟上自己上课的节奏。这让授课教师感到心有余而力不足,同时也使他们的工作变得更加辛苦,进而增大工作压力。

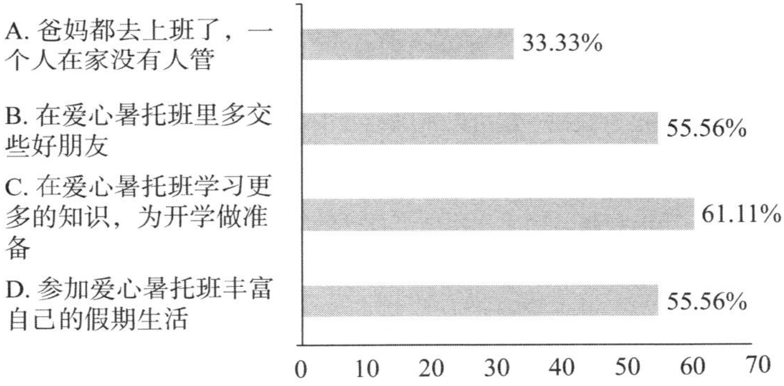

图 3　孩子们参加爱心暑托班的主要目的

图 3 显示,孩子们报名参加爱心暑托班的主要目的是希望通过爱心暑托班学习更多的知识,为开学做准备,占比达到 61.11% 左右。而被家长放在主要原因的丰富孩子生活和提升社交能力占比均为 55.56%。解决看护难的问题仅占比 33.33%。

上海作为国际化大都市,人口众多,加之近年来“二孩”政策放开,新生儿数量增多,孩子间的竞争也就更加激烈。孩子们希望在爱心暑托班老师的辅导下高质量、高效率地完成暑假作业,通过与补课机构形式不同的爱心暑托班学习新知识,拓宽思维。

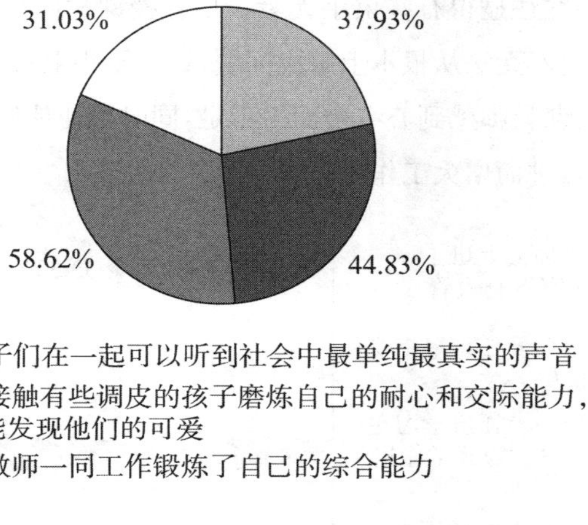

图 4 爱心暑托班志愿者的收获

根据图 4 的数据，我发现志愿者在进行爱心暑托班的志愿服务时，最大的收获是协助教师一同工作锻炼了自己的综合能力，占比约 58.62%。通过接触有些调皮的孩子磨炼自己的耐心和交际能力，并发现他们的可爱之处次之，占比约为 44.83%。

（二）人们对爱心暑托班的评价

1. 家长对爱心暑托班的大部分课程内容满意，但仍有一些意见和建议

问卷调查数据显示，虽然大部分家长对于爱心暑托班没有意见，很满意，但有些家长也提出了一些自己的建议，发现了爱心暑托班潜在的问题和隐患。关于教学内容，有的家长希望能更多关心孩子的心理健康；关于开班时间和班级人数，有的家长希望爱心暑托班的开班时间能够延长、开班数量能够增多、提供的名额能够扩大；关于教学方法，有的家长希望授课形式可以再丰富一些；关于教学管理安排，有家长反映收费应该按照爱心暑托班

800 元的标准，对管理人员加强培训，掌握孩子的基本心理，进行引导式教育，避免吓唬恐吓式制止。

原因分析：爱心暑托班的任课教师经验不丰富，对孩子的了解程度不高，导致遇到问题时无法在第一时间理解孩子们的心理，做到设身处地，将心比心进行引导，有时可能会对孩子们幼小的心灵造成一定伤害，引起家长误会。在开班时间、数量、名额的问题方面，上海入学儿童人数较多，对爱心暑托班的开设和管理也造成了一定的压力。至于收费方面，可能是相关负责人并未仔细研读团市委的相关文件，导致收费与规定有出入。

2. 教师对爱心暑托班提供给自己的福利待遇存在一些意见和建议

从问卷调查显示，有老师希望在开班期间可以给老师发放一点冷饮或提供一些便利的服务。

原因分析：乍一看，这样的建议似乎有些令人发笑。但再细细一想，也确实有它的道理。爱心暑托班，顾名思义，是在暑期开设的课程。在上海，夏季的平均气温一年比一年高，确实是酷暑难耐。所以说，老师们提出来这样的建议，是合情合理，可以酌情考虑的。

3. 学生对于爱心暑托班的时间安排和内容安排存在一些意见和建议

根据调查问卷显示，有的孩子希望爱心暑托班在中午可以提供床铺以供他们午睡休息。

原因分析：实际上，目前部分爱心暑托班的开办时间分为半天的或全天的，对于全天的爱心暑托班来说，中午这段时间的间隔也是给予孩子们休息，并更好地迎接下午的课程的重要时刻，所以，孩子们希望有午睡时间和设施的要求也是合理的。

（三）爱心暑托班相关工作人员与家长、孩子的交流

1. 家长与爱心暑托班的相互沟通较欠缺

表 2 爱心暑托班家校沟通的主要方式

选项	小计	比例
A. 接送孩子时的短暂交流	92	60.13%
B. 电话沟通	14	9.15%
C. 社交软件沟通	46	30.07%
D. 其他方式	1	0.65%

根据表格中的数据可以发现，家长们与爱心暑托班沟通的主要方式是接送孩子时与相关老师或负责人进行的简短交流，用社交软件进行沟通次之。显而易见，这样的交流是远远不够的。如果孩子在爱心暑托班上课期间发生了什么问题或遇到了什么困难，仅仅在接送孩子时进行交流是无法将问题沟通清楚的，通过社交软件隔着屏幕也无法确保双方都能充分理解对方想表达的意思，反而容易引起不必要的误会。

2. 人们对爱心暑托班课程的必要性认识

表 3 某爱心暑托班课程表

时间	周一	周二	周三	周四	周五
8:30—9:10	体育小健将	美德在我心	体育小健将	美德在我心	体育小健将
9:20—10:00	刨花贴画	软陶雕塑	卡通漫画	衍纸艺术	心理引导
10:10—10:50	画一画 捏一捏 （教育局配送）	剪纸课 （文化局配送）	七彩影像 成长宝典 （团区委配送）	（团市委配送）	礼仪课程 （信管学校）

（续表）

时间	周一	周二	周三	周四	周五
11:00—11:40	电视观摩	游戏时间	电视观摩	游戏时间	电视观摩
11:40—13:30	午餐	午餐	午餐	午餐	午餐
13:20—14:30	作业辅导	作业辅导	作业辅导	作业辅导	作业辅导
14:30—15:20	外教	外教	外教	外教	外教
15:20—15:35	午后茶点	午后茶点	午后茶点	午后茶点	午后茶点
15:40—16:30	单词背诵	单词背诵	单词背诵	单词背诵	单词背诵

表4　家长对孩子在爱心暑托班学习学校课程的必要性判断

选项	小计	比例
A. 很有必要，这样孩子在开学后可以减轻很多负担，避免孩子输在起跑线	101	66.01%
B. 没有必要，学两遍孩子会厌烦，到时会不愿意学习	24	15.69%
C. 说不清楚	28	18.3%

根据表格中的数据可以看出，家长之所以认为在爱心暑托班学习学校的课程是有必要的，是因为他们觉得这样孩子在开学后可以减少很多负担，避免孩子输在起跑线上。但同时，也有小部分学生的家长认为在爱心暑托班学习学校的课程是没有必要的，担心孩子学两遍同样的知识会感到厌烦，甚至产生厌学情绪。

面对越来越大的竞争压力，家长们也变得越来越焦虑，更何况现今各种社交媒体上频频出现“假期是学渣成为学霸的转折点”“不要让孩子输在起跑线上”等话题，更加增添了家长们的担忧。然而，孩子们尽管被灌输了许多类似于“学习最重要”“好好学习，天天向上”等观念，但孩子毕竟是孩子，他们生性活泼好动，如果把同样的知识内容学习两遍，未免会显得枯燥乏味，可能会让孩子产生厌学的情绪。

三、讨论与建议

（一）相关组织管理部门需根据家长和孩子的需求完善优化举办形式及宗旨

2014 年，共青团上海市委员会等单位首次开办上海市小学生爱心暑托班，该项目是上海市政府实事项目之一，旨在缓解全市小学生暑期“看护难”问题，引导和帮助小学生度过一个安全、快乐、有意义的假期。然而，根据调查问卷数据显示，家长和孩子选择爱心暑托班的原因集中于丰富孩子的暑期生活和学习新知识两方面，这与仅仅解决“看护难”问题的宗旨是有所不同的。事实上，随着当今社会的高速发展，孩子们之间的竞争压力越来越大，家长们也因此十分焦虑。许多家长对于爱心暑托班的意见主要集中于“报名太难，名额太少”“要同时关心孩子身心健康”“举办时长太短”“形式太单一”等方面。

建议丰富优化爱心暑托班的各项功能，而不仅仅局限于解决“看护难”问题。运用与校园课堂中不一样的方式教授知识，比如通过游戏、亲身调查实践、举办分享会等形式让孩子不仅享受快乐的学习氛围，同时也能学到相应的知识，不落下学业。同时，也可以多组织一些参观活动，比如参观博物馆、展览等，以此拓宽孩子们的视野，丰富孩子们的暑期生活，让他们学到书本里、课堂上学不到的内容，同时也达到了家长对爱心暑托班的期望。

爱心暑托班可以在人力资源和空间资源允许的条件下，扩大招生名额,放低招生门槛,让更多的孩子可以参与其中,让孩子们丰富自己的假期生活,让家长减轻负担,同时也为广大学生志愿者们提供一个社会实践平台。另外,在各方面条件允许和保障下,可以在爱心暑托班期间开展各种各样的系列活动,包括游园会、知识竞赛、参观活动等,将授课形式多样化。最重要的是,除了关爱孩子们的身体,更要关注他们的心理健康。爱心暑托班可以增设心理辅导课程,对于一些特殊的或是有需求的孩子进行辅导,帮助引导他们树立阳光积极的心态和正确的价值观。

(二)相关部门应对爱心暑托班师资压力作出调整

根据调查问卷显示,爱心暑托班的教师还是有一定的工作压力的,而其中绝大部分是因为工作太辛苦。爱心暑托班的授课教师大多为青年教师,他们的社会经验和工作经验都还不够丰富,与孩子们的交往能力以及把控整个课堂的能力也多多少少有些欠缺。因此,我建议相关管理部门可以多招募一些有经验的教师管理孩子们,来解决年轻教师的问题。当然,在对爱心暑托班教师进行招募的过程中要严格审查,这样既能确保教学质量,也能避免由于教学经验不足而引起的不必要的麻烦。另外,也可以尝试根据孩子们的兴趣进行分班。如果孩子们都选择了自己感兴趣的课程,那在上课期间也就不太会出现走神、不听课、吵闹等扰乱课堂纪律的行为了,这样既提高了任课教师上课的效率和质量,也减轻了他们的工作压力和负担。

此外,爱心暑托班的师资还是有所短缺的。爱心暑托班原本就是一个由团市委推出的解决社会问题的组织。那么,爱心暑托班可以招募广大高中生团员。参加爱心暑托班的孩子都是小学生,高中生为小学生辅导授课一般来说是没有问题的。而且,既然同处于学生时代,高中生团员也会更加容易理解小学生的想法，孩子们也更愿意亲近他们。这样，既能为高中生增加社会实践活动的服务学时，也能在一定程度上缓解爱心暑托班的师资压力。同时，爱心暑托班的相关部门也可以招募大学生、青年教师等志愿者，进行爱心暑托班的义务授课。这样，既可以为大学生提供进入职场前的适应和锻炼的机会和平台，同时也可以在一定程度上缓解爱心暑托班在师资短缺方面的问题。另外，也可以安排一些除了上班以外还有时间空余的家长来进行义务教学，当然也需要其具备一定的知识储备。

（三）相关部门需适当地增加家长与爱心暑托班方的沟通交流

爱心暑托班可以利用如今高速发展的社交软件等互联网信息手段，做到与家长及时、充分沟通。只有通过这样系统化的管理和设置，才能提供家长与爱心暑托班教师足够的时间与空间进行沟通交流，确保家长能及时了解自己的孩子在爱心暑托班的学习和生活情况，也让教师经过与家长的沟通交流更进一步了解孩子的性格习惯、兴趣爱好和真实需求等。爱心暑托班可以根据班级分别设立微信群组或“晓黑板”班级分组，在开班前让全体家长分别加入对应的群组，并一一核对家长与孩子的信息是否匹配。在做好这些前期准备工作之后，每个群组的负责老师就可以在群内统一发放相关通知或告家长书，这样不仅每一位家长都能及时看到孩子在爱心暑托班的动态，也简化了相关负责人的工作。

（四）相关部门要加强爱心暑托班的安全保障

根据调查问卷显示，家长对孩子的安全问题还是十分重视的。绝大多数家长经常对自己的孩子进行安全教育，几乎做到时时教育、事事教育、处处教育。

不论如何，安全永远要放在第一位的。尤其是对于小学生，孩子们作为社会上的弱势群体,他们的安全问题需要特别重视。然而,我在爱心暑托班进行志愿者工作期间,并未看到有专人负责保护学生的安全,管理孩子们的只有一位年纪较大的老师和一位看门保安,要保护那么多学生,他们的能力还是有限的。一旦有险情发生,可能会造成不堪设想的后果。所以,我认为,首先应当在人员数量上加量。在底层可以配备两名保安,在开班的楼层可以分别增设 1～2 位巡逻保安,以确保在第一时间发现隐患、解除险情。同时,也可以充分利用各个高中派来的志愿者资源。将孩子们分组后,分配高中生志愿者成为每个小组的负责人,关心留意孩子们在爱心暑托班期间的表现和生活是否有异样,如果一旦发现有异样,可以及时通知相关教师解决和处理问题。另外,也可以安排专业的义工或聘请专业的医生,如果孩子们有何不适或受伤,可以及时进行处理,并从专业的角度判断下一步该如何操作。最后,政府也可以出台颁布一些法律条文来督促爱心暑托班建立起安全管理系统,根据规章制度直接安排专业人员确保孩子们在爱心暑托班的安全。或者,政府也可以聘请一些专业的保险公司,为参加爱心暑托班的孩子们专门定制一份保险,分散风险,承担一部分经济责任。

参考文献

[1] 魏培昌、宫飞行、闵茹莲、李冬花、欧念香:《创新社区管理模式,解决小学生暑期看护难问题》,《文教资料》,2018 年第 16 期。

[2] 邹晓童:《“爱心暑托班”现状及高校合作共建模式探究》,《上海法治报》,2018 年 5 月 14 日。

[3] 宋哲啸:《在暑托班当志愿者》,《成才与就业》,2016 年第

10期。

探究感想

从论文选题到调查研究、搜集资料,从开题报告、写初稿到反复修改,我经历了喜悦、烦躁、痛苦和彷徨。如今,伴随着这篇论文的最终成稿,复杂的心情烟消云散,自己甚至还有一点成就感,当然,也有很多人要感谢。曾听一位前辈说:“志愿者的意义是,让他们成为你爱上这个地方的一个理由,让他们成为你感受城市温度的一个方式。”诚然,志愿服务不是单纯的给予,而是在给予的同时收获更多。当我看到孩子们真挚的眼神和稚嫩的笑脸,当我收获老师们的肯定和家长们的认可时,我不仅获得了自我价值的实现,也提升了对社会的适应力,更收获了对服务点的独特感悟。从社会价值来说,作为一名高中生,作为新时代的新青年,我总希望能以自己的绵薄之力为自己所生活的城市献出一份力。通过这次研究,我希望能尽我所能为爱心暑托班的完善助力,使其更好地满足上海市民的需要。为此,我也写了一封给上海市团市委的信,将我的研究成果传达给团市委,倡导更好地完善爱心暑托班,从而更有效地推进爱心暑托班的发展。

首先,我要感谢我的辅导老师。她严肃的科学态度、严谨的治学精神、精益求精的工作作风,深深地感染和激励着我。从课题的选择到项目的最终完成,她始终给予我细心的指导和不懈的支持。其次,我要感谢爱心暑托班的管理者、任课教师、学生们和学生家长。他们都很积极地配合我,接受我的访谈和问卷调查。再次,我要感谢我的学校。在我的研究过程中,学校给予了我很多关于研究方法的指导、关于研究方向的辅导等。最后,我要感谢我的朋友和家长。当我在研究过程中遇到瓶颈的时候,是他们用自己的关爱与热情给予我精神上的鼓励与支持，让我得以坚持到现在。

课题作者：上海市向明中学
梁璟晶
指导老师：张昱懿

黄浦区“新零售”超市的区位考察

探究缘起

在网购与物流快速发展的当下，传统的大超市在其供货量、商品全面性上虽然略有优势，但是其货物的迭代速率以及其对于市场上潮流、主流货品的份额控制力已然无法适应消费者不断更新的需求。以便利店为代表的当代消费模式的确可以满足学生、白领等年轻人的部分消费需求，但是其主要的商品仍集中在以速热食品为代表的快餐，无法满足生活的总体需求。传统超市已显出没落趋势，以年轻一代为主体的现代消费风向已经从“巨大的老百货”“吵闹的菜市场”掉头，转向实惠快捷的2小时直达快递以及充满现代感、整洁明亮的生鲜超市。“新零售”超市便是结合了线上线下的一体化消费体验，形成了“人、货、场”的现代“三位一体”。2016年10月，马云在云栖大会的演讲中，首次提出“新零售”的概念。随后，零售行业的新物种新业态纷至沓来，电商巨头和资本的线下布局明显提速，线下龙头亦加快创新步伐。以“盒马鲜生”“永辉超市”“每日优鲜”等线上线下结合运营的超市为代表的“新零售”超市已经开始进入我们的生活。本研究以黄浦区为例，旨在通过调查人们对于“新零售”模式的接受程度，通过对具有特征性的“新零售”超市的地理区位条件进行详细的考察，对未来“新零售”超市的可能分布情况进行简要预测，以电子地图的方式来反映我们的研究成果。

一、研究方法

（一）明确研究对象

在课题研究的初期，我们必须明确“新零售”的商业模式以及由此诞生的“新零售”超市这一概念是如何产生的，它是如何作为一种新兴的超市种类来影响市民生活的。因为传统超市本来应该可以满足大部分市民的生活需求；而在更快捷的消耗品供应上，便利店也已经占满了大街小巷；对于每日蔬菜、肉类的需求，人们总能在菜场挑选到满意的食材。以“盒马鲜生”“每日优鲜”“永辉超市”等为代表的“新零售”超市引领了新的商业模式，我们猜测，可能很大一部分是由现代生活中物流行业快速发展、年轻人的消费需求质与量同步增长等原因所共同造就的。

（二）查询资料与场馆考察

我们首先找到了“新零售”这一概念的来源：2017 年 9 月，商务部流通产业促进中心发布了《走进零售新时代——深度解读新零售》报告，给出了“新零售”的定义：“新零售”是以消费者为核心，以提升效率、降低成本为目的，以技术创新为驱动，要素全面革新进化的商品交易方式。结合“新零售”的理论内涵以及创新实践，报告总结出了“新零售”区别于传统零售的“五新”特点。这是目前对于新零售最权威的解读。

了解了“新零售”的定义后，我们通过研读相关论文，了解了“新零售”超市之所以能够与传统商业模式抗衡的根本原因，这里以“盒马鲜生”作为案例分析：

“盒马鲜生”充分做到了线上线下融合，但其主要还是以线上为主，同时把线下流量往线上引导。线下门店的主要作用体现在三个方面：其一，重塑消费者对产品质量的认知，人们通过对线下门店产品的认同而愿意选择线上购买；其二，对于附近的消费者可以实现快速销售;其三,加强与客户的互动。“盒马鲜生”通过绑定 APP 的推广模式,加强了客户黏性,研究表明,成熟度比较高的门店其客户黏性可以达到传统生鲜电商的 10 到 15 倍。

之后,我们又参观了城市规划馆。宜居城市的建设是上海一直以来的努力方向。在城市规划馆的“宜居实践”标语中有这样一句话:“理想是共同的,实现理想的路径是多样的,我们要在‘以人为本’的理念下去实现城市可持续发展的愿景,去走一条属于市民的,更美好的发展之路。”这便是我们研究“新零售”超市的意义:跟随城市的发展变化,以人为本,为更美好的居民生活,提供更加便利的、贴近民生的城市服务。

由此,我们深刻理解了“新零售”超市的由来及其发展,为我们接下来的调查与预测分析提供了坚实的基础。

二、调查问卷及分析

我们对黄浦区一些市民发放了调查问卷,了解其最直接的消费经验和对于新旧消费模式的看法,从而对“新零售超市”的影响区位得出初步结果。我们通过网络问卷(问卷星)以及线下实体问卷的方式进行调研。网络问卷的优势在于信息获取速度快,但缺点在于受众更加偏向缺少超市购物心得的年轻群体,我们用线下问卷弥补这一缺陷。

我们还通过电子地图来对已有的消费模式(便利店、菜场、传统超市)与“新零售”超市(如“盒马鲜生”“永辉超市”“每日优鲜”等线上线下结合运营的超市)周围的住宅区、商场、公园等来进行比较与分析。

我们首先猜想了影响“新零售”超市选址的因素有:①区域(商业区、住宅区、工业区),②人流量,③交通,④地价,⑤消费水平等。

（一）“新零售”超市的优点

表1　实体问卷

选项	小计	比例
A:线上线下结合能送货上门还能去实体店,方便挑选	25	75.76%
B:感觉比较时尚	11	33.33%
C:产品丰富,还有很多平时见不到的产品	13	39.39%
D:生鲜类产品每日更新,而且外观等让人心动	10	30.3%
E:知名企业投资的店有保障	2	6.06%
F:物美价廉,性价比高	8	24.24%
G:会在我顺路的地方或者离家近	6	18.18%
H:人不多,效率高	4	12.12%
I:环境与众不同,比较吸引我	3	9.09%
本次有效填写人次	33	

表2　网上问卷

选项	小计	比例
A:线上线下结合能送货上门还能去实体店,方便挑选	17	60.71%
B:感觉比较时尚	6	21.43%
C:产品丰富,还有很多平时见不到的产品	12	42.86%

（续表）

选项	小计	比例
D:生鲜类产品每日更新,而且外观等让人心动	10	35.71%
E:知名企业投资的店有保障	7	25%
F:物美价廉,性价比高	7	25%
G:会在我顺路的地方或者离家近	7	25%
H:人不多,效率高	5	17.86%
本题有效填写人次	28	

表1与表2的调查结果显示:线上订单与线下实地购物的需求结合是“新零售”超市吸引黄浦区居民的主要原因,这与“新零售”的商业模式最初的定义不谋而合。同时这也表明,单一的线上购物或者线下环境并不能够决定“新零售”超市的选址,“新零售”超市应在兼顾物流便利的前提下,保证城市居民的线下购物体验。

（二）对“新零售”超市选址的建议

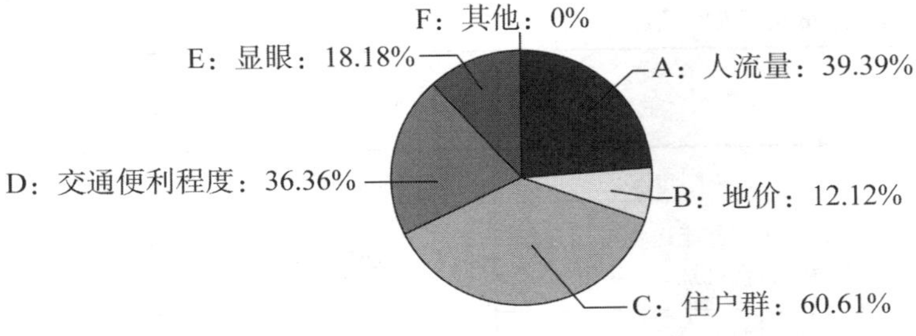

图1　实体问卷

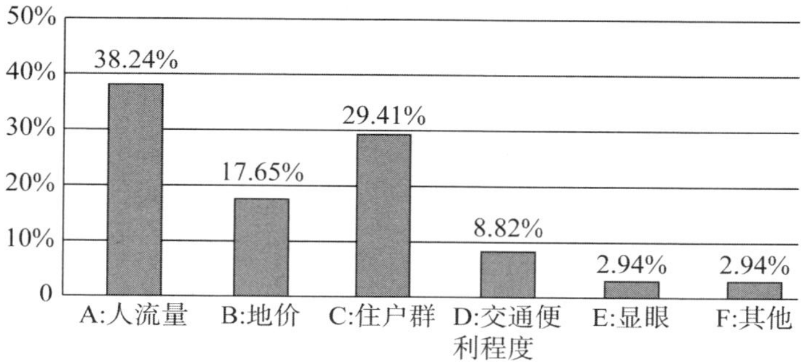

图 2 网上问卷

图 1 与图 2 的调查结果进一步印证了我们的想法：市民们对于“新零售”超市选址建议的主要关注点便在于“人流量”与“住户群”两大区位条件上。

综上，“人流量”与“住户群”将成为我们研究“新零售”超市的初步方向。

三、通过电子地图(示意图)对主要区位进行分析

(一)“人流量”与“住户群”的对于“新零售”超市选址的影响

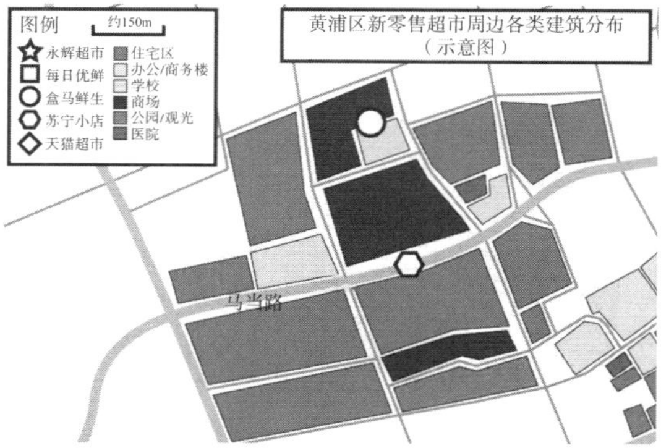

图 3 马当路主干附近 “盒马生鲜”与“苏宁小店”

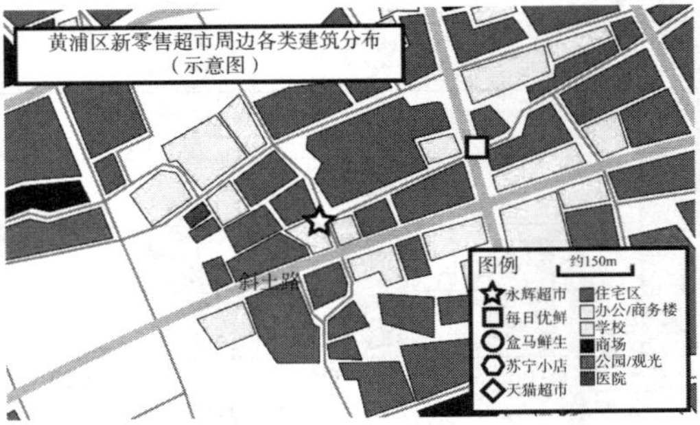

图 4　斜土路附近　“每日优鲜”与“永辉超市”

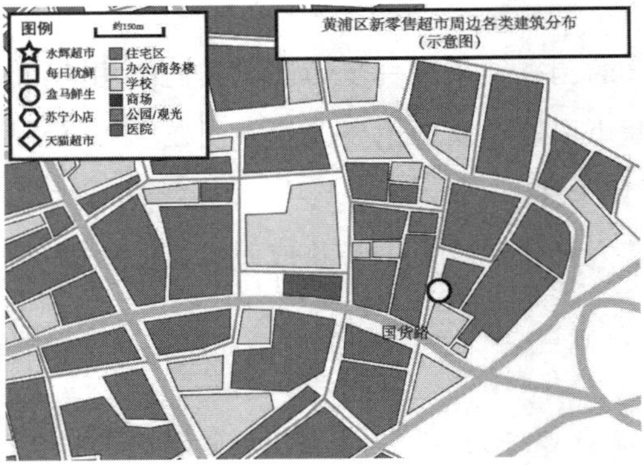

图 5　国货路附近　“盒马鲜生”

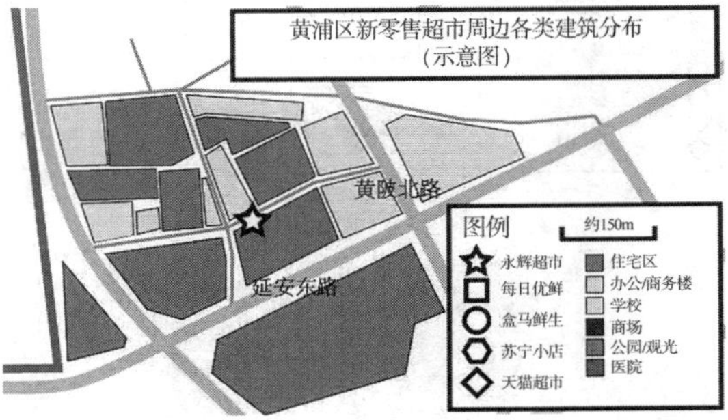

图 6　延安东路与黄陂北路交界处附近　“永辉超市”

图 7　鲁班路立交附近　“永辉超市”与“每日优鲜”

我们把黄浦区所有的“新零售”超市及其周边的建筑和设施进行了罗列，发现几乎所有的“新零售”超市周围 1500 米内都存在一定数量的住宅小区以及一定数量的商务楼。由此可知，“住户群”以及“人流量”确实为“新零售”超市选址的主要因素。同时需要说明的是，这里的“人流量”是由“住户群”带来的，尽管如商务中心、学校、医院等场所也会带来一部分的人流量，但是与周围“住户群”所带来的影响相比并不占主要，因此这里的“人流量”特指由周边“住户群”所带来的。

在和其他“新零售”超市保持一定的距离的情况下，住户群的密集度以及其所带来的人流量是影响“新零售”超市选址的主要区位条件。

四、其他因素

(一) 关于交通

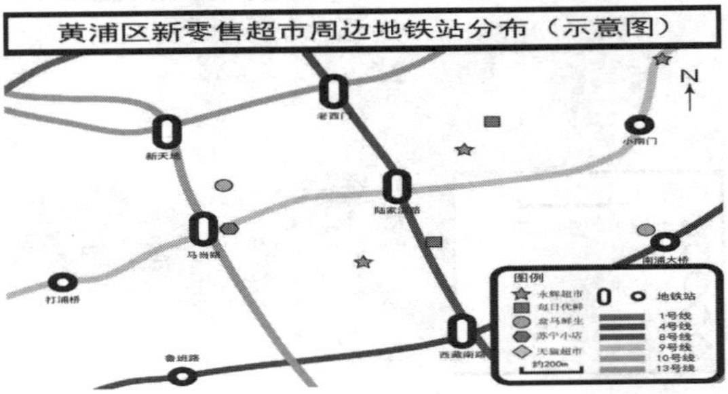

图 8　以陆家浜路站为中心

图 9　以人民广场站为中心

为了探究交通条件对于“新零售超市”的影响，我们选取了黄浦区十家典型的“新零售”超市进行研究。从图 8 与图 9 中，我们可以看到只有马当路地铁站以及南浦大桥地铁站的周围分别有一家“苏宁小店”和“盒马鲜生”。

又由于公交车站的数量庞大，故不作为一个主要的特异性因素影响我们对于交通条件的研究。

在图 6 中我们已经可以发现：所有的“新零售”超市都是在或大或小的街道上选址的，并不存在完全远离交通路线的情况。在黄浦区十几家“新零售”超市中，我们通过具体的数据发现，“新零售”超市主要沿着街道选址，在保证基本的交通条件下，“新零售”超市并不需要特别依靠轨道交通来进行发展。

（二）关于地价

地价的因素是我们一直希望考虑在内的，但是鉴于“地价”这一区位条件具有随机性大、难以推算、起伏变化的幅度与速度大等特点，又加之我们的能力确实有限，无法获得准确的关于“新零售”超市所要求的合理地租价格区间。不过，当一个商店在一个相对优势的地理条件下，店主自然会主动地权衡利弊，通过改变店铺的大小以及营销策略来中和地价带来的影响，从而达到一个稳定的盈亏水准。由此，我们对于地价因素并不需要给予太多的考量。

（三）关于消费水平

消费水平这一区位条件受人流量以及周围住户群消费水平的高低影响，与地价相同，难以预测且变化幅度难以控制在一个稳定的数值当中。但超市本身便拥有着通过控制销售货品的数量与价格来维持销售额的能力，在销售水平高的地区增加高附加值商品、进口商品的进货量，在消费水平低的地区增加低附加值商品、普通的日常商品的货量。故不需要刻意去考虑这一因素对“新零售”超市选址的影响。

（四）关于“人流量”与“住户群”对“新零售”超市的特异性影响

传统超市、便利店、菜场或多或少都会受到上述区位条件的影响。传统超市由于其形式，主要的考虑方向在于住户群。便利店与菜场更注重固定时刻（如上班下班时期）的人流量。而“新零售”超市更注重两者的结合，既要考虑相对稳定的住户群这一因素，也要考虑特定时期的客流量。因此，对于“新零售”超市而言，

“人流量”与“住户群”势必需要进行综合考虑。

五、未来黄浦区“新零售”超市坐落位置的预测

通过以上的结论，以及对数十家“新零售”超市的分布情况的调查，我们最终得出了预测的“新零售”超市选址点（图 10 至图 12 五角星处）。

（一）普育西路点

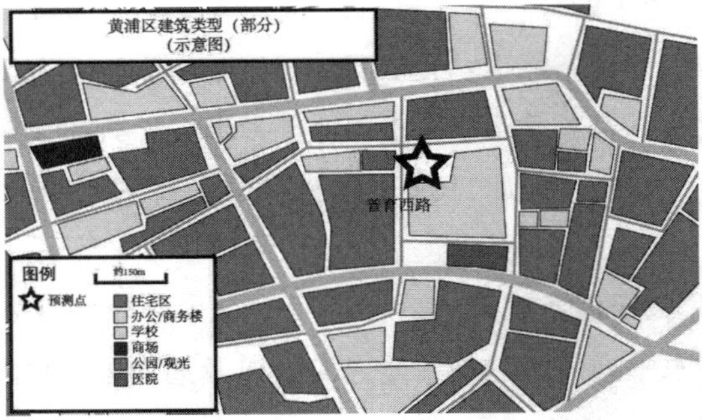

图 10 预测点 1 普育西路

坐落于普育西路东侧的预测点处在上海公益新天地园的北侧，其北侧是普育小区—今日世家—上海精装温馨公寓的住户群，西侧是天柱山路—海洲国际华园的住户群，东侧沿着市八中学以南至仁宝公寓都是密集的住房区域。普育西路点在其中被呈“门”字形的住户群包围，拥有可观的人流量。而以该点中心 3 千米为半径的范围内只有少数几家便利店以及一家联华超市，并不能完全满足居民需求。普育西路以南、以北分别是国货路和陆家浜路的主干道，在满足线下消费需求的前提下，线上的物流能力也是值得期待的。

（二）新闻路点

图 11　预测点 2 新闻路

该点位于长新大楼南面雅州商务中心的东侧，与普育西路点有所不同的是，该点辐射范围内的住户群相对稀疏，但是范围更大也更均衡。其处于该三角形住户群相对中间的位置，建成后对周边的居民吸引力更强。同样地，以该点为中心 3 千米的区域内也少有购物中心以及大型超市。新闻路东西延伸的特点，也能为居民饭后散步提供处所，这对于一家面向居民生活的新式超市来说，是非常有利的。

（三）中华路、迎勋路交接点

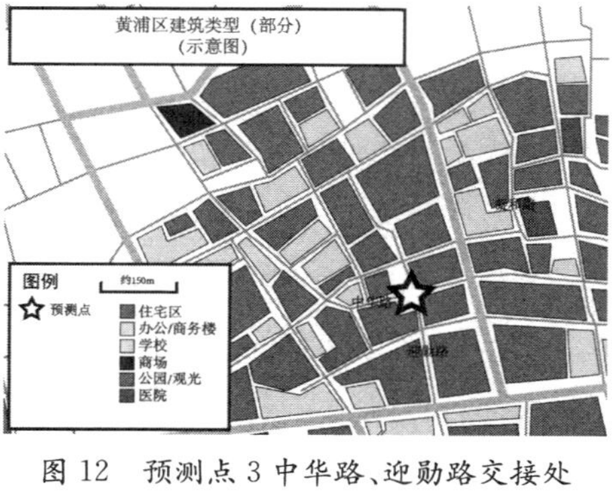

图 12　预测点 3 中华路、迎勋路交接处

该点的优势是明晰的：相当高的住户群密度，居于其中能充分发挥其便利店的辐射作用，以及迎勋路与中华路十字交接使得其交通十分便利。此外，不单单是居民楼，新世纪大厦、新亚大厦等人流量聚集场所也为该点提供了很大的消费群体。虽然两条街附近已有一家“永辉超市”，但是其东部以及北部的住户群依旧会有大量的线下消费需求，便于“盒马鲜生”或是“每日优鲜”等具有更大品牌效益的“新零售”超市开设投资。

参考文献

[1] 邢惠淳：《“新零售”背景下生鲜电商商业模式比较分析——以盒马鲜生和每日优鲜为例》，《商业经济研究》，2019 年第 4 期。

[2] 荆兵、李梦军：《盒马鲜生：阿里新零售业态》，《清华管理评论》，2018 年第 3 期。

[3] 钟旺：《盒马鲜生：探索未来新零售模式》，《北方经贸》，2018 年第 7 期。

[4] 邱小平：《盒马鲜生商业经营业态模式的分析——以广州市天河北盒马鲜生曜一城店为例》，《现代商业》，2018 年第 30 期。

探究感想

通过以上的种种理论推导以及实例分析，我们筛选得到了最终影响一个“新零售”超市选址的主要因素是“住户群”以及住户群和各种人流聚集场所带来的“人流量”。由此，我们预测了普育西路、新闸路、中华路与迎勋路交接处的三个猜测点来作为我们的实验结果。

我们的初衷很简单，想找一个切入点，去更好地了解我们生活了十余年的城市。各种契机之下，我们选择了“新零售”超市的发展趋势。超市的消费是民生最直观的、最有温度的人文反馈。同时，这一新兴的、线上线下结合的趋势，也是我们当下消费习惯的反馈。通过这一系列的探究，可以说我们的最初目的已经达到了。

诚然，仍然有大量的不确定因素以及不可控因素在不断变化着，而以上的预测与分析只是作为一个分析模型，得到的极为初步的调查结果，仍需我们继续发现问题以及探究出新的、更全面的研究方法来予以补足。但说到底，“以人为本”“合乎民生”是我们建设宜居城市的目标，研究与促进“新零售”超市发展的初衷。我们希望城市的生活更加便利与美好，因此不会停下研究的步伐，将一如既往，不断改进。

课题组成员：上海外国语大学附属大境中学

王哲韩　黄　喆　程力航　张唯杰　倪　成

指导老师：朱胜捷

从每日坚果市场及其发展前景看大众食品观念的改变

探究缘起

通过参观上海益民食品厂历史展示馆，我了解了我国现代食品工业的发展轨迹，受益匪浅。我国消费者的饮食结构和健康食品观念在不断变化与进步。六年前，“每日坚果”这个名词一经推出便迅速风靡全网，在“双十一”的销售额甚至超过了30亿元，一夜之间成为“小资”与健康的代名词，其发展之快引起了我的好奇。同时，中国知网上目前并没有专门针对每日坚果的调查研究，可见其研究领域的空白，我也希望我的论文能为市场提供数据参考和简单分析。因此本文从每日坚果的市场调查入手，以探究大众食品观念的转变，分析每日坚果未来前景和战略转变方案。

一、引　言

中国传统对坚果的认识是从花生、瓜子开始，随着人们生活水平的提高，坚果的品种增加到开心果、核桃、榛子等，目前坚果市场表现出盘子大、增速快、开发空间广、天生具有休闲零食属性等特征。根据中国食品工业协会的统计，2017年我国的坚果炒货行业的年产值达到1214亿元。随着生活水平的不断提高，对吃的要求也由最初的“吃饱”演变为“吃好”，但面对琳琅满目的食品，怎么吃才能在满足味蕾的情况下又能吃出健康呢？就在这几年，一个叫“每日坚果”的产品出现在大众视野，忽然间从网络商铺蔓延到各个实体店，不少知名坚果品牌都投入巨大的广告费用来宣传每日坚果，消费者也以自己拥有每日坚果来显示自己的时尚和品位。由此产生了很多新的品牌，比如每日坚果的第一品牌——沃隆，公司 2012 年才成立，公司开发了每日坚果后，经过三年的低调培养，在 2016 年出现了销售旺季，销售额大约 6 亿元。每日坚果的出现，使消费者从购买带壳坚果转变成坚果仁，从批发市场大批量购买转变到网上购买每日坚果。

什么原因能够让每日坚果颠覆传统的销售模式，蓬勃发展，让消费者从批发市场走到网上超市购物，从购买带壳坚果转变成购买坚果仁？每日坚果仅仅只是暂时的消费时尚，还是具有可持续性的商机？随着每日坚果市场的饱和，在未来几年，每日坚果会消失还是发展？如果会发展，会遇到什么样的挑战，又该如何去调整战略？以上几个问题成为我的研究对象。

二、消费每日坚果的原因和基础

每日坚果之所以能迅速增长成为网红产品，随即蔓延到各大实体店，主要原因是其符合了现代人追求精致生活、崇尚健康均衡品质的理念，同时果仁果干的搭配均符合人体每日营养所需，具体的原因可以归结为以下几点：

（一）消费者追求健康的需求

《2018 中国坚果消费趋势白皮书》指出，中国国民生活水平的提高带来人均可支配收入不断增长，消费者们更注重健康，愿意为更好的服务和体验买单。在综合分析了全球 29 项已发表的研究报告，涉及的研究对象多达 81.9 万人，产品涵盖了榛子、核桃和花生等多种坚果后，英国帝国理工学院和挪威科技大学等机构的研究人员在英国《BMC 医学》上报告说，核桃中富含亚麻酸，可以起到抗氧化的作用，对防癌尤其有帮助；花生的“强项”是降低血脂，预防中风，糖尿病；杏仁，有降低低密度脂蛋白（坏胆固醇）的作用；开心果中的维生素 E 可以保护肺部，降低患肺癌的风险。报告作者之一、帝国理工学院研究人员达芬·奥内说，坚果能带来健康益处，与它们含有很高的纤维素、镁和多元不饱和脂肪有关，这些成分都有助于降低胆固醇水平以及患心血管疾病的风险，因此平均每天吃 28 克坚果就能够将患呼吸系统疾病的概率降低 50%，患糖尿病的风险减少 40%，患冠心病的风险降低 1/3，患癌风险减少 15%。INC（世界干果坚果协会）科学委员会也发表了类似的文章。西班牙巴塞罗那大学一项最新研究表明，坚果中含有不饱和脂肪酸、膳食纤维、维生素（叶酸、烟酸、维生素 E）和矿物质（钾、钙、镁）等丰富的营养成分，这足以说明坚果是健康产品。

每日坚果经过营养专家的科学搭配，既保证摄入量合理，又能让营养更加丰富均衡，这正好满足了消费者对健康与营养的诉求。

（二）商家注重品牌建设，加强网络推广与销售

每日坚果产品供应商以年轻白领为首要目标客户群，他们更愿意接受新事物。从经济的角度来说，网络销售比起实体店，成本相对会低，因此，大家都用一个比较可爱或有诱惑力的品牌，打造出富有个性并能吸引眼球的包装，加强网络推广，逐步占领消费者的心，调动消费者对品牌的好感，借助互联网红利，在网上成千上万种产品的竞争中脱颖而出。但如何让产品从短暂的流行发展为持续的消费习惯，除了保持产品品质稳定外，还需要注重自己的品牌建设，如“三只松鼠”“沃隆”等，都在自己的品牌上下足功夫。

（三）消费场景带动观念升级，多元化和精致化成为消费者的需要

“90后”现在已经成长为休闲食品的主要消费群体，更重要的是他们热衷于接受新事物，一边追求健康，一边追求个性化。因此坚果销售商大力吸引这一消费群体，不仅大力宣传每日坚果产品的优势，提升消费者认知，同时对坚果产品的分类越来越细化，推出更加完善且多元化的服务体验。各商家对越来越看重营养和天然的消费者，推出每日坚果坚持“零添加、轻烘烤”的健康理念；对时尚先锋消费者，打造出种种IP人物，比如“坚果先生”“三只松鼠”等，不仅从外观吸引消费者，更让坚果成为一种时尚，可以边吃边玩。这一系列创新及改进，引领坚果行业的产品升级、服务升级、销售渠道升级。

三、从商家角度看每日坚果

每日坚果品类的销售非常火爆，得到了众多消费者青睐，消费群体也在扩大。但同时品牌同质化问题也很严重，在相互模仿时，甚至出现恶性价格竞争，不惜低价购买便宜原料，导致市场上每日坚果的品质参差不齐。

坚果本身种类多样，每日坚果更是品种繁多，这么多不同包装、品牌、价位的每日坚果，在不同档次的商家中的分布是否会有差别呢？经过我亲身在大型超市卖场、高端超市和便利店实地走访，并进行了长时间观察后，其结果如下：

（1）便利店

商品品种：主要为小包装单卖每日坚果。

主要品牌：洽洽、天喔、seeberger、阿甘。

价位：7～35元。

总体特征：主要为小包装；品牌较为固定；相对高档，数量多少视便利店规模而定，集中于同一区域；小包装价格较便宜，便于携带。

（2）大型超市卖场

商品品种：散称，罐装坚果，每日坚果小包装和礼盒装。

主要品牌：洽洽、森林大叔、姚太太、恒康。

价位：35～399 元。

总体特征：种类丰富；品牌众多；广告位较多，分布较分散；价格较亲民合理。

（3）中高端超市

商品品种：以高端礼盒和每日坚果礼盒为主，也有进口罐装高档坚果。

主要品牌：沃隆、如水、沃夫小子、蓝钻。

价位：100～500 元。

总体特征：售卖高档进口坚果和每日坚果礼盒居多；在进门口最显眼处设置摊位，搭配方式较为丰富，包装精美；价格不菲。

综上所述，随着商场超市的规模逐渐扩大，档次逐渐提升，每日坚果的品牌种类逐渐增多，包装更为精美，不乏有许多礼盒装，价位也随之上升不少，这与该商场超市所面对的消费者群体及其消费能力是密不可分的。

四、从消费者角度看每日坚果

目前，我国 60％左右的消费者都能够基本了解坚果的健康属性及营养价值。2017 年，每日坚果销售增速超过 229.7％，曾经的坚果品类除了批发市场销售的散装坚果，还有节庆礼品，但目前日常购买成为常态。我了解到的原因中，除了坚果香脆可口，是必要的零食之一，更重要的是它富含多种重要营养成分，成为大家心目中的健康养生佳品。

三只松鼠、百草味、沃隆、来伊份、良品铺子等坚果行业龙头品牌同时也洞察到消费者对每日坚果产品的个性分类要求，推出孕妇零食概念的产品，以及为健身消费者提供能量的特殊配比的每日坚果……这样能让各品牌在对坚果产品的营养价值深入研究的基础上，关注坚果的功效开发，针对细分人群推出满足相关诉求的产品，使不同坚果产品向极致化发展，并不断扩大影响，从而推动了坚果品类消费方式的升级。据研究，中产阶级和年轻有孩子的家庭成为坚果行业两大消费人群，特别是中产阶级，在坚果品类的花费比一般家庭高出 10.7%；年轻有小孩的家庭在坚果品类上的增速也高达 21.6%，是快消品消费增速的三倍。

（一）问卷调查

从收取的 226 份调查问卷来看，总结如下：

购买每日坚果的消费者中，53.98%为女性，年龄在 40 岁以上为主要人群，占 43.81%，主要是给自己或家中孩子购买；其后 30～40 岁占 27.43%，20～30 岁占 14.16%，10～20 岁的青少年占 14.6%。其中 45%为一线城市居民，家庭月收入在 1～3 万元的家庭占比最高，达到 50.44%，收入在 1 万元以下的只占到 21.24%。可以看出，中高收入人群尤其喜欢购买坚果。

参与调查人群中，喜欢吃坚果的人占 39.38%，非常喜欢的占 28.32%，一般的占 30.97%，不喜欢的只有 1.33%，大部分人还是喜欢吃坚果的，因此坚果市场拥有可观的消费群体。

在众多坚果中，喜欢开心果的占比最高，达到 51.77%，其次是核桃、腰果、杏仁。在这些消费者中，吃过每日坚果的人占 55.75%，经常吃的占 25.22%，这也可以证明大家对每日坚果的热爱。大家最喜欢的每日坚果品牌是三只松鼠和沃隆，分别占 29.2%和 24.78%，其次是来伊份、中粮、百草味、洽洽等（见图 1）。

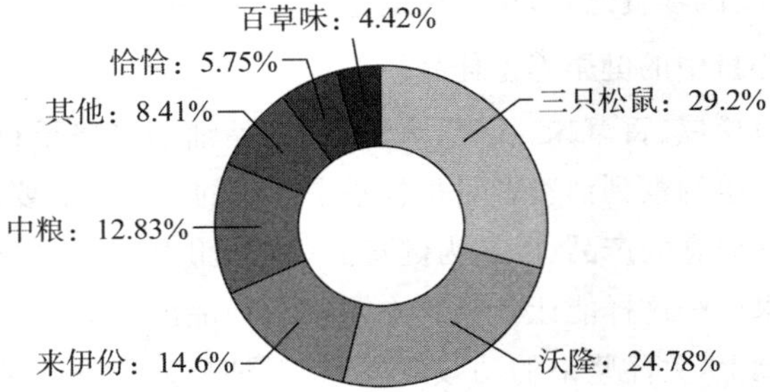

图 1　消费者喜欢的每日坚果品牌

从购买渠道上来看，主要是线上购买，占 58.41%，卖场超市占 42.04%，便利店和批发市场占比非常少（见图 2），这也可以看出十年前中国消费者购买坚果的主要渠道以批发市场为主，但现在因为电商平台的快速发展，消费渠道已经发生了很大转变，走向了线上和超市购买的方向。

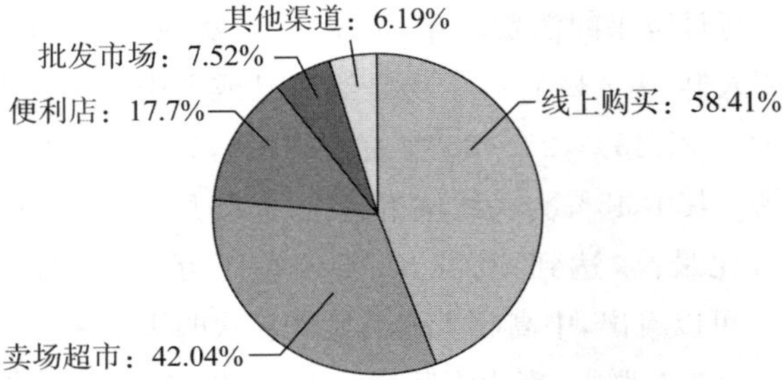

图 2　消费者购买坚果的渠道

另外还有一个很大的转变是，中国消费者从 99%选择吃带壳坚果转变成现在的 49.56%选择带壳坚果和 32.3%选择去壳坚果，相信以后选择去壳坚果的比例还会增加。另外，大家还从喜欢吃有调味料的坚果，逐渐转变成喜欢纯天然的坚果，这也足以说明消费者对健康的追求。

从购买原因来看，认为每日坚果健康有营养的超过半数，高居第一；认为每日坚果一袋可以吃到很多坚果的占43.81％，比较省事；认为方便，随时可以补充能量的占到32.74％，这也符合每日坚果的产品设计初衷。而选择包装好看的只占到2.21％，这是中国消费者的一个很大转变，从之前的购买包装到现在更注重产品品质，可以说是坚果界追求品质的企业的福音。

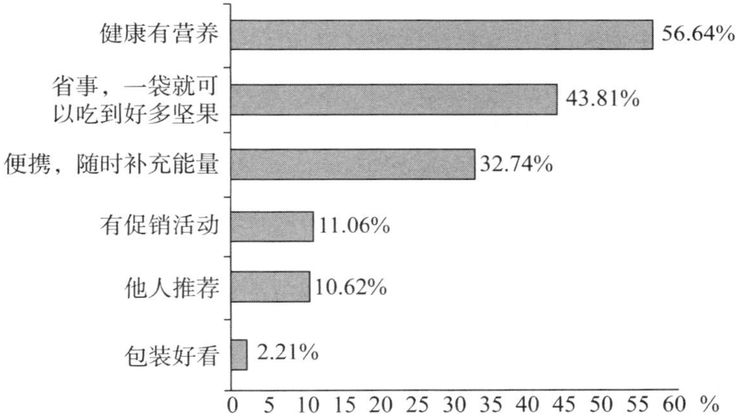

图3　消费者购买每日坚果的原因

另外，大家对每日坚果的消费占家庭收入的比重不足1％的占73.45％，1％～5％的占23.89％，说明大家只是刚刚开始购买每日坚果，还有很大的上升空间。

对于每日坚果的营养价值只是粗略了解，并不是很清楚的占61.5％，比较了解的占23.89％，十分了解的只占3.54％，在此问卷答题人中，还有一部分为坚果行业人士。所以说，在推广每日坚果的同时，应该加大对坚果益处的宣传，让消费者更加了解坚果的健康作用。

关于每日坚果存在的不足，46.46％的人认为价格太高，27.88％的人认为品质参差不齐，26.99％的人认为分量太少，这都要求每日坚果企业加大力度进行产业提升，寻找更好的原材料，提高性价比。

在最后一道开放题“对每日坚果提出希望与建议”的回答中，通过词频分析可以看出，参与者提到最多的是品种与价格，其次是健康与搭配，再次是质量与品质，主要集中在品种、价格与健康三方面。可见，消费者在挑选商品时，价格不再是唯一的考量标准，食品是否健康，品质是否过关也成了很重要的选购原因。

综上所述，每日坚果的消费者群体主要集中在中高收入人群，渠道主要为线上购买，消费者对坚果营养价值了解较粗浅，应加强宣传教育，同时除了价格之外，消费者对每日坚果的品质和营养健康方面有了更高的要求。

（二）消费者对每日坚果消费观念的转变

根据英敏特 2016 年调查，新生代消费群体对品质生活的追求是坚果行业发展迅猛的关键，并呈现以下三个趋势：

有壳变无壳，令坚果更适合社交场合。中国人的第一坚果为葵花籽，大家边看电视边吃瓜子在 20 年前似乎是最好的休闲模式，因此带壳吃已经成为一种习惯。但随着生活节奏的加快，尤其是年轻人，“一直在路上”的生活状态越来越普遍，即使有时间，也手机不离手，因此没有时间去剥壳，所以，无壳坚果更适合办公室和社交场合食用，因此消费者倾向于选择每日坚果。

单品变复合，将坚果组合销售创造了每日坚果。因为带壳的问题，以前的坚果都是一种单品消费，如果每种坚果都买，不仅花费比较高，而且坚果吃多会比较腻，坚果时间长了也容易酸败氧化。因此嗅觉敏锐的供应商将各种坚果进行组合销售，创造新产品，带来口感、口味的全新体验，除了推出每日坚果外，还推出“枣夹核桃”“海苔夹扁桃仁”等产品，在搭配健康的同时，又使口感得到升华。

粗加工变深加工，形成产品创意，与品牌形成协同效应。以前坚果主要在批发市场进行销售，以简单的农副产品业态形式销售，但随着消费升级，消费者更多从网上及卖场超市购买，从而使坚果产品通过精、深加工，生产出各种口味，加上各种精美包装，真正形成产品创意，并与品牌形成协同效果。

五、每日坚果存在的问题与发展建议

（一）存在的问题

同质化问题。一个产品出现半年，就会有人模仿，每日坚果的品牌从5年前的不到10个，到现在已经可以在市场上见到50个以上品牌。

品质各不相同带来食品安全问题。因为中国企业大小规模、经营者理念等各不相同，加之坚果对温度、储存、运输要求比较高，造成有些品牌的坚果品质相对较差，损害行业形象。

线上线下融合仍是痛点。线上线下的消费体验要区分开来，线上的消费体验重点在于便捷、产品颜值高、色彩包装漂亮，而线下的体验除了产品本身以外，精神层面的体验也非常重要，比如购买环境、服务质量等。

价格相对比较高。目前每日坚果25克的重量，5～7元一包的价格相对还是比较高的，调查问卷中也显示有些消费者就是因为价格而放弃购买。

（二）发展建议

随着消费者生活质量的提高，对食品结构的要求也从温饱型逐渐向风味型、营养型、风味型方向转化，“营养健康”是行业发展的主流方向；与此同时，随着新生代消费群体的崛起，坚果行业正面临着新消费、新零售、新制造和新场景等机遇，精选、高品质坚果产品的增幅超过20%；消费者对营养的需求变得十分明显，把每日坚果变成周期性消费，每天一把坚果成为购买动机，这种周期性消费是消费者的健康需求正在崛起的表现，也给坚果行业带来巨大的商机。

但与此同时，未来坚果的深加工制品、衍生品会越来越多，在同质化严重的今天，每日坚果的已经遭遇发展瓶颈，线上销售也开始回落。在此背景下，每日坚果已经步入竞争下半场，接下来的核心竞争点在哪里呢，企业又该怎么去做呢？

1. 产品质量是每日坚果立足市场的基础

目前中国坚果籽类产业联盟已经成立了瓜子、花生、碧根果、杏仁、松子、巴旦木、核桃、夏威夷果等八大联盟。一头是原料，一头是终端市场，要冲破人为的产业链分割，真正实现全产业链供应，来保证产品的追溯性及源头性。要保证食品安全，企业需着力在供应链端发力，建立品质管理防火墙，确保从原料、生产、仓储、流通各个环节实现全供应链体系风控，通过对产品质量的严格把控以及市场精细化操作，生产过程可溯源，每一步都走扎实，给消费者提供更多样、更健康的选择。

新制造的核心是用户思维而不仅仅是成本思维，在把成本降低的同时，把产品做得更好。接着是做好产品深加工，探索新技术，使口味更丰富，比如慢火烘烤降低坚果热量的同时，最大程度保留产品本身的营养，未来单独包装、新鲜、主打专供孕妇与孩子概念、与运动绑定装成为每日坚果消费升级的四大趋势。

2. 美观实用的包装为每日坚果的发展锦上添花

大部分企业都注重包装设计的新颖及创新，但仅仅美观是不够的，还需要做更多实用而理性的工作，比如很多企业在包装上做健康声明，标明营养成分；也已经有很多企业意识到产地同样重要，产地不仅代表着原料质量，也是营养价值的一种保障。另外，为了保证坚果的香脆，很多生产厂研究出干湿分离“锁鲜装”，包装时是干果、坚果分离，但打开食用时，干果坚果又混合在一起，一方面可以保证坚果的酥脆，另一方面又保证了干果的多汁，这在国际上都属创新。

3. 消费渠道升级是每日坚果必要的发展

曾经的每日坚果是从网上开始兴起,进而呈现爆发式增长的。但目前各企业都意识到单一的销售渠道已经不能满足市场快速发展的需要。发迹于线上的三只松鼠已经建立了线下实体店,而以传统线下渠道为主的洽洽,也在积极拥抱线上新零售的方式。产品研发和设计、消费者市场洞察、产品传播方案的推广、新品首发等需要利用大数据来支持的一定在线上。

更重要的是,目前"人、货、场"三大要素之间的关系正在重构,18～35 岁,尤其是 23～28 岁的女性将成为坚果消费的核心人群,中产阶级将成为引导坚果消费升级的重要群体。因此,越来越多的商家把消费体验放在第一位,纯电商红利时代已经出现拐点,需要实现"线上＋线下＋物流"三方面的升级融合。

4. 倒逼产业升级,做好品牌建设

在竞争的作用下,企业除了进步没有其他选择。很多企业为了保证品质,从种植开始就提出更高要求,比如做绿色产品、有机产品;消费者对品质要求的提高倒逼商家给原料商定要求;原料商给农民做培训,推动行业标准不断提高。例如,三只松鼠提出客户在收到产品的时候,生产日期要在该月以内;洽洽坚持品质先行,不断加强科学研究,与相关技术部门合作,完善行业标准。深挖消费者诉求、聚焦产品细化、拓展渠道升级、强化品牌建设将成为坚果行业共识。

随着经济的发展和生活水平的提高,消费者对每日坚果的消费观念有了很大的转变,认识到坚果的健康价值,每日坚果已经成为日常消费品。虽然我国的坚果消费规模在不断扩大,但相比国外发达资本主义国家,人均消费量还不到 10％,因此还有极大的发展空间。

参考文献

[1]《坚果有益健康　每日一口坚果降低死亡率》,《食品工业》,2017年第1期。

[2] 王凯旋:《坚果类农产品“三只松鼠”品牌推广研究》,《安徽农学通报》,2019年第11期。

[3] 白卫东、刘薇、郭俊成、贾岐乾、王小东、李震:《坚果市场消费者消费行为调查研究》,《市场周刊》,2018年第12期。

[4] 中国坚果炒货协会:《2018年坚果炒货品类消费趋势白皮书》。

探究感想

随着坚果行业的不断进步、人民生活水平的提高和健康食品观念的进一步加强,每日坚果将会推出更多优质的产品,也一定会在我国经济发展和国民健康领域做出更大贡献。

我很感谢“进馆有益”微课题活动为我们提供了如此广阔的发展平台,让我们在参观场馆,了解过去铭记历史的同时,更切身体会当下、着眼于生活,发现当今时代日新月异的变化,并能深入思考其背后的原因。这次课题不仅丰富了我的高中生活,更锻炼了我的严谨客观的研究精神,并为未来的学习和工作积累经验。

此外,我还要感谢父母给予我的支持,陈天琦、张治中老师对我论文的悉心指导。当然,文中依然存在不少问题与漏洞,老师与专家的赞扬与意见都会是我宝贵的财富。

课题作者:上海市大同中学　高三(2)班

杨晨靖

指导老师:张治中　陈天琦

闵行各地区垃圾分类激励措施及改良方案设计

探究缘起

上海市为了促进生活垃圾分类减量工作，将垃圾分成四类：干垃圾、湿垃圾、可回收物和有害垃圾。为了推行垃圾分类，结合当地居民的具体情况，各地区采取不同的垃圾分类激励措施。但是我们发现，尽管垃圾分类激励措施在各地区都在积极实行，也取得了不错的效果，但是却缺乏一定的广泛性。

暑假期间，我们参加“进馆有益”微课题探究活动，有幸走进闵行区青少年实践教育基地，参观了场馆。在场馆老师的指导下，了解了闵行各地区垃圾分类激励措施的相关知识，并且学到了一些垃圾分类的政策法规。

随着垃圾分类在上海的实行，政府出台了相关政策，各区为了鼓励市民正确进行垃圾分类，提出了许多激励措施，倡导将垃圾分类变为一种新的生活方式。但也有许多居民不注重垃圾分类，仍旧不把垃圾分类当作自己作为上海市民应尽的责任。

本研究选取上海市闵行区的四个街道、九个镇作为研究对象，旨在通过对闵行各地区垃圾分类激励措施现状进行调查分析，从中发现垃圾分类激励措施中存在的一些问题，为闵行各地区垃圾分类激励措施提供科学合理的建议，同时也为垃圾分类激励措施的推广提供一些较完善、可长久实行的建议。

一、研究方法与数据处理

（一）研究设计与实施

1. 问卷法

本问卷的目的是了解闵行各地区居民对垃圾分类的意识及各地区垃圾分类激励措施的实行情况。问卷内容有客观题，以单选题为主，个别题目为多选题，以及一道开放题，适用范围明确，注重其效度和信度。问卷使用“问卷星”制作，以闵行区居民为调查对象，共收集问卷154份，均为有效问卷。

2. 访谈法

本次访谈针对居委、志愿者以及部分居民，目的是了解垃圾分类激励措施的实行情况、存在的问题以及他们对激励措施的看法。本次访谈对象为浦江镇及吴泾镇部分小区居民，访谈人数共6人，访谈内容均为有效内容。

3. 文献法

查阅有关上海市垃圾分类的政策和激励措施，并关注各微信公众号中所发布的有关垃圾分类的新政策和实行情况。

（二）数据处理方法

本次问卷调查是匿名的，不是对居民进行“好”与“坏”的评价，相对而言保证了本次调查的真实性。在数据处理时，利用问卷星的自动数据分析功能对每道题的数据进行汇总分析，并对闵行不同的地区与问卷调查内容进行了交叉分析，例如：垃圾分类激励措施在闵行各地区的执行情况，各居民对垃圾分类激励措施的看法及建议等。同时也将所有有效问卷的数据使用excel进行图表分析。最后结合访谈结果和文献，对闵行区各地区居民的垃圾分类情况及激励措施进行分析，并设计改良方案。

二、调查结果

（一）不同年龄段的居民对于垃圾分类的表现有所差异，差异较为明显

1. 居民对我市垃圾分类的相关方案和措施都较为了解

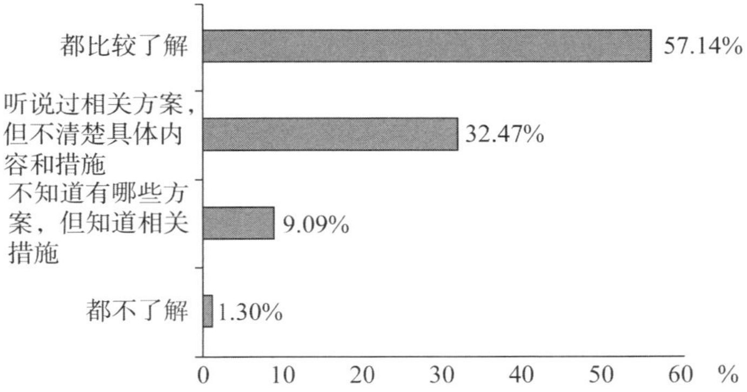

图1　居民对我市垃圾分类的相关方案和措施的了解程度

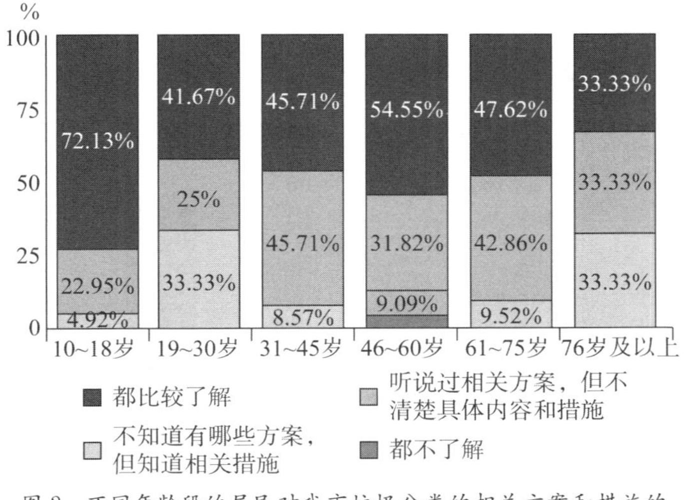

图2　不同年龄段的居民对我市垃圾分类的相关方案和措施的了解程度

由图1可看出，大多数居民对于我市垃圾分类的相关方案和措施比较了解，占57.14%；但是听说过相关方案，不清楚具体内容和措施的比例也较高，占32.47%。

由图2可看出10～18岁年龄段的居民总体对方案比较了解，占72.13%；31～45岁年龄段的居民不知道具体内容和措施的比例较高，与都比较了解的居民比例相当；33.33%的19～30岁居民知道措施，不知有哪些方案；33.33%的76岁及以上居民对于垃圾分类的相关方案与措施都不了解。

由以上数据得出，青少年有更多的机会了解垃圾分类的知识，对垃圾分类相关知识了解较充分；老年人获取垃圾分类宣传教育的途径少，三分之一的老年人不太了解相关方案和措施。大部分居民都了解相关方案和措施，说明闵行区垃圾分类宣传的普遍性，而大多数居民相对更了解相关方案，方案比措施的宣传力度更大，措施的实行力度还不够大。

2. 闵行区居民了解垃圾分类的主要途径是通过小区宣传，但是各个年龄段居民了解垃圾分类的渠道有所差异

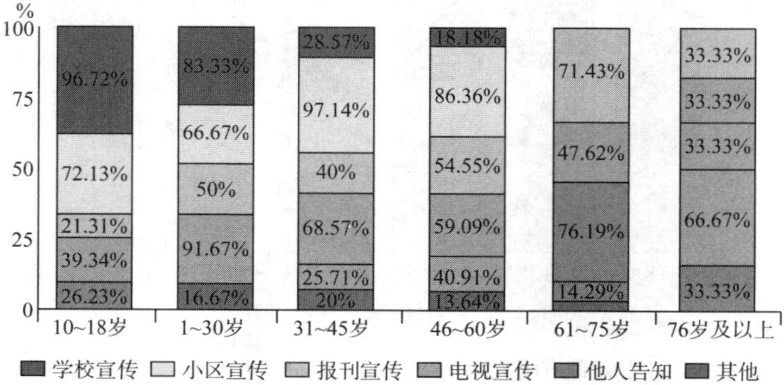

图3　不同年龄段居民了解垃圾分类的渠道

由图 3 可看出，每个年龄段的居民了解垃圾分类的渠道有所差异。其中 10～18 岁居民的主要渠道是学校宣传，19～30 岁以及 61～75 岁居民的主要渠道是电视宣传，31～45 岁和 46～60 岁居民的主要渠道是小区宣传，76 岁及以上的居民大部分通过他人告知的渠道来了解垃圾分类。

由此数据得出，居民们了解垃圾分类的主要渠道是小区宣传，然后是电视宣传和学校宣传，这与他们的年龄和社会角色有关。10～18 岁属于在校学生，学校的宣传对他们的影响最大；19～30 岁的人群大多是大学生和公司职员，网络电视是他们了解垃圾分类的主要途径；31～60 岁的人群，比较关注小区的日常动向，所以小区宣传对他们的影响最大；61～75 岁的人群，有很大一部分都是退休在家的老人，相对于其他年龄段的居民，有更多的时间和机会收看电视节目，从而获得垃圾分类等有关知识，76 岁及以上的人群多属于高龄的老人，主要通过他人告知的途径。

3. 有无垃圾分类行为和性别关系不大，男女都有垃圾分类行为

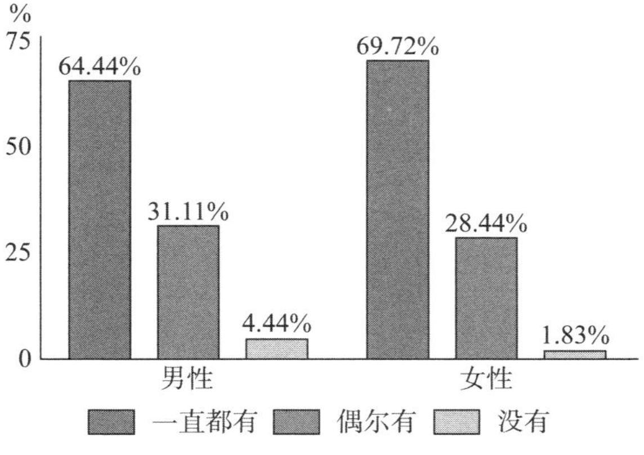

图 4　男性、女性垃圾分类行为情况

由图4可知，一直都有垃圾分类行为的男性有64.44%，女性有69.72%；偶尔有垃圾分类行为的男性有31.11%，女性有28.44%；没有垃圾分类行为的男性有4.44%，女性有1.83%。男性垃圾分类的行为频次与女性程度差不多，可见男性与女性垃圾分类的意识都很强，没有显著差异。

4. 60%以上居民有垃圾分类行为，76岁及以上的人群中有1/3的人几乎没有垃圾分类行为

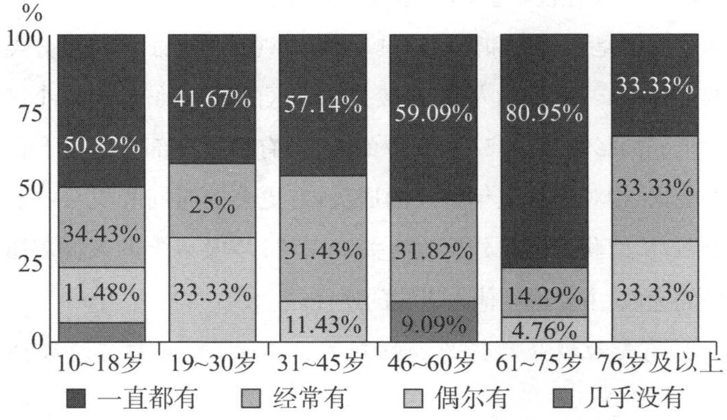

图5 不同年龄段垃圾分类行为的情况

由图5统计可知，不论哪个年龄段，有垃圾分类行为的居民都占大多数，其中61～75岁居民群体中一直都有垃圾分类行为比例最高，有80.95%；76岁及以上人群则最少，只有33.33%。另外在10～18岁、46～60岁和76岁及以上群体中，依旧有居民几乎没有垃圾分类行为。

根据数据得出，60%的居民形成垃圾分类的习惯，尤其是61～75岁的居民，他们大多都是已经退休的老人，是志愿者的主

力军，有足够的时间和精力来实施垃圾分类。另外，受到学校、网络、社区影响的 10～60 岁的群体，实践垃圾分类的比例也较高，而 76 岁及以上的人群，属于高龄老人，有 33.3%的群体没有垃圾分类行为。

根据以上的调查研究，我们得出：闵行区的居民对垃圾分类方案和措施较为了解，并且无论男女、年龄，绝大多数的居民都将垃圾分类付诸行动。

（二）闵行各地区垃圾分类激励政策现状

1. 大部分地区垃圾分类投放形式是以有固定投放点和固定时间为主

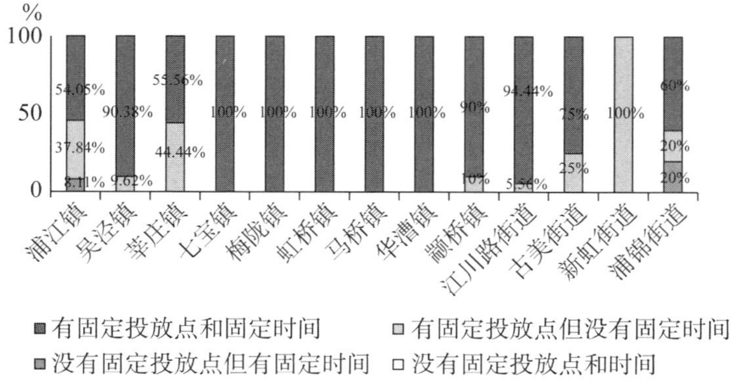

图 6　不同的垃圾分类投放形式

图 6 归纳了一些垃圾分类投放形式，其中七宝镇、梅陇镇、虹桥镇、马桥镇、华漕镇垃圾分类投放都有固定投放点和固定时间。浦江镇、莘庄镇、古美街道、江川路街道、颛桥镇和浦锦街道大部分都有固定投放点和固定时间。新虹街道的投放形式是有固定投放点但没有固定时间。浦江镇和浦锦街道有少数地区没有固

定投放点和固定时间。

根据数据分析，大部分地区的小区垃圾投放的形式是有固定投放点和固定时间，通过定时定点，规律了人们倒垃圾的时间和地点，有助于人们更好地养成垃圾分类的习惯，是目前较好的投放垃圾的方法。

2. 闵行区 90％以上的地区都有志愿者帮助进行垃圾分类投放

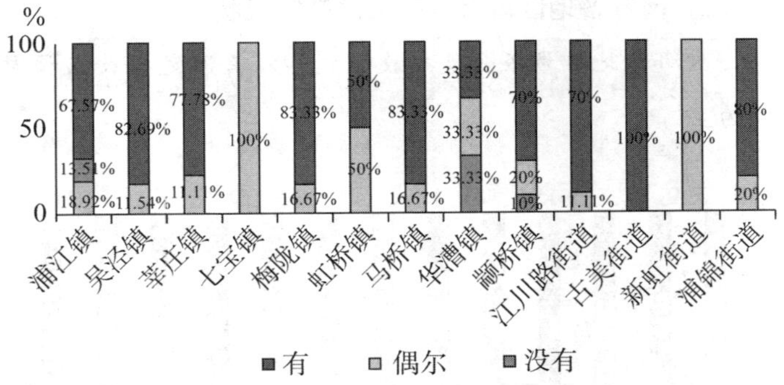

图 7　志愿者帮助进行垃圾分类投放的情况

图 7 统计可见，闵行区大部分地区都有志愿者帮助进行垃圾分类的投放(除新虹街道和七宝镇)，因新虹街道和七宝镇的问卷数据不够充分，我们通过询问当地居民了解到这两个地区也有志愿者来帮助垃圾分类。浦江镇等 9 个镇与街道中，有超过 65％的居民反映有志愿者帮助垃圾分类投放，虹桥镇和华漕镇则相对少一些。

由此数据得出，闵行区大部分地区都开始有志愿者帮助垃圾分类，古美街道志愿者实施情况最好，所有小区都有志愿者帮助垃圾分类；马桥镇和梅陇镇次之，大部分小区一直有志愿者，一小部分小区是偶尔有志愿者帮助进行垃圾分类。除了新虹街道、华漕镇和七宝镇外，其余闵行区街道和镇有志愿者帮助垃圾分类的小区数量都占该地区的50%以上。

3. 90%以上的闵行区城镇实施刷卡积分激励垃圾分类政策

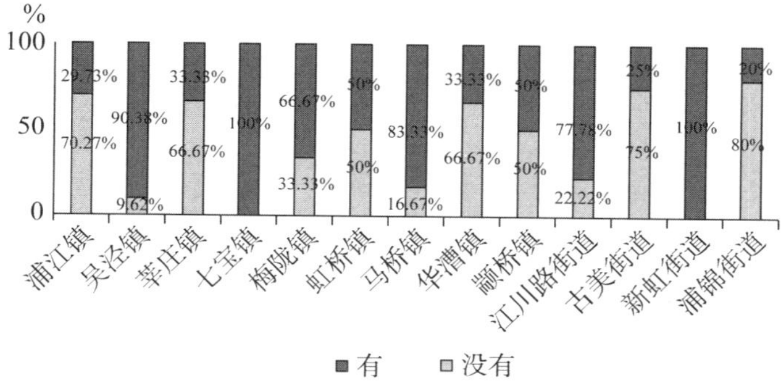

图8　闵行区不同城镇实施刷卡积分激励垃圾分类政策的情况

由图8统计可知，闵行区大部分地区都开始实施刷卡积分激励垃圾分类政策（除新虹街道和七宝镇外），其中吴泾镇、梅陇镇、马桥镇、江川路街道有50%以上的居民开始参与刷卡积分激励垃圾分类政策。

莘庄镇和华漕镇有超过20%的居民参与刷卡积分，七宝镇和新虹街道没有开始实施刷卡积分激励措施。七宝镇人较多，人口密度较大，难以管理。

4. 闵行区各地区居民认为垃圾分类的激励措施有助于市民垃圾分类

由图9可以看出，在浦江镇等7个地区有超过50%的人认为垃圾分类的激励措施对于市民垃圾分类很有帮助。莘庄镇、梅陇镇、虹桥镇以及古美街道，则有50%及以上的人认为激励措施对垃圾分类有一点帮助。

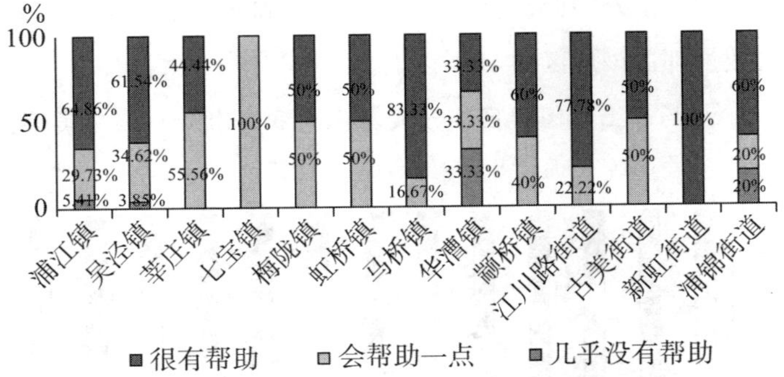

图 9　闵行区各地区居民对于垃圾分类的激励措施是否有助于市民垃圾分类的看法

由此数据得出，大部分居民都认为实行激励措施有助于垃圾分类，说明闵行区宣传教育到位，居民积极响应，尤其是浦江镇、吴泾镇、马桥镇、江川路街道。部分地区有些居民认为激励措施对垃圾分类帮助不大可能是因为当地的垃圾分类激励措施没有起到激励作用，不同年龄段对激励措施的需求不同。

我们随后通过问卷调查分析和访谈不同地区的志愿者和居委会，统计了闵行区的居民垃圾分类激励措施。闵行区各地区的垃圾分类激励措施有：刷卡积分换礼品，开展垃圾分类的小讲座、发放免费的垃圾桶、垃圾袋，还有不少的居委会开展了十分有趣的垃圾分类小游戏。这一系列的激励措施让保护环境，需要垃圾分类的观念深入居民的心中。

三、对闵行区各地区垃圾分类激励措施改良方案设计

7 月 24 日，上海发布垃圾分类实效排行榜，这是对各区的第一个垃圾分类实效排行榜。闵行区排名第九，在上海市属于中等偏下的水平，为了加强激励措施对垃圾分类实效的促进作用，我们结合居民的年龄特点和社会角色，从奖惩和宣传两方面提出改良方案。

(一) 奖惩方案

奖励政策是垃圾分类的主要促进方式,并且取得了一定效果。但是不同年龄的居民的生活习惯和兴趣差异很大,因此,我们针对这一特点,设计了刷卡及手机积分两种不同的积分工具,并设计不同的奖品,以促进垃圾分类行为(见表 1)。

表 1　针对不同年龄段可实施的奖品激励措施

针对人群	可实施的奖品激励措施
老年人	1. 通过刷卡积分兑换生活用品(如:鸡蛋、垃圾袋、盐汽水、围裙、雨衣、遮阳伞、油等)。 2. 通过刷卡积分换水电煤气费用抵扣券。
中/青年人	1. 通过积分兑换停车券、购物券等。 2. 可通过支付宝积分得到相应的福利。 3. 通过积分兑换流量。
青少年	通过手机上的积分换文创奖品(如:创意便笺、书签、书本、笔等)。

另外,对于所有人来说,可以设立智能回收柜帮助居民准确分类投放,在投放时也可以获得现金奖励。同时,社区可以发放不同类型的垃圾袋,节省居民们的开支;也可以设计新型的垃圾桶,鼓励垃圾分类行为。

图 10　垃圾分类智能回收站

相对于奖励措施来说，惩罚措施也是激励措施中必不可少的部分。因此我们根据不同年龄对应的社会角色及不同区域的特点，设计了不同的奖惩措施，以促进市民垃圾分类（见表2）。

表2　针对不同区域可实施的奖惩措施

针对区域	可实施的奖惩措施
小区	1. 扫码扔垃圾，若有错误或不分类，进行一定惩罚，如：分类出现三次及以下的错误，向该居民进行宣传教育；若故意或错误三次以上，则需担任志愿者一周，负责垃圾分类宣传及检查小区居民垃圾分类情况。 2. 将各家庭垃圾分类情况进行公示，将表现优秀的家庭评为垃圾分类文明家庭。
校园	1. 对于各班级，若不进行垃圾分类，取消本月获得流动红旗的资格；若垃圾分类错误，全班进行垃圾分类学习并为学校出一份垃圾分类板报宣传。 2. 个人没有垃圾分类，告知班主任并在班内进行批评。 3. 设立一个“垃圾分类管理员”的班级岗位，提高同学们垃圾分类意识和积极性，同时在学期末由年级组或学校评选出垃圾分类优秀同学，进行嘉奖。
公司	1. 对于垃圾分类不正确或没有进行垃圾分类的部门，年度考评降一级，同时影响个人年度考评。 2. 对于垃圾分类情况良好的部门，评为垃圾分类优秀部门，进行嘉奖。

（二）宣传上的激励

问卷中也有居民建议可以加大宣传力度，让更多的人能够了解到垃圾分类的重要性，根据不同年龄的兴趣和社会角色，增加宣传活动的趣味性，化被动接受为主动学习（见表3）。

表 3　针对不同年龄段可实施的宣传激励措施

针对人群	可实施的垃宣传激励措施
老年人	为老年人讲解垃圾分类的小知识,学习以后进行有奖问答(激励老年人参与学习垃圾分类知识)。
中/青年人	1. 加大网络上垃圾分类的宣传力度。 2. 可以通过手机、大屏幕等方式来进行宣传。
青少年	1. 学校可以开设垃圾分类的研究拓展课。 2. 开展垃圾分类竞赛。 3. 开发一些垃圾分类的小游戏供其学习垃圾分类的知识。

同时可以将垃圾分类宣传融入居民的生活,比如在垃圾房、家用垃圾桶上印刷垃圾分类小窍门;社区的屏幕上也可以投放一些垃圾分类做得比较好的楼道,以此来激励居民们垃圾分类。

四、结　　论

针对闵行各地区垃圾分类激励措施调查问卷情况,我们经过一个多月的调查、数据汇总、分析、研究,得出以下结论:

闵行区 90%以上的地区已经实施垃圾分类激励措施,但垃圾分类实效在各个区中处于中等水平。不同年龄段人群对于垃圾分类在意识、行为、了解程度和渠道方面有明显差异。闵行区大部分地区已开始实施志愿者协助分类、刷卡积分等不同的垃圾分类激励措施。另外,部分小区只分干湿两类垃圾,可回收物和有害垃圾没有专门设立投放点,垃圾设施分类过于简单。垃圾分类制度不健全,大大降低了市民对垃圾分类的积极性。

对此,我们提出面向不同人群的激励措施的改良方案,在奖品方面建议针对不同人群生活上的需求设置,吸引更多的人参与垃圾分类;在宣传方面通过社区、网络、学校等平台来推广垃圾分类的知识,提高居民垃圾分类的意识,认识到垃圾分类是每一位居民的责任。

我们建议政府加大宣传力度，从根本上改变居民的观念，提高居民的素养，意识到垃圾分类的重要性，让每个人明白自己作为市民应尽的责任和义务。完善垃圾分类制度，加大执法力度，加强监督管理，使之系统化实施。

垃圾分类可以使城市可持续性发展。希望通过完善垃圾分类的激励措施，我们能更好地改善周围的环境，垃圾分类从每一个人做起。

参考文献

[1] 上海市第十五届人民代表大会：《上海市生活垃圾管理条例》，2019年7月1日。

[2] 上海发布：《沪首张生活垃圾分类实效“成绩单”是这样诞生的》，2019年7月24日。

[3] 黄文芳、李明冉、王辉：《国外生活垃圾分类减量经济激励措施及其对我国的借鉴》，《环境卫生工程》，2012年第5期。

探究感想

此次的微课题研究，从最开始的进馆到报告的撰写都带给了我们颇多的收获。在一开始的准备阶段，我们在老师的帮助下确定好研究的主题框架，通过不同的途径收集信息、查询资料。为了使本次的研究更加具有可信性，准确性更高，我们使用了各种各样的调查方法，最终才有所突破。这一过程中，我们学习到了很多。我们学习到的并不只是知识，更多的是锻炼了自己的语言能力、写作能力、分析能力，同时还增强了我们团队的合作能力。在本次课题研究过程中，我们小组的所有成员都互帮互助，在完成自己本职工作的同时也会主动帮助其他成员。虽然课题研究的过程十分曲折，但有了队员的陪伴和帮助，挫折都迎刃而解。我们在此之前从未接触过微课题的研究，这一个故事的开端是一张白纸，过程是我们在上面密密麻麻地写满属于我们的笔记，结局仍等待着我们去探索，去挖掘，直到我们自己为它画上一个圆满的句号。

课题作者：上海中医药大学附属浦江高级中学
陈馨洁　李若澜　凌依婷
指导老师：王　璟　（闵行区青少年实践教育基地）
冯　丹　（上海中医药大学附属浦江高级中学）

课题组参观闵行区青少年实践教育基地留影

科技之光

新型纺织材料成膜配比初探

探究缘起

暑假期间我们参观了上海纺织博物馆，了解到中国纺织的发展历程、上海在中国近代纺织领域举足轻重的地位、不同民族的服饰文化及现代广泛运用的各种纺织材料。其中纺织材料板块中，各种现今通用的纺织材料成品与其相应化学结构的展示强烈地吸引了我们。

通过学习，我们知道了竹在我国历史文化中占有无可取代的地位，蚕丝的利用更是历史悠久，我国是世界上最早利用蚕丝织物的国家。

丝素蛋白是从蚕丝中提取的天然高分子纤维蛋白。丝素本身具有良好的机械性能和理化性质，但丝素膜脆性是其最大缺点。不少研究通过共混、接枝、交联等方法改良丝素膜的力学性能。

竹纤维是从自然生长的竹子中提取出的纤维素纤维。竹纤维具有良好的透气性、吸水性、较强的耐磨性和良好的染色性等特性，但纤维产品有一个普遍的缺点——柔韧性较差。

我们希望对竹纤维和蚕丝用有机材料进行改性，使这两个材料与有机材料复合后得到具有较好理化性质及环保绿色的新材料。

一、不同配比膜样本制备

（一）实验规划

杜兆芳等已经用氧化竹浆纤维对丝素蛋白改性。通过查阅资料，我们知道了魔芋葡甘聚糖溶液在较高浓度下很黏稠，可能有助于提高膜的抗拉强度，甘油有助于提高所成膜的柔软性。所以，我们设想再在其中加入魔芋葡甘聚糖水溶液以提高所制膜的柔韧程度，同时滴加少量甘油以提高柔软程度，并对膜进行碱处理以观察其性能变化。

表 1　不同编号的样品添加物配比及甘油、碱处理情况

样品编号	纤维素混合液添加量（体积比）	丝素混合液添加量（体积比）	魔芋葡甘聚糖溶液添加量（体积比）	甘油添加量（滴）	是否碱处理（×：未经过碱处理 √：经过碱处理）
11	50%	25%	25%	2	×
12	50%	25%	25%	2	√
21	25%	50%	25%	2	×
22	25%	50%	25%	2	√
31	25%	25%	50%	2	×
32	25%	25%	50%	2	√
41	0%	50%	50%	2	×
42	0%	50%	50%	2	√
51	50%	0%	50%	2	×
52	50%	0%	50%	2	√
61	50%	50%	0%	2	×
62	50%	50%	0%	2	√

注：甘油添加不纳入体积比计算，固定 2 滴；碱处理方法：滴

加质量分数约为10%的NaOH溶液5滴，NaOH溶液添加不纳入体积比计算。

（二）实验步骤

1. 制备

纤维素混合液A、丝素混合液B的制备：依照杜兆芳等人的制作方法制备。

魔芋葡甘聚糖溶液C的制备：取一定量魔芋葡甘聚糖粉溶于纯净水中，用玻璃棒搅拌均匀，直到溶液变得较为黏稠为止。

碱处理所用NaOH溶液的制备：称量16 g NaOH，加入150 ml纯净水中并搅拌均匀，制得质量分数约为10%的NaOH溶液。

准备12个一次性PE杯并贴上样品编号，在室温下按表1进行各个样品的制备，添加顺序：先滴加纤维素混合液A，再滴加丝素混合液B，然后滴加魔芋葡甘聚糖溶液C，最后对需进行碱处理的样品滴加质量分数约为10%的NaOH溶液。

对12个样品混合液分别都在室温下用磁力搅拌器搅拌10分钟后，于阴凉通风处干燥成膜，待干燥后逐一揭膜为后续物理实验测试。

（三）所制备的丝素、纤维素混合液及不同配比样品成膜情况

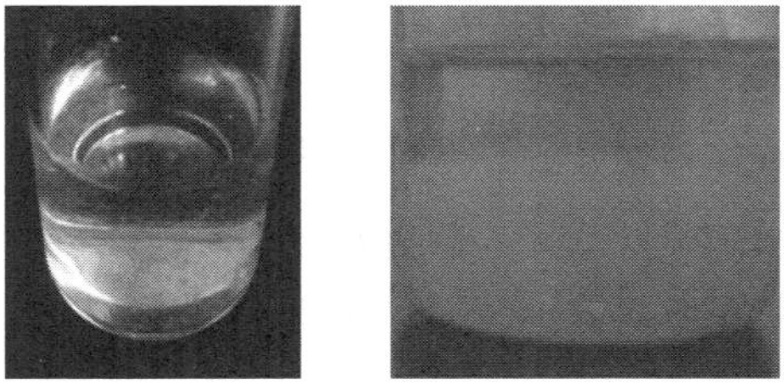

图1 （左：丝素混合液，右：竹纤维素混合液）

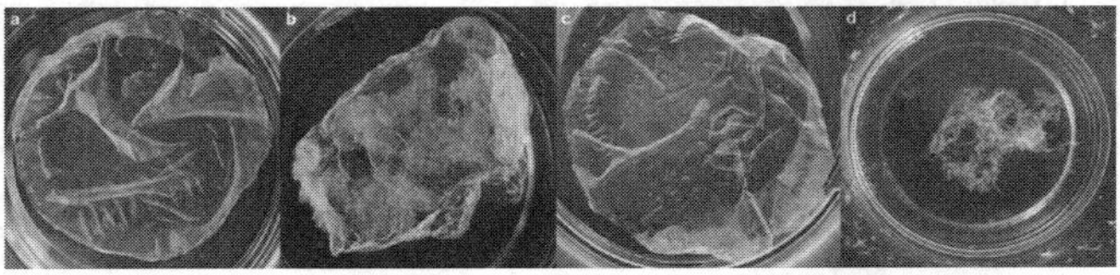

图 2 (a:11,b:12,c:21,d:22)

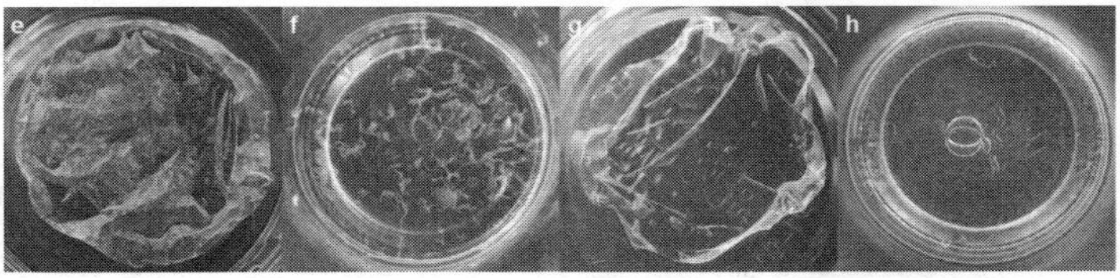

图 3 (e:31,f:32,g:41,h:42)

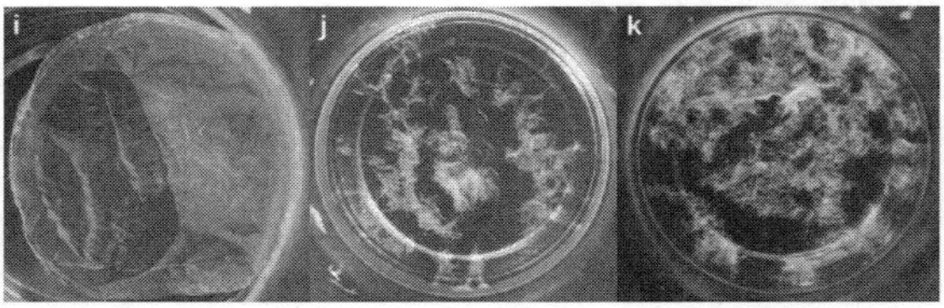

图 4 (i:51,j:52,k:61)

(四) 结果讨论:(如图 1 至图 4)

除 61 号样品以外,其余样品皆能较好成膜。

因 61 号样品未能成膜,无法进行膜的碱处理,所以对 61 号样品未进行滴加质量分数约为 10%的 NaOH 处理实验。

碱处理后的膜经过磁力搅拌后,纤维素及丝素出现部分絮凝。但依旧可正常成膜,絮凝部分较厚且呈现白色,非絮凝部分较薄且无色透明。

二、样品膜的抗拉强度及吸水性测试

在揭膜时，我们发现经过碱处理后的膜并不均匀，纤维素出现部分絮凝，膜的絮凝部分抗拉强度较好，但膜的非絮凝部分抗拉强度较差（揭膜时会出现断裂情况），所以对碱处理后的膜未进行抗拉强度测试。

（一）抗拉强度测试

1. 实验方法

为了方便控制变量，我们计划对膜采用梯度拉力直到膜断裂为止，以每个膜的维持时间长短评判其抗拉强度。

梯度拉力计算公式：

$$F=[Int(t/30)+1]*0.2$$

注：时间：t(s)，拉力：F(N)，int(a)函数表示不超过 a 的最大整数。

公式解释：t/30 用来分割时间，以 30 秒为一个单位，如：0～30 s、30～60 s，以此类推。计划梯度拉力从第一个单位为 0.2 N 开始并每过一个单位递增 0.2N。故在原有 Int(t/30)函数的基础上加 1 并总体乘以 0.2。

2. 实验步骤

分别用两个夹子夹住所制膜的两端，夹子之间为 1 cm 宽度的膜。其中一个夹子连接弹簧测力计。未连接弹簧测力计的夹子固定，并按照前述实验方法中的梯度拉力法进行样品膜的抗拉强度测试。

（二）吸水性测试

1. 实验方法

纺织材料大部分作为人们的服装材料，所以吸水性测试中使用 NaCl 浓度为 300 mg/100 ml 的接近人体汗液的 NaCl 溶液作为吸水性实验的测试液体。

为表征不同样品膜的吸水性强弱，引入吸水率。

吸水率计算公式，吸水率：x，质量：m(g)：

$x = m_{所吸\ NaCl\ 液体}/m_{膜原来质量} = (m_{膜吸收NaCl溶液后} - m_{膜原来质量})/m_{膜原来质量} = m_{膜吸收NaCl溶液后}/m_{膜原来质量} - 1$

为表征碱处理对同一配比样品膜吸水能力的影响，引入比较倍数。

比较倍数计算公式，比较倍数：y，吸水率：x（条件：对同一配比样品膜）：

$$y = x_{经碱处理}/x_{未经碱处理}$$

公式解释：用加碱膜的吸水率除以不加碱膜的吸水率的商来表示碱处理对膜的影响。商值越小，碱处理对膜的吸水性影响越大。

2. 实验步骤

先称量出各个样品膜干燥情况下的质量并记录，然后将膜逐一轻轻浸入浓度为 300 mg/100 ml 的 NaCl 溶液中，浸没时间为 15 s，将膜取出，并用纸巾轻柔擦去其上的水，称量质量并记录。

（三）实验结果及讨论

表 2　抗拉及吸水性测试结果（抗拉强度实验维持时间 s：秒）

样品编号	抗拉强度实验膜断裂前维持时间	吸水性实验			
		原 m(g)	吸水后 m(g)	x(%)	y(%)
11	112 s	0.090	0.357	296.67	41.02
12	/	0.143	0.317	121.68	

（续表）

样品编号	抗拉强度实验膜断裂前维持时间	吸水性实验			
		原 m(g)	吸水后 m(g)	x(%)	y(%)
21	58 s	0.079	0.255	222.79	80.04
22	/	0.143	0.398	178.32	
31	104 s	0.107	0.575	437.38	70.26
32	/	0.137	0.558	307.30	
41	60 s	0.073	0.404	453.42	37.90
42	/	0.135	0.367	171.85	
51	180 s	0.137	0.607	343.07	51.78
52	/	0.170	0.472	177.65	
61	/	/	/	/	
62	/	/	/	/	

为了更方便地选择更优越的膜并进行比较和趋势描述，引入分数制。分数制算法：以表 2 所测得的抗拉强度实验膜断裂前维持时间及吸水性实验吸水率数值为基础，1 为最低分，数值越低，分数越低。设置排名，每名递增 1 分，分数越高说明所测相关性能越好。

表 3　丝素、纤维素、魔芋葡甘聚糖不同配比情况下所测的抗拉强度比较

不同配比样本	51	11	31	41	21
抗拉强度分数	5	4	3	2	1

表 4　丝素、纤维素、魔芋葡甘聚糖不同配比情况下所测的吸水性比较

不同配比样本	41	31	51	32	11	21	22	52	42	12
吸水性分数	10	9	8	7	6	5	4	3	2	1

表 5 丝素、纤维素、魔芋葡甘聚糖不同配比情况下未经过碱处理所测的吸水性比较

未经过碱处理的膜	41	31	51	11	21
吸水性分数	5	4	3	2	1

表 6 丝素、纤维素、魔芋葡甘聚糖不同配比情况下经过碱处理所测的吸水性比较

经过碱处理的膜	32	22	52	42	12
吸水性分数	5	4	3	2	1

新材料总分数＝同一配比样品膜的抗拉强度分数＋同一配比样品膜的吸水性分数(即表 3 及表 5 中同一配比样品分数相加)。

表 7 丝素、纤维素、魔芋葡甘聚糖不同配比情况下未经过碱处理膜的总分比较

未经过碱处理的膜	11	21	31
新材料总分数	6	2	7

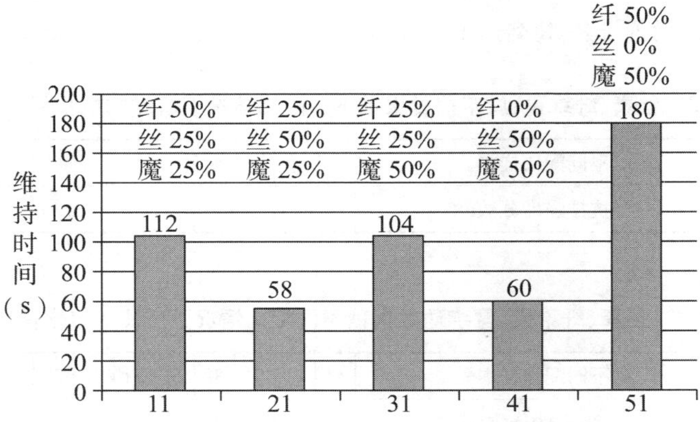

图 5 不同配比样本膜抗拉强度实验维持时间趋势

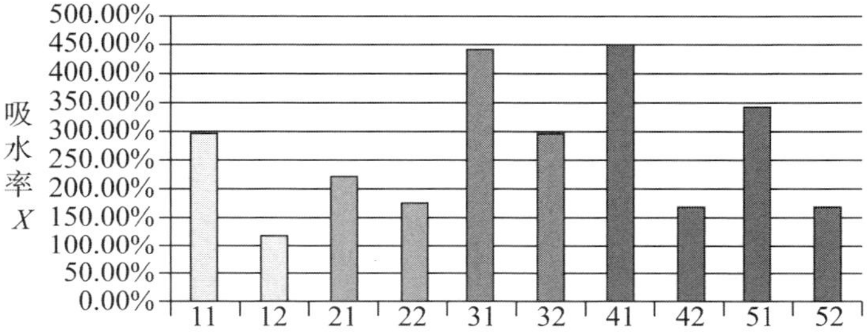

图 6　不同配比样本膜吸水率 x 趋势(配比情况见表 1)

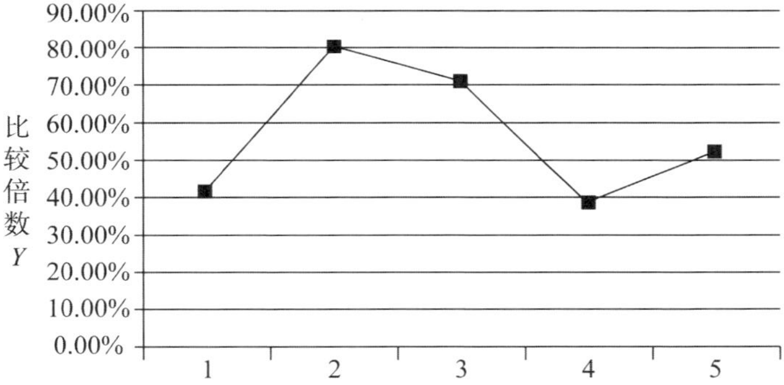

图 7　不同配比样本膜比较倍数 y 趋势(1:纤维素 50%丝素 25%魔芋 25%;2:纤维素 25%丝素 50%魔芋 25%;3:纤维素 25%丝素 25%魔芋 50%;4:纤维素 0%丝素 50%魔芋 50%;5:纤维素 50%丝素 0%魔芋 50%)

由图 5 可见,竹纤维混合液在膜配比的体积比越大,则膜的抗拉断裂前维持时间越长。竹纤维的抗拉强度较好,竹纤维可作为增强材料来提高复合膜的力学性能。[7]

由图 6 可见,31 号纤维素 25%丝素 25%魔芋 50%与 41 号纤维素 0%丝素 50%魔芋 50%吸水率最好,41 号吸水率微高于

31号，两者魔芋葡甘聚糖含量都为50%。魔芋葡甘聚糖在水溶液中能建立大分子网状结构，可吸收其本身体积100倍的水，竹纤维素膜具有很好的吸收性和保水性。[7]丝素蛋白也具有良好的吸水性[1]。

实验可见，魔芋葡甘聚糖的吸水性最好。但魔芋葡甘聚糖不耐碱，在碱性条件下吸水性大大降低。由图6可见，经过碱处理的12、22、32、42、52号的吸水率较其对应的未经过碱处理的11、21、31、41、51号低。对于丝素、纤维素、魔芋葡甘聚糖相同配比情况下的膜，当其通过质量分数为10%的NaOH溶液处理后，膜的吸水强度远低于未经过碱处理的膜。

由图7可见，质量分数为10%的NaOH溶液处理后对膜的吸水率的影响程度，1、4、5号受碱处理的影响较大，吸水率降低至原来的50%左右或以下，2号纤维25%丝素50%魔芋25%经过质量分数为10%的NaOH溶液处理后膜的吸水率降低得最少。

由表7可见，配比为纤维25%丝素25%魔芋50%的共混膜抗拉强度及吸水性评价总分最高，综合性能最好。

三、研究结论

丝素、纤维素、魔芋葡甘聚糖相容性好，共混后能较好成膜，但三者共混后经过质量分数为10%的NaOH溶液处理后纤维素及丝素出现部分絮凝。

经抗拉强度及吸水性测试，发现竹纤维素在膜中的质量比越大，则膜的抗拉断裂前维持时间越长。配比为纤维素25%丝素25%魔芋50%与纤维素0%丝素50%魔芋50%吸水率最好，丝素、纤维素、魔芋葡甘聚糖共混膜经过质量分数为10%的NaOH

溶液处理后，膜的吸水率大大降低，配比为纤维素25%丝素50%魔芋25%经过质量分数为10%的NaOH溶液处理后膜的吸水率降低得最少。

通过这次研究，我们不仅了解了竹子的历史，而且对竹纤维的物理、化学性质有了进一步的学习。我们将来会设计出更多的样本并测试其性质，致力于寻找出更为完整的化学机制与物理规律，从而达到从实验探究到现实应用的目标。

参考文献

[1] 王圣杰、刘江敏、吴雯：《再生丝素蛋白载银抗菌纳米纤维水凝胶的制备及抗菌性能研究》，《嘉兴学院学报》，2015年第6期。

[2] 陈莹、高苑、沈青：《竹纤维的表面化学特性及与棉纤维的比较》，《纤维素科学与技术》，2004年第2期。

[3] 王越平、高绪珊、耿丽等：《天然竹纤维与几种纤维素纤维的性能测试与比较》，《针织工业》，2005年第11期。

[4] 陈慧：《静电纺红花纳米竹纤维及性能表征》，《丝绸》，2015年第12期。

[5] 杜兆芳、张利玲、许云辉，董丹丹：《氧化竹浆纤维的丝素蛋白改性工艺》，《纺织学报》，2016年第8期。

[6] 符艳、吴绍艳、黎钱、吴俊、赵静、高婷、王钊：《魔芋葡甘聚糖在环保医药及食品中的应用》，《中国食品学报》，2003增刊。

[7] 杨旋、唐丽荣、林凤采、卢麒麟、黄彪：《纳米纤维素/壳聚糖/明胶复合膜的制备及其性能研究》，《生物质化学工程》，2018年第1期。

探究感想

在参加“进馆有益”时，我们所有小组成员都对此充满期待。在参观上海纺织博物馆过程中，学到很多学校里学不到的知识，我们互相讨论着自己的想法，一起查阅资料，在做创新时，想着能不能从现实生活中获得灵感。

我们为了尽量减少实验失败，决定先做好充分的理论讨论。即使是这样，在实验时，我们看到的样本和预期也有些差距。虽然心情有些低落，但为了寻找问题所在，每个人都没有放弃，并咨询了指导老师，之后的结果是令人满意的。

在整个探究过程中，组里所有人都各司其职，发挥出各自的能力，因为每个人都有共同的目标。

感谢此次“进馆有益”活动，给我们一个自主探究的平台，给了我们一个探索未知的机会和方向，研究的那段时光是人生中宝贵的财富，获得了更多的知识以及经验。感谢上海纺织博物馆为我们提供了课外知识的学习途径。也感谢上海市风华中学的徐文老师在论文开展过程中给予我们的建议和知识，更给了我们充分的鼓励和支持！

课题作者：上海市风华中学

匡俞阳　江知罄　黄昕然　张仕轩

指导老师：徐　文

自沏绿茶中影响茶多酚含量的因素

探究缘起

中华民族已有上千年的饮茶习惯,如今饮茶成为现代人常见的一种生活方式。茶在我国有重要的文化意义和现实意义。

茶叶中的多羟基酚类化合物被总称为茶多酚。茶多酚主要由黄烷醇类、黄酮醇类、黄酮类、酚酸类和花色苷等化合物所组成。而茶多酚是在茶水中主要起保健功能的因素。我们主要研究自沏绿茶中影响茶多酚含量的因素,目的是为了得出健康的饮茶方式。使用自沏绿茶的方式进行实验,符合人们日常的饮茶习惯。

茶叶中的多羟基酚类化合物被总称为茶多酚,其包含30多种酚类物质,主要成分是儿茶素及其衍生物,绿茶中的多酚含量比乌龙茶和红茶高,占茶叶干质量的36%。此外,茶多酚的抗氧化活性比其他植物多酚强。

在一个饮茶习惯对非酒精性脂肪性肝病的保护作用研究中,研究显示:饮茶可以有效降低非酒精性脂肪性肝病的患病率,而这与茶叶可以降血脂及减轻肝损伤有关。并且随着饮茶时间的增加,该作用更明显。该研究同时也说明了长期饮用绿茶能降低非酒精性脂肪性肝病的患病率,且其作用明显优于饮用红茶,这与茶多酚在绿茶中的含量明显高于红茶有着密不可分的联系。

本课题的意义就在于通过研究自沏绿茶中影响茶多酚含量的因素,并且根据这些因素的主次关系来选择对人体更为重要或是影响更大的因素来进行深入研究,从而得出更加正确以及健康的饮茶方式，并以此来有效地提高人们的饮茶质量。

一、实验设计

本实验通过使用自沏绿茶的方法进行实验，符合人们日常的饮茶习惯。

首先，将泡茶的水温设计为常温 19℃，50℃和 80℃；茶叶与水的质量比为 1∶150，1∶200 和 1∶250；时间为 5min，15min，30min，60min，6h 和 24h；茶叶质量为 1g，按照正常饮茶习惯而定。

其次，通过高效液相色谱仪（下文均简称为 HPLC）检验各个条件下泡制的茶水析出的茶多酚含量，分析图像，得出茶多酚含量的变化趋势。

最后，根据实验得出的结论，分析在实验条件下，最适宜人们日常生活饮茶的条件。

二、实验准备

（一）实验仪器

绿茶（名称：西施碧剑，年份：2017）；高效液相色谱仪（Agilent Technologies 1260 Infinity）；色谱柱（Agilent ZORBAX Eclipse Plus C18 Rapid Resolution 4×100mm 3.5－Micron P. N. 959961－902）；电子天平（METTLER TOLEDO 型号：ME204E）；恒温震荡水槽（精宏型号：XMTD－8222）；Titan 罐装针头式滤器混合纤维素（MCE）0.22μm 13mm 孔径：0.22μm 编号：02036322－TYLQ－0005；微孔滤膜 BD 半岛混合纤维素脂膜（尺寸：50mm 孔径：0.22μm）；移液枪（100～1000μ/L　G34676D eppendorf　Researchplus 型号：G34676D）；一次性使用无菌注射器带针（康友 1ml 注册证号/产品技术要求编号：国标注册 20173150011）；磷酸［H_3PO_4　98.00 CAS（7664－38－2）技术标

准：GB/T 1282 - 1996 XK13 - 011 - 00041 - 007]；甲醇(Honeywell Burdick & Jackson B & J Brand High Purity Solvent)；超声波清洗器(KUDOS LB1 - 092)；250ml 烧杯；250ml 量筒；饮用水；塑料瓶；塑料滴管；塑料盖子；称纸；药匙；过滤装置；样品瓶。

（二）检测方法

国标 GB/T8313 - 2018 茶叶中茶多酚和儿茶素类含量的检测方法。

（三）实验方法

选取等质量 1±0.099 克样品，均匀倒置烧杯中，注入常温 200ml 自来水放置于室温(19℃)，泡制 5min 后，均匀搅拌茶水，提上清液 50ml 茶水于塑料瓶中备用。用注射剂提取 10ml 茶水，装置 0.22μm 针头式滤器，缓慢注入检测瓶中。通过 HPLC 仪器和软件工作站分析得出图谱。

（四）样品前处理及样品溶液配合

茶叶均选取 1±0.099 克，泡制提取 10ml 茶水进行检验。用 500ml 去离子水和 0.25ml 磷酸配置 0.05% H_3PO_4 水溶液。将配置完的溶液置于超声波清洗器去气泡，完成后和甲醇一起放入 HPLC 仪器中作为流动相。

三、实验过程

（一）液相条件

仪器：Agilent Technologies 1260 Infinity HPLC

柱子：Agilent ZORBAX Eclipse plus C18(4.6 * 100mm, 3.5μm)

流动相：A.0.05%H3PO4 水溶液；B.乙醇

表 1

时间	A%	B%
0min	75	25
20min	75	25
30min	20	80
35min	20	80

后运行时间：10min 进样量：0.5ml 流速：0.5ml/min 检测器：VVD 检测波长：280nm 柱温：30℃。

（二）检测方法

按照上述实验方法，改变泡制时间为 15min，30min，60min 和 24h，改变水温为 50℃ 和 80℃，改变茶叶与水的质量比为 1∶150和 1∶250，依次进行测定。

（三）实验条件

控制水温为常温 19℃，茶叶与水的质量比均为 1∶200，泡制时间为 5min，15min，30min，60min，6h 和 24h；控制水温为 50℃，茶叶与水的质量比均为 1∶200，泡制时间为 5min，15min，30min，60min，6h 和 24h；控制水温为 80℃，茶叶与水的质量比均为 1∶200，泡制时间为 5min，15min，30min，60min，6h 和 24h；控制水温均为常温 19℃，泡制时间为 24h，茶叶与水的质量比为 1∶150和 1∶250；控制水温为 50℃，泡制时间为 24h，茶叶与水的质量比为 1∶150 和 1∶250；控制水温为 80℃，泡制时间为 24h，茶叶与水的质量比为 1∶150 和 1∶250。依次提取检验。

（四）实验装置使用

本实验均在 24h 恒温 19℃的密闭房间进行实验。在水温为 50℃和 80℃的条件下，放入恒温密闭水域（见图 1）进行泡制。所有泡制过程中，烧杯均放置一个塑料盖子（见图 2），避免水分蒸发。泡制完毕后，均搅拌茶水均匀后，提取上层清液进行检验。

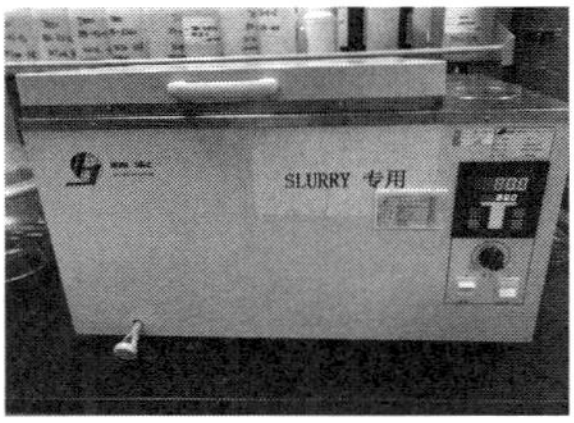

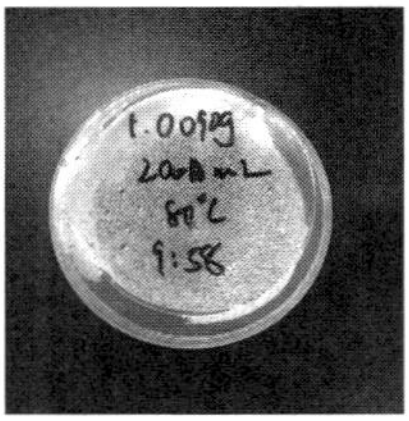

图 1　　　　　　图 2

（五）实验峰值选取

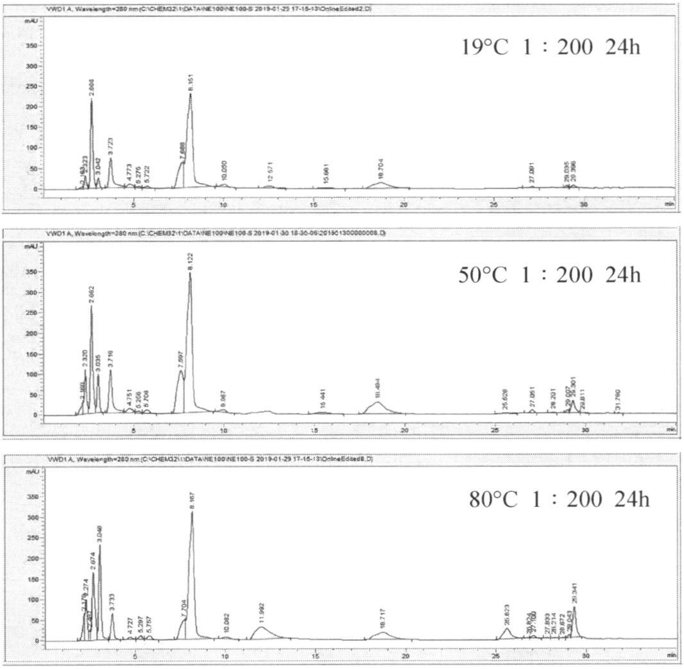

图 3

通过观察图像，在相同时间和茶叶与水的质量比条件下，在2.674min，3.047min，3.734min，8.159min，18.826min 和 29.345min 的茶

多酚最具有代表性，因此选取上述六个时段茶多酚进行所有的检验研究。

四、实验数据结果与分析

（一）实验数据

表 2

温度	时间	质量 g	体积 ml	HPLC 仪器中茶多酚的含量					
				2.674min	3.047min	3.734min	8.159min	18.826min	29.345min
常温 19℃	5min	1.0176	200	318.2	35.3	36.5	227.9	—	—
	15min	1.0033	200	855.3	79.6	118.1	718.2	86.1	21.1
	30min	1.033	200	1155.5	94.3	213.8	1244.5	165	31.6
	60min	1.0167	200	1417.8	136.6	666.4	2392.2	294.6	50.9
	6h	1.003	200	1646.4	174.2	778.9	4331.2	696	82.9
	24h	1.0312	150	2868	360.8	1654.7	7064.6	1243.5	152.1
	24h	1.07	200	1953.4	221.7	1112.2	5272.8	873.6	116.8
	24h	1.0021	250	1591	185.5	926.1	4352.1	656.7	89.1
50℃	5min	1.0821	200	939.5	88.4	260.6	1499	185	38.5
	15min	1.0624	200	1350.7	120.3	670	3320.1	452.8	71.7
	30min	1.0705	200	1762.7	207.3	1145.3	4906.7	786.9	100.5
	60min	1.0281	200	1850.3	248.2	1422.1	5820.5	1149.5	146.5
	6h	1.0024	200	1947.9	418.9	1305.6	6665.6	1560.3	221.8
	24h	1.0315	150	3137.3	1227.4	2094	8787.1	2306.7	495.1
	24h	1.0149	200	2242.6	982	1696.5	6299.6	1672.8	423.4
	24h	1.0084	250	1717.6	647.4	981.2	5194	1207	343

（续表）

温度	时间	质量 g	体积 ml	HPLC 仪器中茶多酚的含量					
				2.674min	3.047min	3.734min	8.159min	18.826min	29.345min
80℃	5min	1.06	200	1306.4	155.8	746.2	4259.7	639.2	73.6
	15min	1.0027	200	1768.6	279.4	1195.3	6277.2	1078.3	167.3
	30min	1.05	200	1889.7	396	1244.6	7442.4	1451.9	298
	60min	1.007	200	2038	505.2	1137.2	7211.7	1637.7	434.5
	6h	1.009	200	2020.2	1210.8	600.1	7123.1	1705.3	1040.1
	24h	1.076	150	2780.8	3115.1	863.2	9217.6	1605.8	1644.7
	24h	1.0144	200	1829.1	2129.6	657.1	6468.7	1123.5	1011.5
	24h	1.0294	250	1577.4	1755.9	522.2	5085.9	882.3	936.2

控制相同的温度和茶叶与水的质量比，时间为 5min，15min，30min，60min，6h 和 24h：

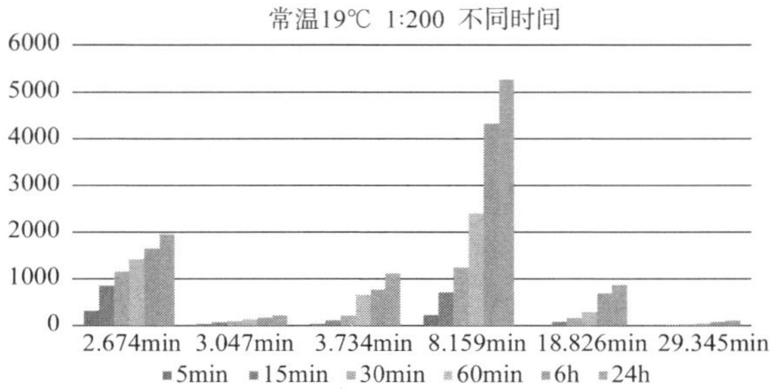

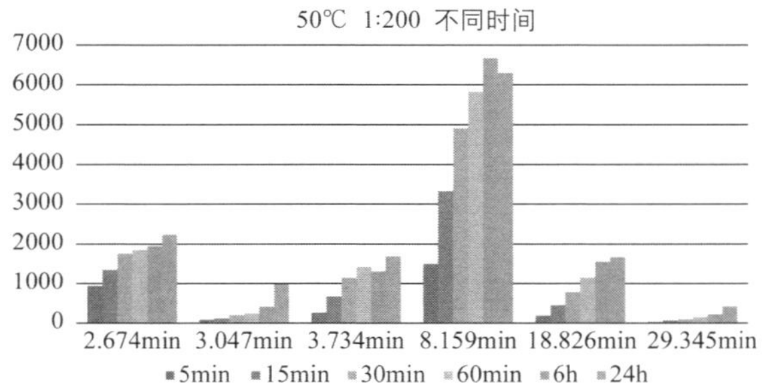

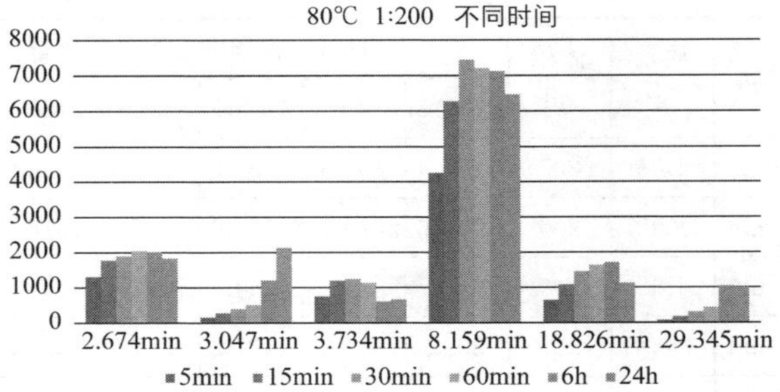

图 4

在控制水温为常温 19℃，茶叶与水的质量比相同时，泡制 24h 后，各个茶多酚均为最多，且茶多酚的含量随时间依次上升；控制水温为 50℃时，除 8.159min，泡制 6h 时的茶多酚含量最多，其余茶多酚含量均随时间依次上升；控制水温为 80℃，在 2.674min时，泡制 60min 的茶多酚含量最多。在 3.047min 时，泡制 24h 的茶多酚含量最高。在 3.734min 和 8.159min 时，泡制 30min 的茶多酚含量最高。在18.826min和 29.345min 时，泡制 6h 的茶多酚含量最高。在水温为 80℃时，茶多酚含量基本呈递增趋势，部分含量随时间的增长而降低。

控制相同水温，时间为 24h，茶叶与水的质量比分别为 1∶150，1∶200 和 1∶250。

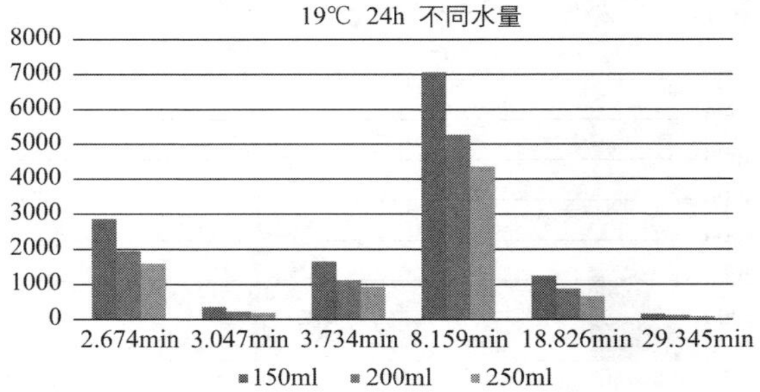

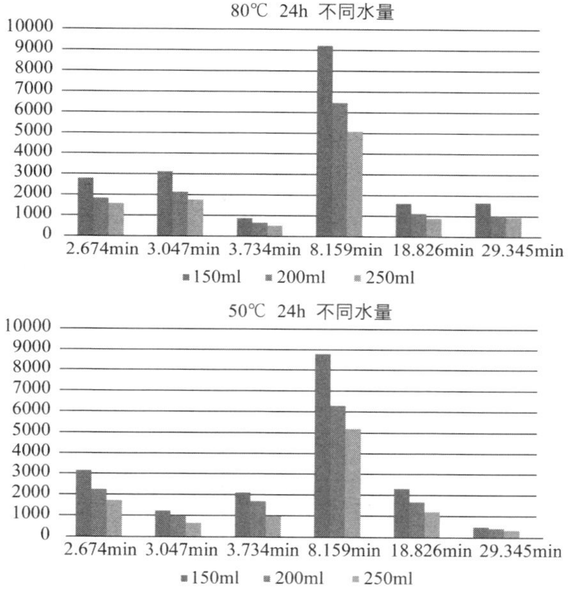

图 5

在控制水温相同和时间均为 24h,茶叶与水的质量比越大,各个茶多酚的含量均为最高,且呈依次递减趋势。

控制相同的茶叶与水的质量比和时间:

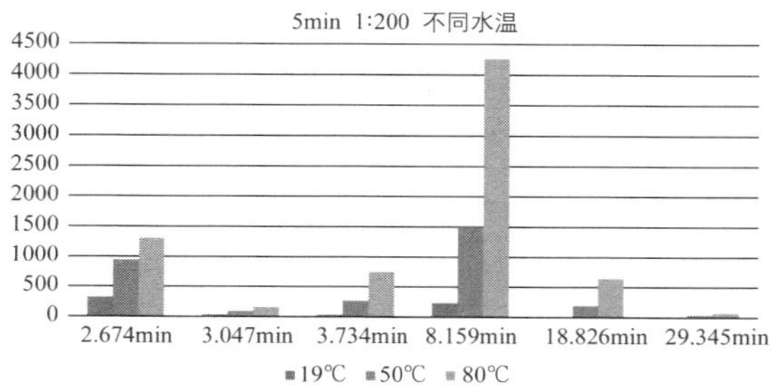

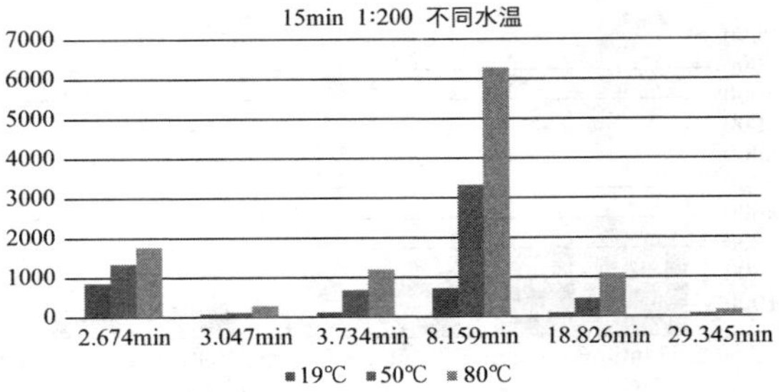
15min 1:200 不同水温
7000
6000
5000
4000
3000
2000
1000
0
2.674min
3.047min
3.734min
8.159min
18.826min
29.345min
19℃
50℃
80℃

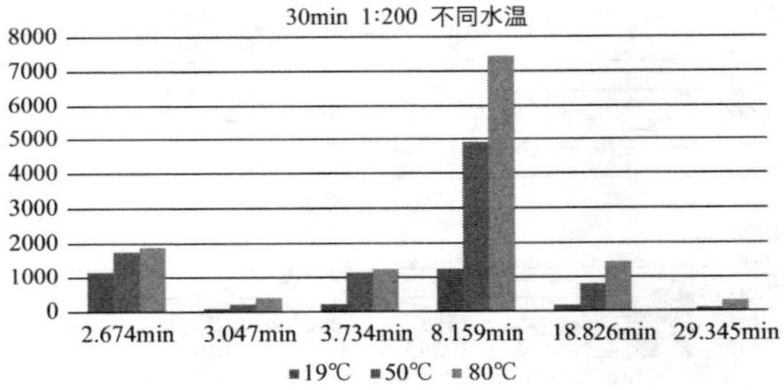
30min 1:200 不同水温
8000
7000
6000
5000
4000
3000
2000
1000
0
2.674min
3.047min
3.734min
8.159min
18.826min
29.345min
19℃
50℃
80℃

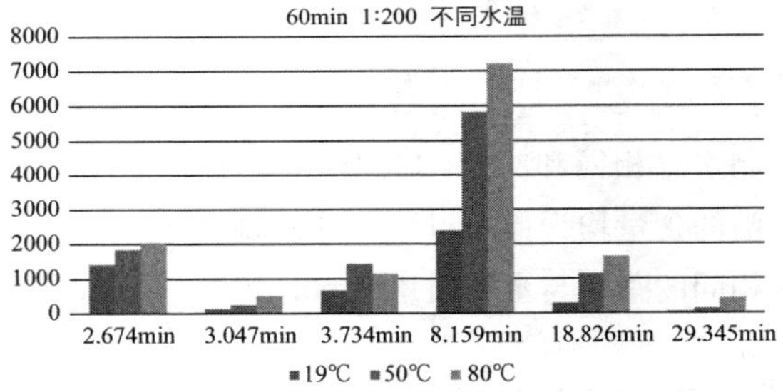
60min 1:200 不同水温
8000
7000
6000
5000
4000
3000
2000
1000
0
2.674min
3.047min
3.734min
8.159min
18.826min
29.345min
19℃
50℃
80℃

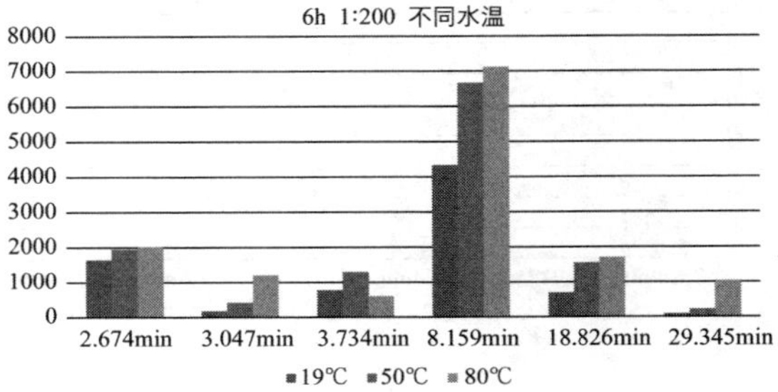
6h 1:200 不同水温
8000
7000
6000
5000
4000
3000
2000
1000
0
2.674min
3.047min
3.734min
8.159min
18.826min
29.345min
19℃
50℃
80℃

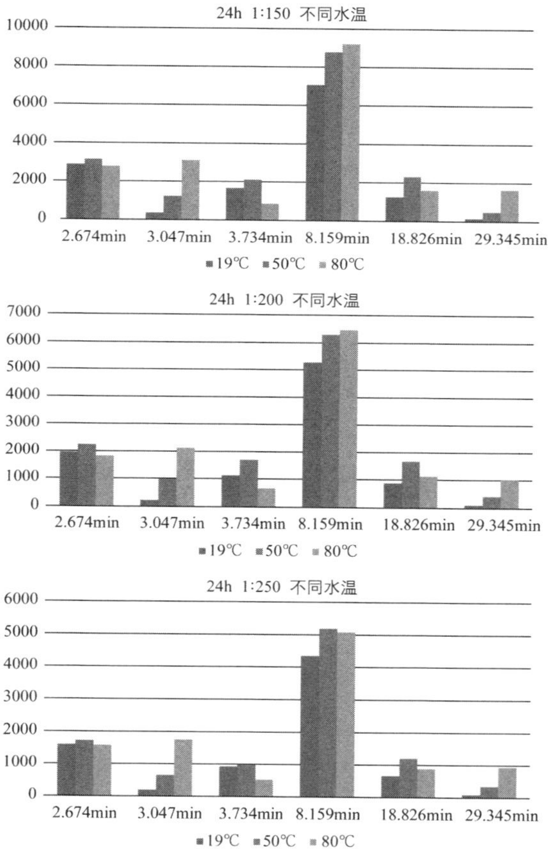

图 6

控制时间和茶叶与水的质量比相同：在 5min、15min 和 30min 时，各个茶多酚随温度的升高而增加，水温为 80℃时含量均为最高；在 60min、6h 和 24h，温度为 50℃时，3.734min 的含量最高；在 24h，茶叶与水的质量比为 1∶150、1∶200 和 1∶250，温度为 50℃时，2.674min、3.734min 和 18.826min 的含量均最高；在 24h，茶叶与水的质量比为 1∶250，温度为 50℃时，8.159min 的含量最高。

五、实验结论

在控制水温为常温19℃，茶叶与水的质量比相同时，泡制24h后，各个茶多酚均为最多，且茶多酚的含量随时间依次上升。控制水温为50℃时，除8.159min，泡制6h时的茶多酚含量最多，其余含量均随时间依次上升：控制水温为80℃时，泡制24h下，在2.674min时，泡制60min的茶多酚含量最多；在3.047min时，泡制24h的含量最高；在3.734min和8.159min时，泡制30min的茶多酚含量最高；在18.826min和29.345min时，泡制6h的茶多酚含量最高。在水温为80℃时，含量基本呈递增趋势，部分含量随时间的增长而降低。

在控制水温相同和时间均为24h，茶叶与水的质量比越大，各个茶多酚的含量均为最高，且呈依次递减趋势。

控制时间和茶叶与水的质量比相同：在5min，15min和30min时，各个茶多酚随温度的升高而增加，水温为80℃时含量均为最高；在60min，6h和24h，温度为50℃时，3.734min的含量最高；在24h，茶叶与水的质量比为1∶150，1∶200和1∶250，温度为50℃时，2.674min，3.734min和18.826min的含量均最高；在24h，茶叶与水的质量比为1∶250，温度为50℃时，8.159min的含量最高。

根据数据的整理与分析，我们发现泡制24h后，茶多酚会与空气发生氧化，颜色会变成砖红色，并会产生异味。

根据实验结果，我们建议，泡茶温度为80℃，时间为60min，茶叶与水的质量比越大，茶多酚的含量基本为最高。茶水颜色随时间减少，逐渐变淡。80℃24h和80℃6h的茶水颜色为红褐色。

六、茶多酚对人体影响的研究

茶多酚并不是没有毒副作用的。直接饮用从茶叶中提取的茶多酚（而不是泡茶时自然融入茶水的量）是可能危害健康的。

有研究用小鼠进行的经口喂饲实验，认为即使是高达2500mg/(kg·d)的剂量（如果按这个剂量推算，相当于60kg体重人类每天摄入 150g 绿茶提取物)也是安全的(Hsu et al.,2011)。瑞士的 Isbrucker 等(2006b)对 EGCG 的安全性研究得出的结果认为,连续 10 天通过胃摄入 EGCG 对大白鼠的无作用剂量为每天 500mg/kg,按 60kg 体重计算人类 EGCG 的安全剂量为每天口喂摄入 30g 也是安全的(注:EGCG 即表没食子儿茶素没食子酸酯,是绿茶茶多酚的主要组成成分)。日本和英国联合发表的研究及瑞士的研究报告结论都认为,儿茶素不存在遗传毒性和对肝脏引起毒性的可能。

根据多国的研究资料,传统的饮茶方式,即使按世界最高的茶叶消费量(每天 13g 茶叶)和茶多酚在泡茶时最大浸出率(20%)计算,那么一天摄入的最大量是 2.6g 茶多酚,这个数字分别为中国台湾 Hsu 等(2011)和美国的 Saleh 等(2013)得出的每天 150g 绿茶提取物的安全剂量的 1/58.4,也是瑞士的 Isbrucker 等(2006b)对 EGCG 的安全性研究得出的 30g EGCG 的安全剂量的 1/11.5。

可以说,在传统方式的饮茶情况下,不可能会出现对人体肝脏损伤的情况。在用绿茶提取物加工成的减肥膳食补充物中,含有的茶多酚可能较高,但只要控制每天服用量不超过安全剂量的下限(30g 茶多酚),并避免在空腹情况下服用,应该是安全的。

参考文献

[1] 张秀芬、陈荣锋、刘连军、马仙花、莫周美:《茶多酚在食品中的应用》,《生物加工过程》,2019 年第 4 期。

[2] 丰光于、洪波、李妍妍:《茶多酚的发展及安全评价》,《子世界》,2010 年第 6 期。

[3] 胡婷、江晓玲:《饮茶习惯对非酒精性脂肪性肝病的保护作用研究》,《中国全科医学》,2011 年第 20 期。

[4] SUN C L, YUAN J M, KOH W P, et al. Green tea, black

tea and breast can cerrisk: a meta-analysis of epidemiological studies. Carcinogenesis, 2006,27(7).

[5] DE MEJIA E G, RAMIREZ-MARE S M V, PUANGPRAPHANTS. Bioactive components of tea: cancer, inflammation and behavior. brain behave immun, 2009,23(6).

[6] 赵保路:《茶多酚的抗氧化作用》,《科学通报》,2010 年第 4 期。

探究感想:

本以为研究一个课题没有多大难度,可事实却和我们想的截然相反。的确,要想做好一件事情,不花点时间和心血是不可能成功的。

从选题开始,我们就发生了不少争执,到底该如何选取一个既贴近人们生活又值得深入研究的课题,我们思考了很久。而最终定下的课题也确实符合了我们最初的意愿。

在做实验的过程中,我们也犯下了一些错误,例如没有精确地控制好所要研究的茶叶的质量,最终导致实验数据与理想的有巨大偏差等。在犯下这些错误的同时,我们也在想如何去弥补这些错误,并且在之后做实验的过程中尽量避免这些问题,后来我们为了实验的精准性,决定重新来过,回到实验最初的阶段,再做一次实验。幸亏我们配合较为默契,第二次实验的时间比第一次大为缩短。所以在做实验的过程中,必须充分地考虑到每个变量对研究对象的影响,注意每一个细节,哪怕只有 0.1g 的微量变化,也会对数据产生极大的误差。

在做这个课题的过程中,我们要感谢我们的指导老师,正因为有了他给予我们的鼓励,我们才不会在做此课题的过程中轻言放弃;正因为有了他在专业领域方面给予我们的帮助,我们的种种困难才得以解决。与此同时,我们也要感谢“进馆有益”提供给我们一个去展现我们真正想要去呈现出来的作品的平台,提供给我们深入研究一件事物的机会。

真心希望我们所得出的实验结论能够真正地帮助到那些喜欢喝茶的朋友们。在今后的日常生活中,我们也不会停下对这项课题研究的脚步,争取在有限的条件下,带给人们无限的可能。

课题组成员:西南位育中学

林哲齐　王士嘉

指导老师:陈轩乐

瓶装饮用水开瓶后要一天喝完吗?

——饮用水开瓶后细菌检测

探究缘起:

我国瓶装饮用水的生产历史已有70多年,瓶装饮用水的销售和推广增强了消费者对饮水相关科学知识的了解。现今,瓶装饮用水以其便捷的饮用方式被大多数家庭所青睐,但瓶装水开瓶后一段时间会有细菌滋生,再次饮用时常会引起各种健康问题。我家也经常购买并饮用瓶装饮用水,一般放置一天后就不再饮用,而会选择直接扔掉。暑假期间,我与老师进行研究课的学习和讨论,并前往闵行区青少年实践教育基地植物工厂进行参观。植物工厂内都是现代化的种植设备,没有土壤,植物生长所必需的各种条件都由人为提供。人们为植物配置营养液,营养液被雾化成小水滴直接喷洒在植物的根部,它们清澈得几乎没有杂质。营养液需要定期更换,水槽需要定时清洗,这样才能保证植物的健康生长。看到这里,我不禁思考:植物喝的水需要定期更换来减少细菌滋生带来的危害,而人们喝的经消毒过的饮用水又能够放置多久呢?以瓶装水为例,有些人买了一瓶水之后,一次性喝不完会丢掉或留到第二天接着喝,开瓶后的水需不需要一天内饮用完?如果不需要,到底放置多久就不适宜饮用了呢?因此,我对开瓶后不同时间段的几组瓶装水内菌落数量进行了对比实验。

一、研究背景

随着人们对生活质量要求的不断提高,瓶装饮用水的市场需求也随之增长,同时人们的环保意识也不断加强,大多数喝不完的瓶装水会被循环利用，但也有人会把这些水连瓶丢掉。的确，瓶装水对嘴饮用，会使口中的细菌残留在剩余水中，放置一段时间后瓶内的细菌会不断生长、繁殖。对此，我查阅了我国《生活饮用水卫生标准》(GB5749－2006)中关于生活饮用水的微生物指标的具体规定：

1. 总大肠菌群(MPN/100ml 或 CFU/100ml)，不得检出。

2. 耐热大肠菌群(MPN/100ml 或 CFU/100ml)，不得检出。

3. 大肠埃希氏菌(MPN/100ml 或 CFU/100ml)，不得检出。

4. 菌落总数(CFU/100ml)1ml 水中不超过 100CFU。

市面上销售的瓶装饮用水毒理指标、感官性状和一般化学指标已经符合我国《生活饮用水卫生标准》，而开封后的瓶装水与空气接触后可能会滋生细菌。那么，开瓶后的水需不需要一天内饮用完？放置多久就不适宜饮用了呢？我针对开瓶饮用和开瓶未饮用的瓶装水进行了菌落数和大肠杆菌菌落数的对比实验。

二、调查与分析

为了给本次课题研究提供真实可靠的基础数据，我设计了“关于瓶装饮用水饮用情况”的问卷，并进行了广泛调查，共收到140 份有效问卷。

通过统计数据分析如下：

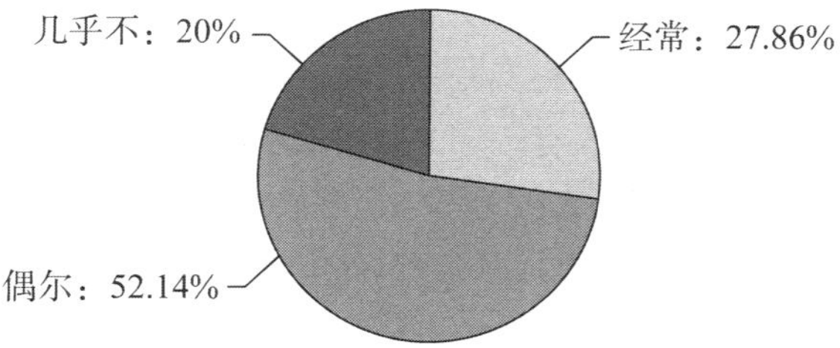

图 1　购买瓶装饮用水的频率

通过图1我发现，随着瓶装饮用水的推广，27.86%的人经常购买瓶装饮用水，52.14%的人偶尔购买，而20%的人则几乎不购买。由此可见，选择购买瓶装水的人还是有相当比例的。

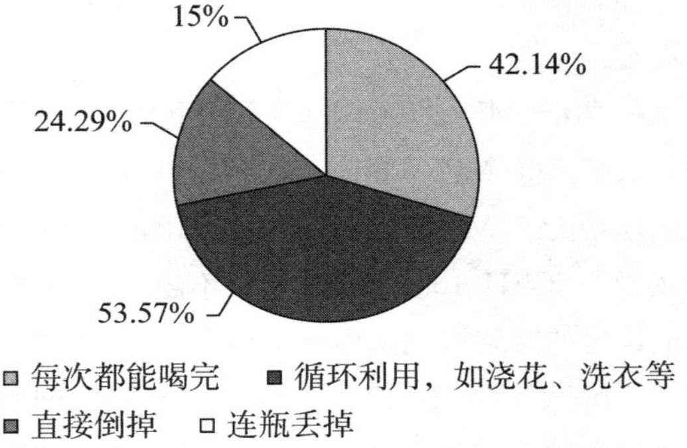

图2　处理未饮用完的瓶装水的方式

近几年来水资源的浪费也是一个不可小觑的问题。我调查分析了人们会怎样处理没能饮用完的瓶装水。如图2所示，53.57%的家庭会将这些水再次利用，42.14%的家庭每次都可以喝完，15%的家庭会把这些喝剩的水连瓶丢掉，而还有24.29%的家庭则会直接倒掉，而导致这些家庭浪费水的原因多半是因为瓶装水开瓶后有一段时间了，人们担心会滋生细菌，从而不敢饮用。

我又调查了人们认为瓶装水开瓶后放置多久仍可饮用。数据显示，有68.57%的家庭认为需要一天以内喝完，24.29%的家庭认为2～3天内喝完即可，还有7.14%的家庭对于放置时间无所谓。这表明大多数人有一定的健康饮水的意识，会及时喝完开封后的饮用水；一部分人因为不知道开启后的瓶装水是否健康而直接倒掉或连瓶扔掉，造成了浪费。

而对于仅开封未对嘴饮用的隔夜水的调查情况也大同小异，55.71%的家庭认为隔夜水是可以饮用的，44.29%的家庭认为隔夜水不能饮用。那么，人们对于瓶装水开瓶后一段时间内能否饮用的理解正确吗？为此我设计了如下实验。

三、实验

我来到实践基地参观植物工厂，看到纯水培生产的蔬菜茂盛生长，第一次见到摆脱了自然约束的农业生产方式，老师向我展示营养液的调配和更换。提出问题后，我查阅瓶装饮用水的相关信息，矿泉水灭菌主要有两种方法：臭氧灭菌和紫外线灭菌。这两种方法结合能够彻底有效避免细菌的滋生。因此，未开封的瓶装水内几乎不含有细菌。细菌生长繁殖要有充足的营养物质、能量和适当的环境（温度、酸碱度、气体条件、渗透压）的基本条件。在老师的指导下我开始了实验。

1. 实验材料：一瓶开封且饮用过的瓶装水，一瓶仅开封未饮用的瓶装水，大肠杆菌试纸及菌落试纸。两瓶饮用水均放置在25℃室内保存。

2. 研究方法：操作台提前紫外灯灭菌，在无菌操作台内，用胶头滴管各吸取 1ml 液体分别滴在菌落总数试纸和大肠杆菌试纸上，放入培养箱中 37℃ 24h 培养。操作过程注意全程无菌操作，对四个时间点进行试验，记录四个时间点四片试纸上的菌落数和大肠杆菌数。

3. 实验结果：如图，试纸上红色斑点即为菌落。刚刚开封的瓶装水均无细菌滋生，通过对嘴饮用和未饮用处理，发现对嘴饮用过的水产生了很多细菌菌落，而未饮用过的则没有细菌菌落。而两组实验中均未发现大肠杆菌。

表 1　总菌落数/大肠杆菌菌落数

实验时间	0h	6h	24h	48h
对嘴饮用(个)	0/0	7/0	89/0	96/0
未对嘴饮用(个)	0/0	0/0	0/0	0/0

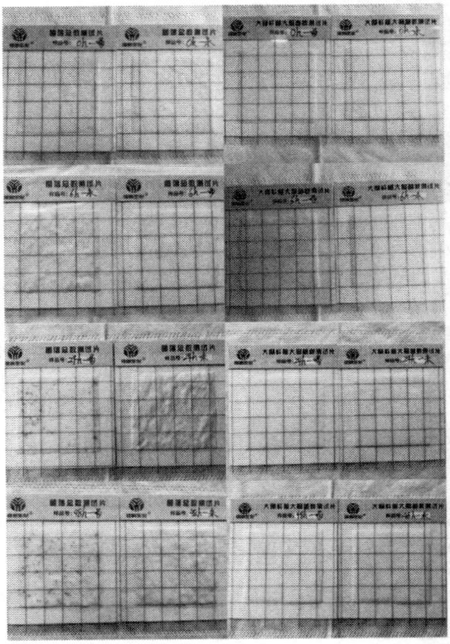

图 3 实验结果图片

四、研究小结

在实验结果中，我并未发现大肠杆菌，我国《生活饮用水卫生标准》中规定总大肠菌群（MPN/100mL 或 CFU/100mL），不得检出。大肠杆菌主要生存在人体肠道中，口腔中是没有大肠杆菌的，所以即使是对嘴饮用过，实验的试纸上也都未发现大肠杆菌。对嘴饮用过的水的试纸上有细菌滋生，在室温 25℃放置 24h 后细菌菌落总数为 89 个，符合饮用水卫生标准；在放置 48h 后细菌菌落数为 96 个，符合饮用水卫生标准，但也临近标准线：菌落总数（CFU/100mL）1ml 水中不超过 100CFU。由此我们可以得知：对嘴饮用过的水在 25℃室温放置一天内可以继续饮用，而放置两天后细菌滋生临近标准线，不建议继续饮用，可以把水烧开之后再次饮用或循环利用。也可以利用剩下的水来洗衣服、洗碗筷、浇花等，避免浪费。

此次实验中，未对嘴饮用过的试纸上则没有任何的细菌菌落。但实验过程中开封未饮用的瓶装水仅是将瓶盖打开放置一段时间，未有大量空气进入，考虑到若是大量空气进入瓶内会带入细菌滋生，所以开封未饮用但有空气进入的瓶装水，也不建议放置过久后饮用。

参考文献

[1] 杨忠义、娄峰阁：《饮用纯净水细菌数量变化规律的研究调查》，《齐齐哈尔医学院学报》，2007 年第 10 期。
[2] 李群英、陈仲全：《瓶装矿泉水细菌菌落总数动态分析》，《职业与健康》，2001 年第 4 期。
[3] 杨爱萍、卜凡景、李群英：《瓶装矿泉水放置时间对菌落总数的影响》，《菏泽医学专科学校学报》，2003 年第 1 期。

探究感想

这一次活动给予了我许多第一次：第一次做课题，第一次与老师近距离接触，第一次写长篇文章，第一次设计问卷调查……我真的十分感谢这些第一次，它们让我体验了许多平时我碰也不会碰的事物，让我的阅历更加丰富多彩。同时我也要感谢我的老师，她带我进馆，教我如何进行试验，在研究过程中孜孜不倦地指导我，时刻监督我的研究进度，有问题时都会立马解答，让我受益颇多。

在研究的过程中，我学到了许多知识，如：了解到现代农业技术摆脱了大自然束缚的植物工厂，人工种植的蔬菜所需的营养液都化成雾状喷洒在植物的根部；细菌滋生的条件是充足的营养物质、能量和适当的环境（温度、酸碱度、气体条件、渗透压）。在写作过程中，查文献也是一个十分重要的学习过程，我们要从前人的研究发现中汲取经验，然后再根据实验结果对自己的文章做出改动，这是查文献的意义所在。我也遇到了各种各样的问题，第一次自己设计问卷，由于对问卷的目的缺乏思考，设计出的问题漏洞百出，经过老师的耐心指导，自己也在网上查找了资料，向妈妈求助，一起反复推敲讨论了很久，终于设计好了问题。问卷结果出来后，我也的确挺惊讶的，没想到大多数家庭能够做到水资源的再利用，我一直认为大多数家庭都是会连瓶丢掉或直接倒掉。果然，有些事情你不去做还真的不知道会怎么样。在这个过程中，我也获得了许多，我懂得了做每一件事都要认真对待，否则会事倍功半。

课题作者：上师初级中学
刘付瑾媛
指导老师：高田祥

参观闵行区青少年实践教育基地植物工厂留影

黄粉虫和大麦虫对塑料的分解作用比较研究

探究缘起

目前全球每年生产大量塑料垃圾，据报道，2018 年全球塑料产量约 4 亿吨。根据在网上搜索整理的资料，塑料袋等需要 20 年时间才能自然分解，而有些由聚对苯二甲酸乙二醇酯制成的塑料瓶需要 500 年以上才能分解。因此，处理这些塑料垃圾成为我们迫切需要面对的一个问题。

参观上海昆虫博物馆使我了解到黄粉虫、大麦虫两种虫的基本情况，也了解到它们对塑料垃圾具有一定的分解作用，上网查阅国内外论文后验证了这一点。这引起了我的兴趣，在昆虫馆老师的帮助下，我对黄粉虫和大麦虫分解塑料的作用进行了比较研究。

黄粉虫又叫面包虫，属于鞘翅目拟步行虫科粉甲虫属，老熟幼虫体长 24mm 到 29mm，喜食麦麸、瓜果皮、菜叶等，适应能力强。黄粉虫目前为经济效益较高的饲料用虫，养殖技术完善。第一次实验后，我在指导老师介绍和进一步参观获取知识后，增加了大麦虫作为研究对象。大麦虫别称超级面包虫，为黄粉虫和黑粉虫杂交而得，幼虫体长 4cm 到 6cm，比一般的黄粉虫大 3～4 倍，习性与黄粉虫相近。本课题选用这两种虫是基于论文报道以及其种属近缘性。

据已有研究，黄粉虫能取食聚苯乙烯、聚乙烯、聚氯乙烯等多种塑料，排出的粪便可作有机肥。这主要是因为其肠道中存在能产生降解塑料的酶的细菌。因此，在第一次实验中我打算使用聚乙烯、聚氯乙烯和聚丙烯(聚苯乙烯未能买到)进行比较实验。

根据上海市目前的垃圾分类政策,塑料目前在垃圾分类条例中大部分属于可回收物,能被重复利用,但是塑料袋、奶茶塑料杯、吸管、塑料手套、外卖盒等属于干垃圾,意味着这类垃圾会采用焚烧处理的方法,这可能造成污染。另外违规丢弃塑料等现象严重,部分海域出现漂浮着的塑料垃圾。因此在第三次实验中我以塑料袋、泡沫塑料等塑料制品作为饲料进行实验。

一、实验设计

给黄粉虫和大麦虫(第二次实验时加入)分别喂食塑料粉(有聚乙烯粉、聚丙烯粉、聚氯乙烯粉)、塑料袋、泡沫塑料等不同种类的塑料,每隔若干天记录前后塑料质量变化,并算出每天净减少质量。试验结束后清点死亡虫数和结蛹数。

二、材料准备

表 1　实验材料、环境及工具

实验	测试虫种	使用饲料	饲养环境	工具
第一次	黄粉虫	塑料粉(包括PE、PP、PVG三种)、PVG与麦麸混合饲料、麦麸	黑色物料盒 阳台露天饲养	塑料镊子、纱网(过滤用)、电子天平(精确到0.01g)、笔和记录本
第二次	黄粉虫 大麦虫	塑料袋、气泡纸、泡沫塑料	黑色物料盒(黄粉虫) 较大圆形塑料盒(大麦虫) 阳台露天饲养	塑料镊子、电子天平(精确到0.01g)、笔和记录本

（续表）

实验	测试虫种	使用饲料	饲养环境	工具
第三次	黄粉虫 大麦虫	黑色塑料袋、结茧网、泡沫塑料、气泡纸、火腿肠包装纸、小饼干	大型白色带有孔盖饲养盒 昆虫博物馆实验室内饲养	塑料镊子、电子天平（精确到0.0001g）、笔和记录本，计数器

三、实验过程

（一）第一次实验（实验日期7.10～7.18）

1. 实验步骤

实验虫数500条，均为黄粉虫，将其分为5组，每组各100条，分别食用聚乙烯粉末、聚丙烯粉末、聚氯乙烯粉末、聚氯乙烯粉末和麦麸混合物、麦麸。距投放饲料2天后测量饲料重量并算出减少质量，随后投放过量同种饲料，测量7天后死亡率和结蛹率。死亡率和结蛹率可以反映塑料粉对虫生长的影响，死亡率和失踪率也能反映本次实验误差，若死亡率或失踪率过高，该组实验数据即作废。

2. 结果

表2　第一次实验结果

组别	喂食塑料品种	条数	饲料质量（g）	2天后测得塑料质量（g）	每日减少量（g）	2天后死亡率	7天后死亡率	失踪率	结蛹率
1	聚乙烯粉末	100	20	20.41	−0.205	1%	3%	0%	2%

（续表）

组别	喂食塑料品种	条数	饲料质量（g）	2天后测得塑料质量（g）	每日减少量（g）	2天后死亡率	7天后死亡率	失踪率	结蛹率
2	聚丙烯粉末	100	20	19.78	0.11	0%	4%	1%	0%
3	聚氯乙烯粉末	100	20	19.76	0.12	1%	3%	0%	1%
4	聚氯乙烯粉末及麦麸	100	20	/	/	1%	4%	0%	3%
5	麦麸（对照）	100	20	/	/	1%	3%	0%	6%

备注：

（1）当时气温最高26℃～32℃，平均27℃左右；最低22℃～26℃，平均23℃。虫体有遮荫，故饲养温度接近气温。

（2）本次实验中对于塑料粉的测量方式：将塑料粉或麦麸放在餐巾纸上去皮测量。称量后再投放，测量结果时用筛网分离虫和粉末状饲料，但由于在测量时发现麦麸不能通过筛网，故未测量第4和第5组2天后饲料质量。

（3）7天后观察发现喂食麦麸的虫生长较多。

3. 实验误差

2天后观察发现塑料粉和麦麸中含有大量黄粉虫粪便，在测量时由于风力影响造成粉末飞散的现象，故造成实验结果较大误差，其中第1组出现了2天后质量反而大于投放饲料质量，推测多出的质量来自厂家饲养时黄粉虫吃麦麸所排出的粪便。

4. 结果分析

由于饲料测量质量误差比起减少饲料质量过大导致该两项数据结果作废。分析死亡率和结蛹率可知，在 26℃～32℃ 环境下，7 天时间内，塑料粉比起麦麸基本上不会造成黄粉虫更多死亡，但是塑料粉会影响虫体的生长发育，使其难以结蛹，可推得塑料粉对于虫体营养价值低。

5. 实验改进方案

（1）根据昆虫博物馆相关工作人员的指导加入大麦虫进行对比试验。

（2）将塑料粉改为塑料袋、泡沫塑料等大块塑料，便于分离塑料和粪便，同时减少因粉末飞溅产生的实验误差。

（3）延长投喂至测量间隔时间，使减少的质量更多，减少误差质量的影响。

（二）第二次实验（实验日期 8.8～8.13）

1. 失败说明

本次实验方法与第一次实验相同。由于在第一次实验时天气状况好，未发现阳台露天环境会影响虫的生长，因此本次实验仍在阳台进行。但本次实验过程中遭遇台风利奇马影响，再加上 8 月中旬高温影响，饲养处在高温高湿的环境中，测量结果时发现虫大量死亡。虽然对于个头较大的大麦虫使用了较大的圆形塑料盒且用保鲜膜戳孔覆盖防出逃，但可能戳孔大导致失踪率很高。测量饲料质量变化时发现质量反增的情况。本次实验以失败告终。

2. 反思

应改变饲养环境，将其移至室内并控制温度于 20℃～30℃ 之间，湿度不能过大。加大饲养盒，且封盖。测量塑料质量变化时尽可能除尽表面粪便再测量。

（三）第三次实验（实验日期 8.16～8.23）

1. 实验步骤

实验虫数黄粉虫 780 条，大麦虫 400 条。黄粉虫分为 6 组，每组 130 条，分别进食黑塑料袋、泡沫塑料、结茧网、气泡纸、火腿肠包装、小饼干。大麦虫分为 4 组，每组 100 条，分别进食黑塑料袋、泡沫塑料、结茧网、气泡纸。（投喂黄粉虫小饼干时，发现进食过快，估计 7 天后会吃完，再对大麦虫组做意义不大；火腿肠包装只找到了一份故放弃。对照效果已明显）。

2. 结果

表 3　第三次实验结果

<table>
<tr><th>组别</th><th>虫种</th><th>喂食塑料品种</th><th>饲料质量(g)</th><th>5 天后测量饲料质量(g)</th><th>每日减少量(g)</th><th>死亡率</th><th>结茧率</th><th>条数</th><th>失踪情况</th></tr>
<tr><td>1</td><td>黄粉虫</td><td>黑塑料袋</td><td>0.5005</td><td>0.5402</td><td>−0.0057</td><td>17%</td><td>3</td><td>130</td><td rowspan="7">黄粉虫组无逃逸，大麦虫组有极个别逃逸</td></tr>
<tr><td>2</td><td>黄粉虫</td><td>泡沫塑料</td><td>0.9680</td><td>0.8613</td><td>0.0152</td><td>15%</td><td>2</td><td>130</td></tr>
<tr><td>3</td><td>黄粉虫</td><td>结茧网</td><td>1.1486</td><td>1.1500</td><td>−0.0002</td><td>18%</td><td>0</td><td>130</td></tr>
<tr><td>4</td><td>黄粉虫</td><td>气泡纸</td><td>0.4567</td><td>0.4327</td><td>0.0034</td><td>11%</td><td>6</td><td>130</td></tr>
<tr><td>5</td><td>黄粉虫</td><td>火腿肠包装</td><td>0.4309</td><td>0.3001</td><td>0.0187</td><td>15%</td><td>2</td><td>130</td></tr>
<tr><td>6</td><td>黄粉虫</td><td>小饼干</td><td>1.9722</td><td>0(观察到在第二天吃完)</td><td>0.9861</td><td>21%</td><td>0</td><td>130</td></tr>
<tr><td>7</td><td>大麦虫</td><td>黑塑料袋</td><td>0.7947</td><td>0.8470</td><td>−0.0075</td><td>0</td><td>0</td><td>100</td></tr>
</table>

（续表）

组别	虫种	喂食塑料品种	饲料质量(g)	5天后测量饲料质量(g)	每日减少量(g)	死亡率	结茧率	条数	失踪情况
8	大麦虫	泡沫塑料	1.5064	0.0656	0.2058	0	0	100	
9	大麦虫	结茧网	1.3548	1.3609	−0.0009	0	0	100	
10	大麦虫	气泡纸	1.2582	1.3418	−0.0119	0	0	100	

备注：

饲养温度为室温，开空调时约为 24℃，关空调时气温在 27℃～30℃。

3. 误差分析

本次塑料均保持完整投喂，且 7 天后测量质量时用毛刷擦除表面粪便。但由于粪便含水量大难以全部清除，目前公认若 7 天后比原来质量增加，表示此种塑料该虫难以食用。此外，气泡纸相比其他塑料会残留更多粪便，大麦虫组的塑料上会残留更多粪便。

4. 结果分析

大麦虫进食相对喜食塑料，速度远大于黄粉虫（气泡纸组由于残留粪便太多，实际上进食速度快于黄粉虫），同种虫进食传统饲料（如小饼干）速度远大于进食塑料速度。大麦虫相比黄粉虫忍受饥饿能力更强，但发育相对较慢。塑料偏好方面，两种虫最喜欢食用火腿肠纸，其次是泡沫塑料，稍能食用气泡纸，对于黑塑料袋和结茧网几乎不能消化。

四、总结

根据第三次实验的结果，应选用大麦虫进行分解塑料的试验，喂食的塑料宜为泡沫塑料、火腿肠包装纸这类材质软、韧性不强的塑料，以方便虫啃咬下来。分解的环境温度最好为26℃～28℃，不宜超过30℃，分解时也应适量补水，但不宜使湿度过高。同时，大麦虫需要给予足够的空间活动，可以减少死亡率。

五、未来展望

（一）分解技术改进

根据已有研究，大麦虫和黄粉虫能消化塑料的原因是其肠道内存在能产生分解塑料的酶的菌群。未来应运用微生物培养技术找出真正产生酶的细菌，将其大量培养或者利用基因工程技术将产生该酶的基因通过质粒转给大肠杆菌等微生物，以培养微生物分解塑料。这样就避免了养殖大麦虫需要消耗的大量麦麸和大麦虫死亡产生的臭气和病菌传播。

（二）有关垃圾分类中的垃圾破袋问题

目前上海市垃圾分类中，垃圾袋必须投入干垃圾类别中。但对于湿垃圾来说，由于湿垃圾袋上经常会残有腐败食物的渗滤液，不仅分离时弄脏手，不卫生，而且扔进干垃圾桶会污染干垃圾，所含水分也会降低燃烧热值。很显然这种破袋处理有待改进。在运用大麦虫处理塑料垃圾（或用酶处理）后，可以考虑湿垃圾袋不分离，而是经过虫的消化或酶降解后，直接与其他湿垃圾一同堆肥，就避免了上述问题。

参考文献

[1] 廖琴、曲建升、王金平、高峰：《世界海洋环境中的塑料污染现

状分析及治理建议》,《世界科技研究与发展》,2015 年第 2 期。
[2] 沈叶红,《黄粉虫肠道菌的分离和取食塑料现象的研究》,华东师范大学硕士学位论文,2011 年。

探究感想

很荣幸能参加本次“进馆有益”活动。在本次活动中,我首先要感谢家庭对我的支持。第一,昆虫实验对于普通人来说可能引起不适,这意味着对于我和家长来说两边都要妥协,我把实验区域限制在阳台,后来的“室内环境”也选在昆虫博物馆实验室,而达成以上条件后,家长才同意了整个实验。第二,耗材(虫和第一次塑料粉)花费较大,第一次实验中,我花了 100 多元买塑料粉,之前还购买过虫子完全无法消化的塑料粒子,这几种饲料最后都被证明是失败的,家长一开始也很生气,但后来还是支付了后两次购买昆虫费用,这也说明了实验材料的购置一定要事先思考可行性,切忌盲目购买。第三,外婆在实验中对我的操作进行了很多指导,也推荐了一些工具,比如用镊子轻松地夹起虫,饲料怎么称不容易洒。在实验完后她经常帮忙打扫现场,感谢她的协助。

另外,我要感谢昆虫博物馆,参观昆虫馆很大程度上促成了这次实验的动机。在第三次实验中,他们为我提供了实验室环境,同时提供了更好的仪器,比如说专业饲养盒和精确的电子天平。第三次实验过程中也是他们帮忙负责看管虫的。最重要的是,每次实验结束后的反思都是我与工作人员讨论后得出的,工作人员的意见使得第三次实验较为成功。

这次活动,我的收获是什么?是实验结果吗?我认为不是,对于我们高中生来说,知识储备不足,能调动的设备也不足,最后的成果放在生物学上说连细胞水平都算不上,要找出分解塑料的酶究竟是什么,再提取相应基因用微生物基因工程大规模生产就只能放到展望部分了。时间较紧，结果误差也挺大。这次实验最大的收获就是对动手能力和意志的磨炼，弓着背一条条地数虫子，称量时如何减少误差，加上外婆教给我的经验，都构成了我今后发展的力量。

希望今后能继续参加类似研究活动。

课题作者：上海市西南位育中学
谈天爱
指导老师：孟丽军　袁　刚
黄健波（上海昆虫博物馆）

昆虫与未来食物

——昆虫作为太空食物的可行性研究

探究缘起

当前，我们生存的地球面临着各种危机，科学家们积极探索太空，一直在寻找其他星球的生命迹象，研究人类在太空生存的可能性。我们两个男孩子作为太空迷，对太空充满了好奇。今年暑假的“进馆有益”活动，我们走进了上海昆虫博物馆，看到了各式各样的昆虫，了解到有些昆虫有生命力强、蛋白质含量高的特性。我们不禁想到看的科幻电影《火星救援》中，植物学家在火星上种土豆，结合学习到的昆虫特性知识得到启发，我们也想探索昆虫在太空生存的可能性。于是，我们开始着手选择昆虫，确定模拟太空恶劣环境的条件，研究昆虫在外太空的生存可能性，探索如何将高营养价值的昆虫作为人类移居太空的食物。

一、昆虫作为未来食物的研究现状及发展

联合国粮农组织(FAO)近日发布的一份名为《可食用昆虫：食物和饲料保障的未来前景》的报告为我们找到了答案。该报告指出，全世界可供人类食用的昆虫超过1900种，世界上至少20亿人的传统食物中包含昆虫，许多昆虫富含优质蛋白质、多种维生素、纤维和矿物质，可以作为人类食物的主要来源，有助于缓解当前全球粮食和饲料短缺问题。在中国广东、云南等地，昆虫也成为人们的各式美味菜肴。

太空探索中，中国的月宫一号就构建了一个植物、动物以及

微生物组成的人工闭合生态系统。在这个舱里面生活的实验员，食物中的蛋白质主要来源就是黄粉虫。黄粉虫数量不需要太大，而且人也不会跟它建立起过分的感情依赖，对于环境的污染也较小。黄粉虫以系统中植物的果实或者蔬菜的老叶为食物，能够很好地处理掉生物系统循环中的废物。这种黄粉虫能够提供非常优质的动物蛋白，在炒着吃之后，虽然吃起来微苦，但是香味悠长，是非常不错的一种美食。

二、昆虫的营养价值分析

通过查阅相关文献，获取昆虫和常规食物的蛋白质含量对比表如下：

表 1

蛋白源名称		蛋白质质量分数/(%, m_d)
常规蛋白源	牛肉干	45.6
	猪肉	35.2
	大豆	40.4
	鲤鱼	66.5
可食性昆虫蛋白源	蚕蛹	52.0
	蝉成虫	72.0
	蟋蟀成虫	65.0
	蜜蜂成虫	81.0
	蝗虫成虫	58.4
	黄粉虫幼虫	54.3
	黄粉虫蛹	58.7
	黄粉虫成虫	64.3
	蚂蚁成虫	42.0～67.0
	蝇蛆	59.4

从上表可以看出，蝉成虫、蟋蟀成虫、蜜蜂成虫、蝗虫成虫、黄粉虫成虫比牛肉干的蛋白质含量还要高，所以可以考虑利用昆虫体积小、蛋白质含量高的特点，为宇航员提供食物。

昆虫需要适应太空的低压环境，因此尽量选择体积小的昆虫进行实验，同时还需要考虑昆虫的食物供应，如蜜蜂需要花粉和花蜜作为食物，太空环境下较难实现，所以我们确定选择蝗虫作为研究昆虫。此外，中国科学家在月宫一号实验室内有一个动物养殖间，在这个舱里面生活的实验员每天食物中的蛋白质主要来源就是黄粉虫，所以黄粉虫也作为我们实验的昆虫。

三、实验方案

（一）设计实验

1. 研究内容

探索蝗虫和黄粉虫在太空舱环境中的生存状况，对昆虫在太空中的开发利用进行展望。

2. 研究目标

探索昆虫是否能够在低温低压环境下生存，以满足恶劣环境下宇航员的食物需求。

3. 实验方法

模拟太空舱的低温低压生存环境，观测昆虫的生存情况。

4. 实验手段

考虑在密封罐内放入昆虫及食物，然后密封罐抽真空后，通过计算估算出密封罐内部压力，观测昆虫的生存周期，接下来再考虑将低压密封罐分别放进冰箱的冷藏室（0℃～4℃）和冷冻（—18℃）室，在几种情况下观测昆虫的生存周期及是否能够自我繁殖，确定实验昆虫是否适合在太空环境下生存。

（二）实验准备

先准备好实验器材和昆虫，用带刻度的针筒和水测量各真空罐以及抽真空气筒的容积，估算抽真空气筒抽取次数实现真空罐内的气压情况。其中 2 个大真空罐，容积约为 700ml，2 个小真空罐，容积约为 400ml，抽真空气筒容积约为 50ml。根据各设施的容积，对抽真空气筒抽取次数形成的大气压估算结果如下：

表 2

抽真空次数	相当于多少大气压（小真空罐）	相当于多少大气压（大真空罐）
抽 1 次后	0.88	0.93
抽 2 次后	0.77	0.86
抽 3 次后	0.67	0.80
抽 4 次后	0.59	0.74
抽 5 次后	0.51	0.69
抽 6 次后	0.45	0.64
抽 7 次后	0.39	0.60
抽 8 次后	0.34	0.55
抽 9 次后	0.30	0.51
抽 10 次后	0.26	0.48
抽 11 次后	0.23	0.44
抽 12 次后	0.20	0.41
抽 13 次后	0.18	0.38
抽 14 次后	0.15	0.35
抽 15 次后	0.13	0.33

根据估算结果和初步观察结果，结合实验条件，最终确定采用以下几组条件进行实验观察：

(1) 常温下选取正常大气压、0.7 个大气压、0.5 个大气压以及 0.3 个大气压四种情况进行观察。

(2) 0℃下选取正常大气压、0.5 个大气压两种情况进行观察。

(3) −18℃下选取正常大气压、0.5 个大气压两种情况进行观察。

四、实验内容

(一) 蝗虫实验

1. 常温实验

本次实验共使用 2 个大真空罐、2 个小真空罐，在真空罐内放好蝗虫吃的胡萝卜，每个真空罐上贴好标签，抽真空气筒抽取真空。开始实验时间为 2019 年 7 月 27 日晚 9:00。

根据时间，做好记录。

图 1

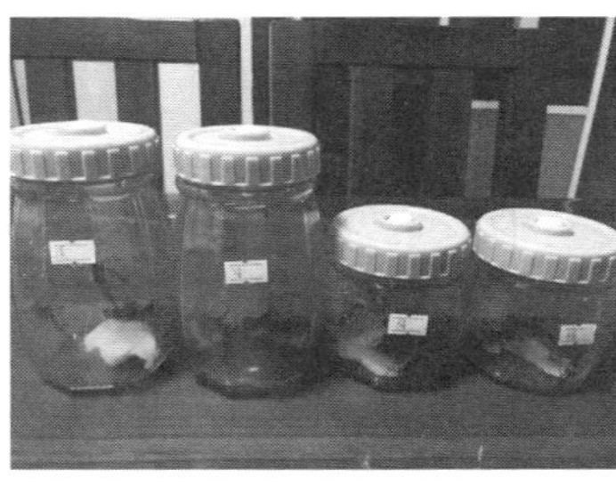

图 2

表 3　蝗虫在常温下的实验记录

观察动物（蝗虫）	1 分钟后（21:01）	5 分钟后（21:05）	10 分钟后（21:10）	0.5 小时后（21:30）	1 小时后（22:00）	2 小时后（23:00）	8 小时后（5:00）	12 小时后（9:00）	16 小时后（13:00）	21 小时后（18:00）	26 小时后（23:00）	34 小时后（第三天 7:00）	2 天后（21:00）
#1 瓶正常大气压	无变化	无变化，蝗虫吃胡萝卜	无变化，蝗虫动作活跃	无变化，蝗虫动作活跃。将瓶盖改为保鲜膜扎空，模拟正常生存环境	无变化，蝗虫动作迟缓，准备睡觉	无变化，蝗虫睡觉，动了瓶子后微动	无变化，蝗虫睡觉，动了瓶子后微动	无变化，蝗虫活跃，吃胡萝卜	无变化，胡萝卜减少	无变化	无变化	无变化，蝗虫仍然很活跃，与正常生存类似	

（续表）

观察动物（蝗虫）	1分钟后（21:01）	5分钟后（21:05）	10分钟后（21:10）	0.5小时后（21:30）	1小时后（22:00）	2小时后（23:00）	8小时后（5:00）	12小时后（9:00）	16小时后（13:00）	21小时后（18:00）	26小时后（23:00）	34小时后（第三天7:00）	2天后（21:00）
＃2瓶抽真空5次，0.7个大气压	无变化	无变化	有异常，不动，动瓶子后会跳动，像是开始睡觉。瓶子上开始出现水汽	有异常，不动，动瓶子后会跳动。胡萝卜没有吃	有异常，不动，动瓶子后会跳动	有一只死亡，可能是昆虫本身的问题，其余4只动瓶子后很活跃	1只死亡，其余4只动瓶子后很活跃	1只死亡，其余4只很活跃。胡萝卜只吃了一点点	2只死亡，其余3只偶尔活动，动瓶子会焦躁、跳动	3只死亡，其余2只动作缓慢，动瓶子后会活动，偶尔跳动	3只死亡，其余2只动作缓慢	3只死亡，其余2只奄奄一息	全部死亡

（续表）

观察动物（蝗虫）	1分钟后（21:01）	5分钟后（21:05）	10分钟后（21:10）	0.5小时后（21:30）	1小时后（22:00）	2小时后（23:00）	8小时后（5:00）	12小时后（9:00）	16小时后（13:00）	21小时后（18:00）	26小时后（23:00）	34小时后（第三天7:00）	2天后（21:00）
#3瓶抽真空6次，0.5个大气压	无变化	1只有些异常。瓶子上出现水汽	1只奄奄一息，其余4只不动，晃动瓶子后会活动、跳跃	1只奄奄一息，其余4只不动，晃动瓶子后会活动、跳跃	1只接近死亡，其余4只不动，晃动瓶子后会活动、跳跃。胡萝卜没有吃	均无活动，1只可能处于昏迷状态或睡觉	1只奄奄一息，晃动瓶子后动动脚，其余4只晃动后活跃，有跳动	5只活着，但不够活跃。晃动瓶子后3只活跃，胡萝卜局部有啃咬现象，吃的更少	5只均活着,2只晃动瓶子后活跃,3只动作迟缓	2只死亡，3只活着，晃动瓶子有跳跃	2只死亡，3只活着，晃动瓶子有动作	3只死亡，1只活着，动作迟缓，1只奄奄一息	全部死亡

（续表）

观察动物（蝗虫）	1分钟后（21:01）	5分钟后（21:05）	10分钟后（21:10）	0.5小时后（21:30）	1小时后（22:00）	2小时后（23:00）	8小时后（5:00）	12小时后（9:00）	16小时后（13:00）	21小时后（18:00）	26小时后（23:00）	34小时后（第三天7:00）	2天后（21:00）
＃4瓶抽真空10次，0.3个大气压	无变化	有3只有些异常，可能是想睡觉。瓶子上出现水汽	5只都不动，动瓶后，1只奄奄一息。瓶子上水汽最大	5只都动作迟缓，呼吸有困难，处于半睡眠状态	1只接近死亡，不晃动瓶子没有动作。胡萝卜没有吃	1只接近死亡，4只没有动作。晃动后，会活动、焦躁地跳跃	4只死亡，1只奄奄一息，晃动瓶子	4只死亡，1只接近死亡，晃动瓶子都不怎么动	全部死亡				

常温实验可以看出，0.3 个大气压下，蝗虫只能生存 1 天不到，较难生存。0.5 个大气压和 0.7 个大气压，蝗虫可以生存 2 天左右，但基本不太吃东西，活跃性逐渐下降。

因蝗虫体积较大，消耗氧气比较多，所以在低压下生存时间较短。

2. 低温实验

1 个大真空罐、1 个小真空罐、2 个矿泉水瓶，在设备内放好蝗虫吃的青菜，每个真空罐上贴好标签，抽真空气筒抽取真空。低温实验开始实验时间为 2019 年 7 月 29 日下午 17:00。

图 3

根据时间，做好记录。

表 4　蝗虫在低温下的实验记录

观察动物（蝗虫）	1 分钟后（17:01）	5 分钟后（17:05）	10 分钟后（17:10）	0.5 小时后（17:30）	1 小时后（18:00）	3 小时后（20:00）	5 小时后（22:00）	14 小时后（第二天 7:00）	20 小时后（13:00）	25 小时后（18:00）	29 小时后（22:00）
＃5 瓶正常大气压(温度:0℃)	无变化，吃东西	无变化，吃东西	无变化，吃东西	动作缓慢	动作缓慢	1 只死亡,1 只微动	1 只死亡,1 只微动	1 只死亡,1 只微动,放 30 分钟都复活	2 只均不动,放室温 40 分钟后 2 只复活	2 只均不动,放室温 50 分钟后 1 只复活	2 只不动,室温后一直未动,全部死亡
＃8 瓶抽真空 8 次，0.5 个大气压（温度:0℃）	无变化，吃东西	无变化，吃东西	无变化，吃东西	动作缓慢	动作缓慢	1 只死亡,1 只微动	1 只死亡,1 只微动	1 只死亡,1 只微动,放室温 30 分钟后都复活	1 只死亡,1 只微动,放室温 45 分钟后 1 只复活	2 只不动,室温 1 小时后不动，一直未动,全部死亡	

（续表）

观察动物（蝗虫）	1分钟后（17:01）	5分钟后（17:05）	10分钟后（17:10）	0.5小时后（17:30）	1小时后（18:00）	3小时后（20:00）	5小时后（22:00）	14小时后（第二天7:00）	20小时后（13:00）	25小时后（18:00）	29小时后（22:00）
＃6瓶 正常大气压（温度：−18℃）	无变化，吃东西	睡觉	睡觉	都不动，晃动也不动	室温10分钟后无反应。22分钟后，1只复活，1只死亡	室温15分钟后无反应，35分钟后无反应，室温放至8小时后无反应，确认死亡					

（续表）

观察动物（蝗虫）	1分钟后（17:01）	5分钟后（17:05）	10分钟后（17:10）	0.5小时后（17:30）	1小时后（18:00）	3小时后（20:00）	5小时后（22:00）	14小时后（第二天7:00）	20小时后（13:00）	25小时后（18:00）	29小时后（22:00）
＃7瓶抽真空10次，0.5个大气压（温度：−18℃）	无变化，吃东西，但吃得很少	无变化	不吃东西，想逃走	都不动，晃动无反应	室温10分钟后无反应。22分钟后，2只死亡	室温15分钟后无反应，35分钟后无反应，室温放至8小时后无反应，确认死亡					

3. 低温实验结论

低温实验可以看出，－18℃的生存环境最恶劣，蝗虫没法生存。0.5个大气压，0℃下，蝗虫与正常大气压下的生存时间相差不大。

可见温度对蝗虫影响最大。

（二）黄粉虫实验

根据蝗虫实验的经验，对黄粉虫采用相同试验方法进行观察。

图 4

根据观察，得出常温和低温低压情况下的试验数据如下：

表 5　黄粉虫在常温下的实验记录

观察动物（黄粉虫）	1 分钟后（21:01）	5 分钟后（21:05）	10 分钟后（21:10）	0.5 小时后（21:30）	1 小时后（22:00）	2 小时后（23:00）	8 小时后（5:00）	12 小时后（9:00）	16 小时后（13:00）	21 小时后（18:00）	26 小时后（23:00）	34 小时后（第三天 7:00）	2 天后（21:00）
＃1 瓶正常大气压	无变化	活动范围变大	无变化，动作活跃	无变化	无变化	无变化	无变化	躲在棉花下	躲在棉花下	躲在棉花下	爬出棉花	无变化，仍然很活跃，与正常生存类似	无变化，仍然很活跃，与正常生存类似

（续表）

观察动物（黄粉虫）	1分钟后（21:01）	5分钟后（21:05）	10分钟后（21:10）	0.5小时后（21:30）	1小时后（22:00）	2小时后（23:00）	8小时后（5:00）	12小时后（9:00）	16小时后（13:00）	21小时后（18:00）	26小时后（23:00）	34小时后（第三天7:00）	2天后（21:00）
＃2瓶抽真空5次，0.7个大气压	无变化	活动范围变大	无变化	无变化	无变化	无变化	瓶内出现雾气	无变化	无变化	躲在棉花下	无变化	无变化	无变化，仍然很活跃，与正常生存类似
＃3瓶抽真空6次，0.5个大气压	开始活动	活动范围变大	活力渐强	开始找食物	停止活动	停止活动	停止活动，瓶内出现雾气	停止活动	开始活动	无变化	无变化	无变化	无变化，仍然很活跃，与正常生存类似

（续表）

观察动物（黄粉虫）	1分钟后(21:01)	5分钟后(21:05)	10分钟后(21:10)	0.5小时后(21:30)	1小时后(22:00)	2小时后(23:00)	8小时后(5:00)	12小时后(9:00)	16小时后(13:00)	21小时后(18:00)	26小时后(23:00)	34小时后(第三天7:00)	2天后(21:00)
＃4瓶抽真空10次，0.3个大气压	无变化	无变化	开始小范围活动	持续活动	停止活动	轻微摇晃无反应	不动	无反应	开始活动	躲在棉花下	无变化	活动	无变化，仍然很活跃，与正常生存类似

表 6　黄粉虫在低温环境下的实验记录

观察动物（黄粉虫）	1 分钟后（21:01）	5 分钟后（21:05）	10 分钟后（21:10）	0.5 小时后（21:30）	1 小时后（22:00）	2 小时后（23:00）	8 小时后（5:00）	12 小时后（9:00）	16 小时后（13:00）	21 小时后（18:00）	26 小时后（23:00）	34 小时后（第三天 7:00）	2 天后（21:00）
＃1 瓶 正常大气压（温度：0℃）	无活动	无活动	无活力，僵硬	无变化	躲在棉花下	躲在棉花下	躲在棉花下	躲在棉花下	躲在棉花下，	躲在棉花下	躲在棉花下	躲在棉花下	没有死亡，行动能力下降
＃2 瓶 抽真空 5 次，0.7 个大气压（温度：0℃）	无活动	无活动	无活力，僵硬	无变化	躲在棉花下	躲在棉花下	躲在棉花下	躲在棉花下	躲在棉花下	躲在棉花下	躲在棉花下	躲在棉花下	没有死亡，行动能力下降

（续表）

观察动物（黄粉虫）	1分钟后（21:01）	5分钟后（21:05）	10分钟后（21:10）	0.5小时后（21:30）	1小时后（22:00）	2小时后（23:00）	8小时后（5:00）	12小时后（9:00）	16小时后（13:00）	21小时后（18:00）	26小时后（23:00）	34小时后（第二天7:00）	2天后（21:00）
＃3瓶抽真空6次，0.5个大气压（温度：−18℃）	无活动	无活动	无活力，僵硬	无变化	死亡，身体有一点变黑	死亡，身体变黑区域变大	无变化	无变化					死亡，身体全部变黑
＃4瓶抽真空10次，0.3个大气压（温度：−18℃）	无活动	无活动	无活力，僵硬	无变化	死亡，身体有一点变黑	死亡，身体变黑区域变大	无变化	无变化					死亡，身体全部变黑

从黄粉虫的实验数据可以看出，黄粉虫在常温下对低压环境适应性更强，在0℃情况下行动力下降，在－18℃情况下死亡很快。

五、实验数据分析

（一）实验数据总结

1. 蝗虫数据总结

表7

观察动物(蝗虫)	常温下：(20℃～30℃)	温度：0℃	温度：－18℃
正常大气压	正常生存，食物吃的多	0.5小时后行动缓慢，29小时后死亡。食物吃一些	0.5小时后基本不动，3小时后死亡。食物没有吃
0.7个大气压	16小时后异常，2天后死亡。食物吃的比较少		
0.5个大气压	12小时后异常，2天后死亡。食物吃的更少	0.5小时后行动缓慢，25小时后死亡。食物吃的比较少	10分钟后想逃走，0.5小时后不动，1小时后死亡。食物没有吃
0.3个大气压	0.5小时后异常，16小时后死亡。食物没有吃		

2. 黄粉虫数据总结

表 8

观察动物（黄粉虫）	常温下：（20℃～30℃）	温度：0℃	温度：－18℃
正常大气压	正常生存	10 分钟后无活力，身体僵硬，2 天后没有死亡，行动能力下降	
0.7 个大气压	与正常生存类似	10 分钟后无活力，身体僵硬，2 天后没有死亡，行动能力下降	
0.5 个大气压	与正常生存类似		10 分钟后无活力，身体僵硬，1 小时后死亡，身体有一点变黑，2 小时后，身体变黑区域变大，2 天后，身体全部变黑
0.3 个大气压	与正常生存类似		10 分钟后无活力，身体僵硬，1 小时后死亡，身体有一点变黑，2 小时后，身体变黑区域变大，2 天后，身体全部变黑

（二）实验数据分析

根据查阅资料，中国月宫一号舱内温度控制在 18℃～25℃之间，人员活动区湿度为 40%，动植物区域湿度为 60%，气压为正常大气压。其他空间站等太空舱内温度也都在 20℃左右。这个条件与我们的常温常压实验相近。

从上述表格里可以看出，蝗虫只有在常温条件和正常大气压下能正常生存，在低压和低温条件下都难以生存，如果放在太空舱内带入太空，应该可以实现。但一旦在火箭零重力条件，气压出现波动的条件下，则蝗虫难以生存，故蝗虫不是适宜带入太空的昆虫。

在常温条件下，黄粉虫对低压能力适应特别强，与正常生存类似。黄粉虫对0℃环境的适应性比蝗虫更强，存活时间长，但生存能力还是降低。－18℃条件下，黄粉虫存活时间在1小时内，可见黄粉虫不能适应低温环境。说明黄粉虫在火箭零重力条件下，即使气压出现波动，只要温度保在与地球环境类似，黄粉虫就可以正常生长。所以黄粉虫是适宜带入太空的昆虫。

根据科学研究，火星是目前发现的温差最小的太阳系行星，火星的温度变化范围为－133℃～27℃，火星的大气密度也只有地球的大约1%，所以目前研究的蝗虫和黄粉虫均无法在火星上生存，难怪人类还没有在火星上发现生命迹象。

（三）研究结论

太空站的空间有限，将昆虫带入太空，可以在同样的空间条件下，提供给宇航员更多的蛋白质，是非常好的食物。蝗虫不适宜带入太空，环境适应能力差。黄粉虫体形小，更适应低压环境，对低温也有一定适应性，如果能够提供0.3～1.0个大气压、0℃～30℃的环境，将黄粉虫带入太空作为宇航员的食物具有可行性。

参考文献

[1] 余杰飞：《虫子，人类未来的主食？》，《光明日报》，2013年7月20日第5版。

[2] 车科等:《昆虫源食物的开发利用》,《农产品加工》,2008 年第 3 期。
[3] 郑思敏、黄先智、沈以红:《可食性昆虫的食用安全性和营养评价及开发利用研究进展》,《蚕业科学》,2019 年第 2 期。

探究感想

实验开始,我们一直困惑于研究方向的选择,互相讨论多次关于将昆虫作为食物的形式,比如胶囊、做菜等,但作为两个对太空充满了憧憬的男生,最终确定探讨昆虫是否能够在太空中生存并进行实验。

在确定研究目标后,实验方法存在很多困难,我们尝试了很多种,比如给真空罐装压力表等,但因为实施困难,最终找到一个相对比较容易且实验准确性较高的实验方法,通过抽真空的计算来解决。

实验过程中,我们也碰到了实验结果与预想的不同的情况,且有个别现象出现反常,我们仔细分析观察结果,找出问题产生的原因,并发现不同实验阶段,昆虫的活力也有差异,从而尽量选择较多昆虫进行实验,以区分个例。

实验结论大致与我们的预期相同,但也有些结果是我们没有想到的。这一过程让我们思想碰撞,产生更好的创新想法和思路,相信这个经历对我们今后的学习生活有着重要意义,培养了我们实事求是、严谨、坚持的实验精神,让我们受益匪浅。

课题组成员:上海市徐汇区教育学院附属实验中学
安羽帆　潘　彦
指导老师:金　喆
黄健波(上海昆虫博物馆)

白蚁对不同木头的偏好研究

一、研究背景与意义

白蚁是一类分布很广的古老的社会性昆虫，以赤道为中心，分布在北纬、南纬45°范围内，分布面积约占全球总面积的50%。我国白蚁分布在辽宁丹东和北京约北纬40°以南地区，主要受灾地区是长江以南各省，分布面积约占全国总面积的40%。除了黑龙江、吉林、内蒙古、宁夏、青海、新疆尚未发现白蚁外，其余各省市自治区均有白蚁分布，造成危害。

白蚁筑巢于土中、墙内或木材中，相当隐蔽。其危害往往涉及建筑物、交通设施、电信设备、江河堤围和水库土坝，以及书籍、纺织品、武器、弹药和农林作物等。由此可见，白蚁危害极高，破坏性强，给我国造成了严重的经济损失。白蚁的生命活动主要依赖于木质纤维素，在自然界中，白蚁对木质纤维的获取主要是取食各种树木材质。

目前采用毒饵法诱杀白蚁，简易可行、污染小、效果好，已成为白蚁防治策略的重要组成部分。对利用毒饵灭治白蚁而言，最重要的是白蚁能被毒饵吸引并前去取食，只有这样，毒饵才能发挥对白蚁的灭治作用。因此，毒饵必须含有白蚁喜食食物。然而在自然生态环境下，食木白蚁对不同树种的取食选择行为具有一定的倾向性，对有些树种的取食率明显高于其他树种。因此，筛选出白蚁具有明显偏好的木头种类，再结合有效毒饵，可以有效减轻白蚁的危害，减少国家和人民经济财产的损失。

通过参观上海昆虫博物馆，我们发现博物馆饲养了大量白蚁，在与博物馆联系后，我们从上海常见树木这一实际出发，选取常见树木的木段，研究白蚁对各种木头的偏好。

二、实验材料与方法

（一）实验材料

实验白蚁：测试白蚁由上海昆虫博物馆提供。

实验树种：选用在上海市各小区常见的树木枝段，包括桂花、香樟、木槿、梅树、石楠、玉兰、橘树。介绍详见表1：

表1 实验树种介绍

中文名称	英文名称	外貌描述	分布
桂花	Sweet Olive	常绿乔木或灌木，高3～5米；小枝黄褐色，无毛	适生区北可抵黄河下游，南可至两广、海南等地
香樟	Cinnamomum Camphora	常绿大乔木，高可达30米，树冠广卵形；小枝淡褐色，全体无毛	长江以南各地，以台湾为最多
木槿	Chinese rose	落叶灌木，高3～4米；小枝密被黄色星状绒毛	中部各省原产，各地均有栽培
梅树	Plum Blossom	小乔木，稀灌木，高4～10米；小枝绿色，光滑无毛	中国各地均有栽培，但以长江流域以南各省最多

（续表）

中文名称	英文名称	外貌描述	分布
石楠	Photinia Serrulata	常绿灌木或中型乔木，高 3～6 米；小枝褐灰色，全体无毛	长江流域及秦岭以南地区、华北地区有少量栽培
玉兰	Magnolia	落叶乔木，高达 25 米，枝广展形成宽阔的树冠；小枝稍粗壮，灰褐色	原产于中国中部各省，现北京及黄河流域以南均有栽培
橘树	Citrus reticulata	常绿小乔木或灌木，高约 3 米。小枝较细弱，无毛	广布于长江以南各省

（二）实验方法

1. 材料处理

将取回的白蚁放于温度 25℃～28℃，湿度 80%的室内黑暗环境下饲养 7 天。试验前用纸卷诱集白蚁，放在托盘上，用湿润的纸巾覆盖，白蚁将在几分钟后附着在湿纸巾上，选取体形和龄期大致相同的健壮白蚁作为试验对象。

将采回的木头锯成宽厚适中的等长木条，消毒烘干，称重记录后，逐条编号。

2. 实验步骤

步骤一：取一张适当大小的消毒无尘纸置于玻璃器皿中。

步骤二：将处理后的白蚁小心剥离到上述器皿中的无尘纸上；图 1 可见，部分白蚁随机放置在无尘纸和木头上。

步骤三：将已处理的木段依次放在无尘纸上，放置时注意避免挤压白蚁。

步骤四：每天中午喷洒水一次；每隔一天中午 12：00 记录各

木段白蚁数目，连续观察 5 天。

图 1　白蚁被转移到无尘纸和木头上(从左到右依次为：桂花、香樟、木槿、梅树、石楠、玉兰、橘树)

图 2　称量木头的实验现场

三、实验结果与讨论

测试时所在实验室温度为恒温 25℃，每隔一天记录各木段白蚁数量(各木段日均白蚁数目及占比见表 2)：

表 2　各木段每天白蚁数目

树段	白蚁数目(只)			平均(只/天)	占比
	第一天	第三天	第五天		
桂花	1	2	3	2	3.1%
香樟	2	4	3	3	4.7%
木槿	1	1	4	2	3.1%
梅树	4	3	2	3	4.7%
石楠	51	45	57	51	79.7%

（续表）

树段	白蚁数目(只)			平均(只/天)	占比
	第一天	第三天	第五天		
玉兰	1	3	2	2	3.1%
橘树	1	1	0	−1	1.6%

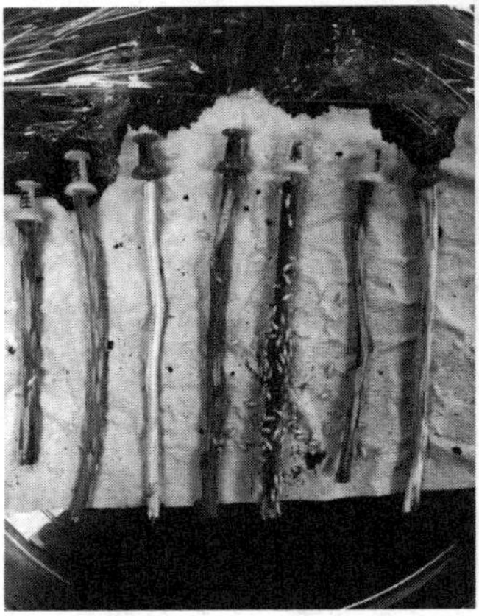

图 4　各木段白蚁附着情况(从左到右依次为:桂花、香樟、木槿、梅树、石楠、玉兰、橘树)

由实验数据分析可得,家白蚁对供试的 7 种木段的偏好不同。家白蚁最喜欢取食石楠木段(占比 79.7%),对于桂花、香樟、木槿、梅树、玉兰有一定量的取食,但是对于橘树枝段则几乎不取食(占比 1.6%)。经过分析可得,家白蚁的取食偏好可能跟这些树种木材的密度、硬度、树龄和含有的挥发性次生化合物有关。查阅资料显示,木材内通常含有脂肪、脂肪酸、脂肪醇、酚类、类固醇、树脂酸、树脂、蜡类以及其他许多微量有机化学物质,大多数植物常将这些物质作为自己的防御武器。因此,木材中存在的化感物质如萜类化合物、醌类、酚类物质和类黄酮通常被认为对白蚁具有驱避性。由此,可以对此次试验结果进行初步分析:白蚁对橘树的喜爱程度低是因为其枝段放出的挥发性化合物对白蚁有一定的抵御性。具体原因还需要进一步实验分析,由于实验器材限制,在此不深入讨论。

进一步查阅资料发现,木材气干密度也能影响白蚁的取食率。木材密度是木材的一个物理性能,它与木材的硬度呈正相关。一般说来,木材的硬度和密度越大,其抗蚁性也越好。当气干密度达到 0.8mg/cm 以上时,白蚁就很难蛀蚀到木材内部,仅能在木材表面留下啃噬痕迹。

因此,在每根枝段长度相等的基础上,我们进而假设每根木段体积相同。根据密度计算公式:$\rho=m/V$,以及重量测试记录结果(见表 3):

表 3　各木段质量

树段	质量(g)
桂花	1.33
香樟	0.78
木槿	0.84
梅树	1.25
石楠	0.65
玉兰	0.79
橘树	1.21

得出各木段密度排序:ρ(石楠)<ρ(香樟)<ρ(玉兰)<ρ(木槿)<ρ(橘树)<ρ(梅树)<ρ(桂花),与白蚁对木段的喜爱程度基本吻合。

四、实验结论

此次实验选取了上海市各小区常见的7种木段：桂花、香樟、木槿、梅树、石楠、玉兰和橘树。通过三天的实验记录观察，我们发现白蚁更加偏爱石楠木段，对橘树木段的喜爱程度则最低。通过查阅相关资料以及后续实验计算，分析出白蚁对石楠木段的喜爱是由于石楠木段放出的抵御性化合物少，同时石楠木段的低密度特性也更加方便白蚁取食。

根据实验结果，我们可以对上海市的白蚁防治提出以下建议：(1)可以考虑多种植橘树以达到对白蚁的预防；(2)可以在石楠木中放置有效毒饵，以诱杀白蚁。通过预防与诱杀结合，达到上海市白蚁的有效防治。

参考文献

[1] 李静、袁晓栋、许如银：《黑翅土白蚁对不同木材及其处理方法偏好性的研究》，《中华卫生杀虫药械》，2013年第1期。

[2] 黄海娣、田洁、谢蓉蓉：《黑胸散白蚁和台湾乳白蚁对镇江地区几种常见木材品种的取食偏好性研究》，《应用昆虫学报》，2015年第6期。

[3] 李雄生、李永忠、王问学：《家白蚁高效诱饵的研制及诱效试验》，《中南林业科技大学学报》，2001年第2期。

[4] 王翔：《堤坝白蚁的危害与防治对策》，《水利建设与管理》，1994年第6期。

探究感想

通过此次实验，我们不仅了解到了白蚁的相关知识，也加强了动手能力和数据分析能力。在实验过程中，我们应该尽量减少盲目提高实验效率的举措，在实验进行之前，应该对整个实验过程乃至人员分工有一个详细的规划，按照规划进行实验。在实验中遇到了问题，各个成员之间应该积极地讨论，避免问题扩大化。

课题组成员：上海市徐汇区教育学院附属实验中学

陈寒飞　朱　轶　姚舜峰　谢乐翔

指导老师：金　喆

黄健波（上海昆虫博物馆）

研究小组成员合影

文创设计

基于“故宫模式”对上海博物馆文创的建议

寻找上海博物馆文创产品的改进可能

基于"故宫模式"对上海博物馆文创的建议

探究缘起

近年来,故宫博物院推出了一系列颇具特色的文创产品,在网上迅速走红,故宫的淘宝网店也迅速积聚了大量粉丝,许多产品一经上架就成为月销上万的人气产品。根据去年发布的数据,故宫博物院 2017 年的文创收入达 15 亿元,比 2016 年增长 50% 之多。相比之下,上海博物馆尽管也开发了镇纸、胶带、笔袋等产品,与迪士尼这样的热门品牌进行合作,甚至从大英博物馆进口文创产品,但其最畅销的产品的月销量也只有百余件,这引发了我们的思考。博物馆不仅仅是保留和展示文化的地方,更代表着一个地方、一个城市的历史文化风味。我们希望能够分析"故宫模式"的特点,从而对于上海博物馆文创产品的营销提出建议,也为上海优秀传统文化的发扬和传承贡献我们的一分力量。

一、故宫文创产品的现状

(一) 故宫本身的历史传承和藏品知名度

故宫作为明清两代的皇宫,拥有悠久的历史和文化底蕴,文创产品一经推出便会引起广泛的关注。同时,作为国家级的博物馆,故宫藏品的高知名度也使其文创产品拥有很好的设计主题和元素,加上国家提倡积极探索文化传承的各类途径,故宫文创产品很容易成为各大媒体报道的焦点,可谓在营销上事半功倍。

(二) 丰富的销售渠道

故宫文创产品拥有两种主要销售渠道。

在实体店方面，故宫不仅在故宫博物院内部开设了纪念品商店，集中吸引景点的游客购买，还在北京市其他区域开设了几家快闪店，在商业发达的地区设置临时性的铺位，供零售商在比较短的时间内（若干星期）推销其产品，抓住季节性的销售机遇。

在淘宝网店方面，故宫官方旗舰店内文创产品种类齐全，消费者选择面无异于实体店，可以尽可能地发挥互联网渠道的优势，使消费者足不出户便可选购全类商品。

（三）富有生活元素的产品设计

“朕知道了”胶带、“朕就是这样的汉子”汗衫、“朕亦甚想你”折扇、“清明上河图”餐垫，这些都是销售火爆的故宫文创产品，这些文创产品是故宫文化底蕴和流行时尚元素的完美结合，将这些融合性的创意元素与日用品、服饰、首饰等相结合，开发具有较高文化附加值的精品文创产品。同时，故宫博物院更加注重研究人们的生存方式和生存状况，分析人们在日常生活中喜爱哪些文化元素、以什么方式和手段接受文化信息、不同年龄段观众的差异化文化需求等，准确地抓住了消费者的需求，让文创产品不仅限于收藏和纪念，使其真正走进人们生活的方方面面。

（四）线上线下双管齐下，加大推广力度

对于文创产品的宣传推广，故宫可谓下足了功夫。线下方面，香港特区政府将与故宫博物院合作，在西九文化区修建“香港故宫文化博物馆”，厦门鼓浪屿将建成故宫博物院在北京以外的第一个实物分馆，文创产品也跟随分馆一起推广到东南地区，另外，故宫也举办了一系列的回乡展。线上方面，故宫参与拍摄了《我在故宫修文物》等纪录片，让广大民众更加了解故宫及其文化，同时引起他们的消费欲望。此外，故宫的淘宝网店店铺设计也十分精巧，有精美的图画装饰、整齐的排版、清晰的实物图和准确的分类，通过有效的视觉效果冲击，积极调动消费者的购买欲。

二、上海博物馆文创产品的现状

总体来看，上海博物馆的文创产品整体性价比较高，产品价格分布较广，能调动各个年龄阶层、社会阶层的消费欲望。另外，其产品也具有一定的文化元素，能反映上海博物馆的一些特色。但相比故宫文创产品，上海博物馆文创产品还有较多不足之处。

上海博物馆的各类文创产品与故宫博物院重合度较高，在产品都是主打“好看”“好玩”的前提下，上海博物馆由于其本身不是景点，缺少历史文化底蕴。

故宫博物院的文创产品与历史文化息息相关，这点上海博物馆也能做到，但故宫博物院文创产品吸引力远胜于它，原因在于两点：首先，故宫博物院的历史悠久，馆藏多，在所有博物馆中的地位高，国际影响力大；其次，故宫博物院文创产品将历史文物、历史人物活化，使其具有生动感、灵动性，给人以栩栩如生之感，让产品有了“灵魂”。而上海博物馆的产品没有其独特的“灵魂”，只是将文化融入进去，这是远远不够的。

相比故宫文创产品的网店，上海博物馆的网店缺少吸引力，产品页面的呈现多以实物图为主，缺乏设计感。另外，上海博物馆的主打文创产品都未出现在网站上，网店的产品覆盖面不够全。在实体店的调查中，我们也发现店铺的整体装修设计不佳，灯光设计以及墙壁的色彩都无法激起消费者的购买欲。

三、问卷调查

通过前文的整理分析，不难发现故宫博物院本身已经从一个纯粹的文化景点变为兼承了一大 IP 的场所。而其所衍生的文化创意产品也依靠其深入人心的文化概念和设计等成为深受广大消费者喜爱的产品。我们希望通过整合我们能够得到的资料以及问卷调查，分析其成功原因，解释影响消费者购买文创产品的因素和背后隐藏的文化意义，为上海博物馆提出一些建议。

本次问卷主要从消费者对于博物馆文创产品的满意程度角度入手，结合二手数据对比中所发现的产品和促销这两个上海博物馆的薄弱环节来设计问题，最终收到 279 份问卷。20 岁以下人群占 55.91%，21～30 岁占 26.88%，31～50 岁占 13.98%，50 岁以上占 3.23% ，年龄分布较广，数据可信度较高，可反映各个年龄段人群的偏好。男性 69 人，女性 210 人，经过数据对比，男女性对问卷中各个问题的选择没有明显差异，可见性别因素并不会对文创产品的营销产生很大的影响。

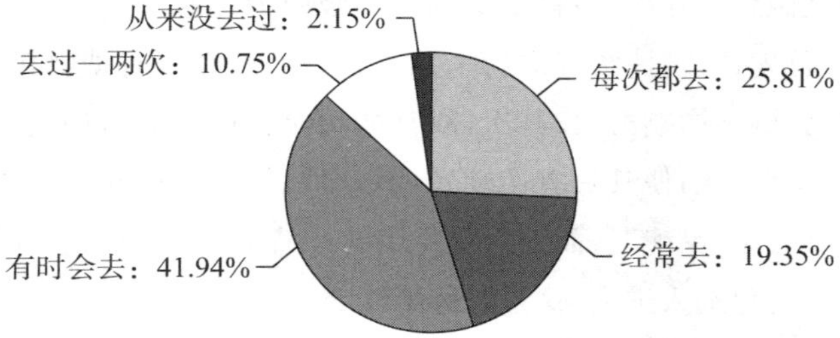

图 1　参观博物馆时进入纪念品商店的频率

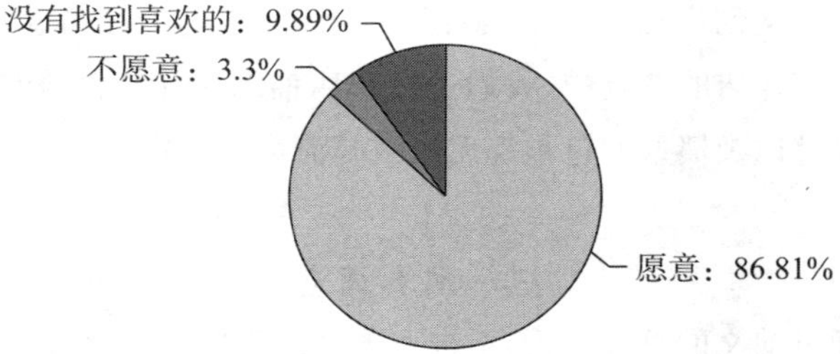

图 2　购买纪念品的意愿

调查人群中，大部分人比较愿意去博物馆时也进入纪念品商店。同样有 86.81%的人表示愿意购买纪念品。可见随着人民生活水平的提高，文创产品目前的市场需求很大，是一个值得挖掘的市场。

数据显示，约 60％的人表示对故宫博物院文创纪念品有所了解，但对上海博物馆文创纪念品比较了解的只有 20％左右。对于本地纪念馆的了解程度如此之低，这一现象说明上海博物馆的影响力不够大，宣传推广的力度也明显不够。

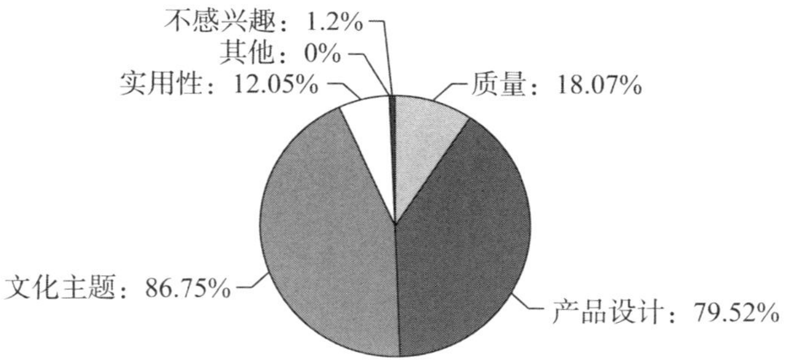

图 3　文创产品吸引购买的因素

最吸引消费者的亮点均为文创产品的设计与文化概念，其次是质量和实用性。

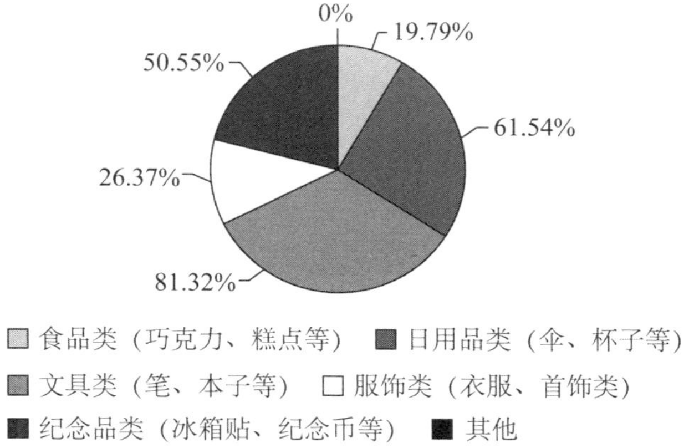

图 4

购买过文化创意产品的人数高达 80%，再次印证了文创产品市场的巨大潜力。在各类产品中，最受喜爱的是文具类，其次是伞、杯子一类日用品，纪念品特征（如纪念币、纪念手册）明显的一类次之。服饰占比较少，食品占比最少。

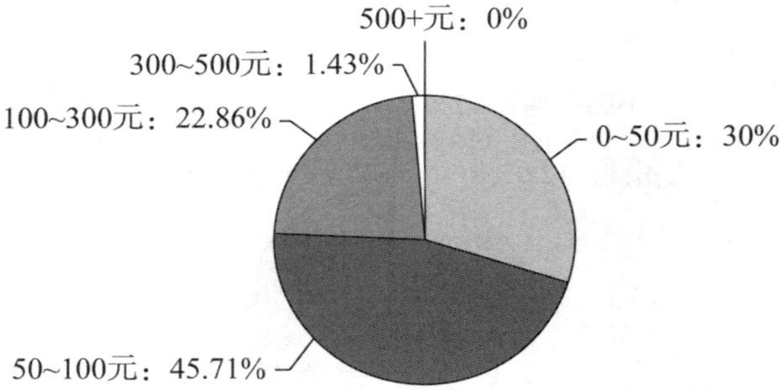

图 5　文创产品的单次花费

最近一次购买文创产品的花费，选择人数最多的是 50～100 元这一选项。50 元以下和 100～300 元较少。可见，消费者通常不愿意单次花费过多，而更愿意购买价格中位数稍低的产品。其中，独特的设计和特殊展览的衍生产品更受青睐。

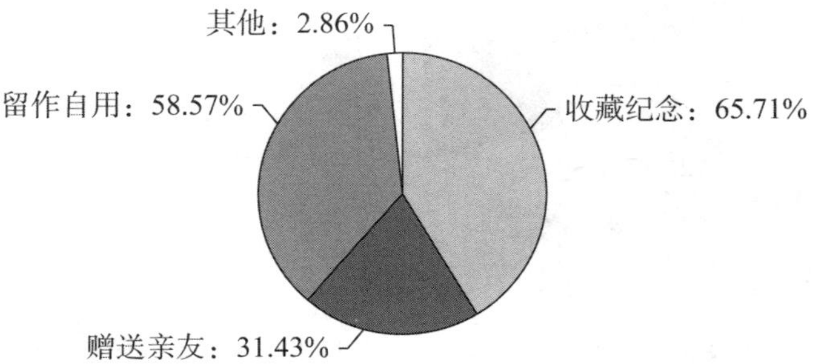

图 6　购买文创产品的用途

消费者购买文创产品的用途中，收藏纪念和留作自用占比较高，赠送亲友占比较少，这就给产品的设计提供了出发点和落脚点。

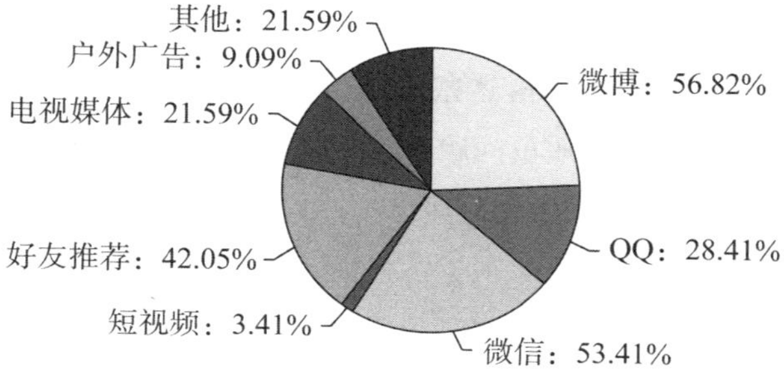

图 7　文创产品信息接收途径

在各项文创产品信息接收途径中，微博、微信和好友推荐位列前三。相较而言，故宫文创产品官方微博更为活跃，清朝皇帝的搞怪形象受到了广大网友的喜爱。在推出产品的同时，官方微博也转发一些与其有关的有趣话题，官方微博形象更鲜活可爱。上海博物馆相关官方微博几乎都是比较普通的展览与产品宣传，保持了一个传统官方微博的形象。

在网店产品页面呈现风格的问题中，我们对比多家博物馆以及分析问卷数据后，发现故宫博物院的产品展示初页面更为美观，抠图与拍摄都更精致。有一部分消费者喜欢更接近实物的拍摄图片，但粗糙的展示页面确实会让消费者的体验大打折扣。更多人喜欢的是设计图，故可以将设计图纸经过简单的文字美化放于初页面，在后续图片中放上细节图与实物图。在不影响产品真实度的情况下，尽量使用干净、美观的照片吸引消费者。

在店铺页面的问题中，故宫博物院的页面更受青睐。在统计数据后，我们发现消费者更希望首页出现新品和现今主题相关、设计精美的图文。应呈现与产品有紧密关系但不显得繁杂的,排版整洁、宣传图精致的页面。其次,有关当地与文化产品相关风景的、古色古香的照片也受到很大一部分人的喜爱。

在主观题中,我们发现受访者喜欢文创产品大多是因为它的意义、创意、文化传承等,这些词频是最高的。而在不喜欢的方面,关于文创产品的质量问题存在较大争议,还有部分产品虚高的价格也让有些消费者望而却步。

四、网店调查

我们也利用互联网获取了相关网店销售的一手数据,故宫博物院文创旗舰店拥有 263 万粉丝,而故宫淘宝拥有 450 万粉丝。由于两者可能有很大的重叠性,我们暂定其拥有 450 万粉丝。相比之下,上海博物馆只拥有 5.5 万粉丝。另外,我们还对故宫淘宝旗舰店销量排名前五的文创产品及其买家评价做了分析:

排名前五的产品分别为小确幸笔记本(49 元)、瑞启红福手绳(69 元)、海错图书本灯(336 元)、冰嬉图书签(72 元)和紫禁游龙钥匙扣(59 元)。销量排名前五的产品总体上比较便宜,最昂贵的海错图书本灯也不过 300 多元。

分析排名前五产品的买家评价关键词,我们总结出以下的共同特点:质量较高、精致、设计有创意、有质感、做工精细,可见这些就是消费者最看重的方面。分析买家的具体评价,我们发现以下评价较为集中:故宫出品就是品质的保障、就是故宫的情怀、故宫文创出品果然出众、品牌附加值太高了,可见大众对故宫的文创品牌十分认可,故宫文创产品的营销十分成功。

五、研究发现和建议

课题团队在实地走访、对比分析和随机访谈等基础上，有针对性地设计了调查问卷，通过对问卷调查数据进行多角度、多层面的分析，分析提炼出造成上海博物馆文创产品与故宫文创产品销量差距巨大的原因。剔除不可改变的因素（如故宫的品牌知名度和深厚的历史沉淀），我们发现，产品创意设计的吸引力较弱、产品宣传推广策略欠佳是上海博物馆文创产品销量低下的主要原因。因此，我们建议：

（一）结合上海特色海派文化设计产品，同时增添更多生活元素

将上海博物馆历史文化、现代流行元素和海派文化融为一体，用最简洁有新意的流行语言进行产品内涵的表达，尤其在产品外观和包装上能达到瞬间吸引眼球的效果。有句话叫“一生唯有爱情与美食不可辜负”，上海有历史意义的美食数不胜数，上海博物馆可以与杏花楼、光明村等老字号合作，创造出几款精美、美味的糕点小食，来吸引顾客。另外，上海是一个国际化大都市，海纳百川，上海博物馆可以使其产品有一种“中西合璧”的特色，并把市场拓展到海外。

故宫文创产品的一大卖点，便是将文化与流行元素相结合，开发出拥有文化附加值同时富有创意的产品。上海博物馆现今的文创产品大多仅仅拥有文化，而缺失了生动感。因此，上海博物馆应该推出更贴近生活的文创产品。文创产品的价格应该更加亲民，产品不宜定位为高端产品。民众普遍认为文化概念是其购买产品的主要原因，而文具类是大家最喜欢的类型，因此，上海博物馆应推出更多富有文化内涵的文具类文创产品。

（二）加强宣传推广力度，拓宽销售渠道

认真塑造微信公众号、官方微博的形象。在主页活跃时不必拘泥于传统的官方形象，而可以展现出一个拟人化的角色，拉近与潜在顾客之间的距离，吸引更多消费者。管理微博的人员可以更改场馆头像，塑造一个与博物馆文化有联系的、富有性格的人物形象。甚至可以与人物结合起来，以亲切口吻去宣传产品、记述其“生活”，使人物生动化。

在 APP（如微博、小红书）投放广告时，广告需结合有趣的内容，具有可读性。广告可以结合简单的故事、有趣的文案，甚至是历史人物的生活。广告的投放也可以有针对性，在相关购物或信息有统计的（如淘宝、京东）APP 上针对文创产品感兴趣的客户进行投放。在人流量大的区域投放实体广告。海报同样不应只有单调的商品信息。寻找相关的博主等进行广告投放让其为粉丝推荐相关的文创产品。不必一次性寻找过多人员进行推广，推广产品也应具有特色和较高的质量，否则此类有迹可循的活动可能会引起消费者反感。

先推出 1～2 款主打网红产品，通过实体店、网店、微商等多种渠道进行推广，以此带动后续系列产品的销量。网店页面可以设计得更具吸引力，文字和图片表达简洁而抓眼球，产品展示分类清晰、图文并茂，页面定期更新产品展示。

（三）积极促销，设计新颖的活动

很多人都偏爱所谓“限量”与“限时折扣”。产品可以进行满减或折扣活动，在各季度及节日时，可以推出限量赠送单品。甚至单品的价值或者设计精细程度可以超越大部分其他类别的产品，成为一个特殊的亮点，推动消费者“为赠品而购买物品”的行为。

创造一个具有上海特色的形象，可以是上海本地知名的人物，也可以是反映特殊年代（如民国）风俗的虚拟人物。本地知名人物可以尽量避开与战争、革命关系过于密切的人物，以免在“搞怪”时触及不必要的麻烦。虚拟人物则可以在服饰、妆容、装扮上尽力凸显几大显著特色，虚拟人物则无须考虑上述问题。

实体店可以在显眼柜台每天推出吸引不同年龄段的主推文创产品；在不同季节，或者结合不同社会热点和网络流行事件，推出不同的主打产品。

探究感想

在这次的探究活动中，作为敬业中学商科特色班的学生，我们锻炼了自己的经济头脑；同时，通过比对不同的营销模式，我们也提升了自己的创新精神，为未来步入社会实践进行了提前的锻炼。

这次活动让我们重新了解了上海独有的文化。在实地考察的过程中，我们更全方面地了解了上海这座城市独特的历史气息和文化。希望通过这篇微论文，不仅为上海博物馆提供营销策略，同时也为上海的文化传播贡献出我们自己的力量。我们要感谢场馆老师的热情接待和学校指导老师的帮助。

课题组成员：上海市敬业中学

聂贝宁　徐昊宇　程　序　嵇楚尧

指导老师：翁则人

寻找上海博物馆文创产品的改进可能

研究缘起

由文物所衍生出的文创产品，既有为博物馆增收的商业价值，又有推广传统文化审美的文化价值。故宫博物院文创产品以其精美的设计和优异的商业推广，成为中国博物馆文创当之无愧的领头羊。而拥有海派文化和浓郁商业创新气氛的上海，在博物馆文创上，不管是文化价值还是商业价值都落后于故宫博物院。

喜爱上海博物馆，喜爱上海的我，尝试通过比较故宫博物院文创与上海博物馆文创，结合文献调研和问卷调研，针对性地提出上海博物馆文创产品改进方案，寻找上海博物馆文创产品的改进可能。

一、故宫博物院文创分析

通过对故宫博物院线下旗舰店实地考察，以及对线上故宫淘宝、故宫天猫旗舰店的销售分析，并对销售排名靠前的文创产品使用和分析，以下从产品、渠道与宣传、价格以及文化价值四个方面对其进行分析。

（一）产品

故宫文创产品的消费主要人群与追求独立个性的“90后”和新中产阶级基本重合，特点有：追求高质量、精美精致；热衷“萌文化”与“青年亚文化”（对传统与“权威”的消解抵抗意味），呈现出以缓解压力为目的的慰藉型消费心理。

因此，故宫文创的产品设计以“萌文化”“青年亚文化”的别样风格作为一大亮点，抓住受众的“首次认知”，吸引消费者。

除以上两种风格外，针对各年龄层多元审美，故宫文创另有多样风格，迎合更丰富的审美需求；为著名藏品打造系列产品，文物带动文创关注度，同时强化观众对这一文化主题以及博物馆品牌的印象。

有设计主题灵魂。挖掘博物馆特色与文化符号，将紫禁城的宫廷元素融入设计中。现代使用宫廷造物带来历史代入感；变形文物，在现代再现其在历史上的功能意义，提供“错误的认同”的别样审美体验，同时打造品牌的不可替代性，迎合符号化消费潮流。产品更新频率高，避免审美疲劳，持久吸引受众。

设计上注重细节与美感，制作精细，保证质量。设计载体形式都是日常生活中常见的文化产品，以文具、日用品为主，便携、利用率高；有创新、迎合时尚的载体，如彩妆等。

（二）渠道与宣传

销售多平台，天猫、淘宝有不同定位的商品。微信、微博等公众号将提高故宫及其文创知名度和推销相结合；宣传多平台，与新兴娱乐形式联动宣传，微博、微信推文宣传，与其他形式对于博物院本身的宣传；宣传形式迎合消费者审美，宣传文案、图片及网页设计风格与现代潮流审美结合。

（三）价格

绝大多数产品在保证美观和基本质量的同时使用性价比更高的材质降低成本，打造“轻奢”产品，价格亲民（故宫淘宝约71%的商品价格在100元以下）；不同定位产品的价格有差异，迎合不同层次的消费者。

（四）文化价值

产品的商品介绍有对其文物元素来源的介绍；在微博等公众

平台的推文采用历史科普结合文创宣传的方式；产品渗透传统美学元素，逐渐培养受众审美。部分产品将文物的历史价值迁移到了现代的文创产品上，增强消费者的历史代入感。

二、上海博物馆文创产品分析

通过对上海博物馆销售部的实地调研，并与上海博物院负责文创的李馆长和销售部赵经理的访谈，对上海博物馆的文创产品的销售进行分析，并从产品、渠道与宣传、价格以及文化价值四个方面与故宫文创进行对比，找出其差异。

（一）上海博物馆文创概述

上海博物馆文创产品的主要消费群体与受众年龄层为 20 至 50 岁，文创设计根据不同的年龄层对象，有不同形式的文创产品设计；设计灵感主要来自馆藏文物，以青铜器书画为主要元素，也有与特展或合作活动联动的文创产品。设计来源则分别由上海博物馆设计部门的专业设计人员与各大院校设计大奖赛征集。上海博物馆 2018 年的文创销售收入为 3300 多万元，绝大部分来源于实体店销售。

（二）上海博物馆与故宫博物院文创产品之比较

1. 产品

上海博物馆的文创设计鲜有风格上的区分，以“唯美”为主，较为淡雅、严肃，主要为传统中式审美。少见有用如故宫“萌文化”“青年亚文化”的触点吸引消费者的关注；风格不如故宫多样，未做出迎合满足现代消费者的多元审美，提供更多维度的体验。基于艺术类藏品所设计的文创产品，大多为文物或元素直接复制，固定化、同质化和模式重复，少见如故宫一样进行元素的提炼并基于现代审美进行再加工，因而容易引起消费者的审美疲劳。

上海博物馆没有像故宫一样发掘自身特色与文化符号，导致产品缺乏特殊性与不可替代性，也很难构建品牌特色。上海博物馆的系列化产品并不突出，为数不多的系列化产品与特展、合作项目联动，少有打造出持久的品牌与口碑。

上海博物馆文创设计较为精致。载体虽以文具、日用品为主导，但相比于以利用率更高的本子为主导的故宫文具，上海博物馆更偏向于使用书签这一载体，相对实用性略逊一筹。创新较少，有效仿故宫开辟首饰这一新型文创形式，但风格、细节设计与产品定位明显逊色于故宫。

2. 渠道与宣传

两大网络平台（天猫、微店）销售产品无明显侧重区别，实体店的产品相比于网络平台品类更为丰富。商品宣传文案以严肃叙事或描写为主，宣传图片以及网页设计也相对普通。宣传平台主要为微信、微博。微信推文内容主要为严肃的学术文章、活动展览信息。上海博物馆“文物医院”微博账号，以较为轻松幽默的宣传文案结合美图、美句与知识科普的形式，迎合以年轻人为主的受众“亚文化”与审美需求，但关注度相对较低。较少利用多平台以及新型娱乐形式来提高曝光率。

3. 价格

上海博物馆的部分产品以类似奢侈品的定位，价格偏高，在其天猫旗舰店，价格为 100 元以下的产品仅占 35％，而非像故宫主要采取“轻奢”产品定位，大部分产品定位在 100 元以下（故宫淘宝该类产品比例为 71％）。

定位直接影响原材料的选择成本以及最终售价，高定价超出我们大多数消费者的经济能力，同时间接影响了文创产品的设计风格。

4. 文化价值

和故宫文创一样,上海博物馆的文创产品大部分有所使用的文物元素来源的介绍,消费者在挑选购买文创产品时可接受文物相关知识的教育。在网络平台进行博物馆推广宣传的同时,也会介绍文物以及相关历史,部分文创产品包装上还会附有文物简介。在文化传播上,上海博物馆文创则鲜有文物历史价值的渗透,也很少形成系列。

综上所述,上海博物馆的文创缺乏新意与时尚感;市场宣传和推广手段单一;产品价格定位较高;文创产品宣传推广中对文物本身的历史文化价值渗透较弱,整体与故宫文创有着较大的差距。

表 1　故宫文创产品与上博文创产品差异分析汇总

价值	比较项目	内容	故宫博物院文创产品	上海博物馆文创产品
商业价值	产品	迎合消费心理把控首次了解	有	较弱
		设计主题灵魂	有	无
		风格多样,载体多元	有	较弱
		产品系列化	有	(除特展产品外)较弱
		设计精致	有	有
	渠道宣传	电商平台不同侧重分流	有	无
		宣传平台整合形式多样	有	较弱
		宣传形式迎合需求	有	较弱

（续表）

价值	比较项目	内容	故宫博物院文创产品	上海博物馆文创产品
商业价值	价格	定位准确	有（“轻奢”）	较弱（定位近似奢侈品）
		价格分流	有	无
文化价值		文物历史教育	有	有
		美学教育	有	有
		文物历史价值渗透	有一定趋向	较弱

必须承认的是，上海博物馆作为地方性博物馆，与故宫博物院作为国家级博物馆，无论从可开发的藏品数量、受众群体数量与影响力等方面，都是无法相提并论的。但是基于故宫的成功经验，上海博物馆可以在发现自己不足的基础上根据自身特色加以改进。

三、问卷结果分析及优秀文创模式特点

我针对博物馆文创的受众、对文创产品的偏好、了解文创产品的渠道、文创产品可接受的价格等，设计了调查问卷，并通过微信调查工具进行了发放、回收和数据汇总。下面结合调查结果和故宫博物院文创的优秀案例，总结出优秀文创的模式特点。

（一）调查问卷结果分析

本次调查共获得有效问卷 484 份，问卷主要结果汇总如下：

1. 购买动机

82.64％的人选择“设计美观、有趣”。寻找一个合适的触点吸引受众是极为必要的。

2. 购买偏好

受访者偏好的文创载体则呈现出了性别、年龄上的差异：男性偏好摆件（50.86％）与文具（50％）；女性偏好文具（66.3％）、包袋（50.27％）；学龄的年轻人（12～25 岁）偏好文具（70％），其中因为“手帐”文化的风靡，这一年龄段对纸胶带尤为热衷（58.57％）；已经走上工作岗位，组建家庭的中青年人（25～40 岁）偏好文具（57.3％）和日常用品（56.18％）；年龄为 40～55 岁的中年人偏好日常用品（53.44％）。

总体来说，受访者对文创载体的偏好为文具与日用品，注重产品质量、美观性、实用性、性价比。

3. 了解和购买渠道

79.34％的受访者接触到文创产品的渠道是博物馆实体店，但同时有 65.9％的受访者表示也会从网络渠道（微博、微信、电商平台等）接触到文创产品的相关宣传。

4. 价格定位

七成的受访者心理预期的文创产品价格定位在 100 元左右。

（二）优秀文创产品模式特点

结合问卷调查结果和对于故宫文创产品的分析可知，尽管文创的形式多样，但人们对优秀文创的认知有一定的共同点，较为理想的文创产品模式特点有：

产品具有亮点，能够抓住消费者的心理或审美需求；风格多样，满足消费者的不同需求；部分产品可形成模式化、系列化开发；拥有设计主题灵魂、博物馆品牌文化符号；设计精致、精美；设计的载体以文具与日用品为主，但消费者也欢迎新型载体的出现，如故宫的首饰、彩妆等。

渠道与宣传方面，除传统博物馆实体店外，依赖于互联网的多平台整合联动提高了宣传效率，宣传的形式也需要抓住消费者的心理或审美需求。

价格方面，消费者普遍预计的价格定位在100元左右，类似故宫的“轻奢”价格范围。

四、上海博物馆文创产品改进建议

根据故宫文创和上海博物馆文创的差异分析，结合以上总结的优秀文创产品模式特点，建议上海博物馆文创产品进行以下的改进：

（一）分析受众需求，重构定位

博物馆可针对文创进行一次详细的市场调查，以具体了解受众需求与审美偏好，并基于调查结果，针对不同性别、年龄等因素对应开展文创设计，投其所好。

文创产品的最终受众是女性居多，在女性所偏好的设计载体如文具、包袋等产品上可多下些功夫。

文创产品的主体消费人群为学生群体和年轻消费者，需要考虑吸引这一消费主力。近年来“萌文化”和解构权威的“青年亚文化”广受欢迎。基于这种需求，将这样的风格加入文创设计，创造一个触点，便能引起这类消费者的兴趣，把控住首次认知，激起购买欲望。上海博物馆的馆藏文物决定了其难以像故宫那些“恶搞”帝王，但可以通过解构刻板印象中严肃的文人、艺术家，或者“萌”化一些藏品来获得类似的效果。另外在设计方面，需考虑此消费人群具体的审美偏向；在载体的选择上，也可以针对性地提供更时尚的创新载体，如纸胶带、手账本、彩妆等产品。

对于中年消费者，根据调查显示，此类消费群体在注重美观性的同时也注重实用性。相比于年轻的消费者，其对于传统中式审美的接受度相对更高；在载体的偏向上，更喜爱生活中的日常用品，强调实用性与性价比。因此，提供与日常生活结合更紧密的产品更能够吸引此类消费者。

而产品价格定位应考虑到青年与中年消费群体的经济能力和消费观念，建议定位在100元左右的“轻奢”价格。

（二）寻找主题灵魂

拥有主题灵魂，除了能够打造文化符号、构建品牌的特殊性之外，也给宣传提供了好的抓手与卖点。

上海有江南文化的精致灵秀，中西结合的海派文化强调的“腔调”与追求卓越精神，这种地域文化特色可引起本地消费者的文化认同，也可吸引非本地游客。可以将“江南的精致”作为主题灵魂，展现现代生活中的古韵之诗，开发日常用品（优秀例子有“昼眠夕寐”护眼罩等）；发挥上海博物馆艺术类藏品优势，加入相应元素，并在文创载体本身细节设计上更精细化。

（三）构造叙事，寻找文物历史价值渗透并赋予现代意义

在一个充斥着信息碎片化阅读的泛娱乐时代，能够构造博人眼球的“叙事”，让受众被打动，完整了解一个故事最终引起共鸣，是一种非常有效的宣传方式。

挖掘馆藏文物背后的有趣故事，并且寻找合适的、符合受众口味的表达方式，如时兴的短视频，以类似热播纪录片《如果国宝会说话》的形式，讲述甚至设计文物背后的故事。

另外，文创产品中可以渗透其所取材文物的历史价值，甚至可以将这种价值做一种现代的迁移与改变。这样，文创产品作为物件本身其实就承担了一部分“叙事”的责任，让使用者在使用过程中体味文物本身历史价值的意义。

五、我的具体设想

根据以上建议，并结合我对上海博物馆文物的了解，设计了两个文创，希望能给上海博物馆文创提供一些启发。

（一）元素贺卡

上海博物馆馆藏文物（如绘画与陶瓷纹饰）中有大量具有特殊寓意的符号或元素，如雍正官窑粉彩蝠桃橄榄瓶上的纹样寓意福寿双全。若将有美好寓意的元素加以提炼，重新设计成拜寿贺卡或生日贺卡，不但寓意好，也能够将文物本身历史价值予以体现。上海博物馆可以根据自身特色和藏品，在受众审美偏好的基础上进行设计，打造系列贺卡，典雅的贺卡中也渗透“精致”这一主题灵魂。

（二）商鞅方升定量咖啡勺

咖啡勺这一载体，即对“精致”的很好诠释，咖啡文化已成为精致生活的代名词。定量意味着一勺所盛咖啡豆/粉有一定的质量（若咖啡勺的应用范围过小，亦可扩展为盐勺等量器）。而商鞅方升是商鞅变法统一秦国度量衡时的量器。将商鞅方升按照文物原比例缩小至可以定量盛放一定量的咖啡粉/豆的大小，去除过于细小的铭文，留下“大良造鞅”四字铭文刻于勺底。勺子使用黑色铸铁制作，再配上方便取用的木柄。将商鞅方升作为量器的历史意义迁移到现代并稍许改动。商鞅方升的故事也因国家宝藏等新娱乐形式为人所知，其背后所代表的商鞅变法的故事也是有潜力的叙事主题。此文创设计在问卷调查中进行了消费者购买意向调查，有 77.28％的受访者表示愿意购买。

参考文献

[1] 王晨奇、陈子焓、刘倩、刘珈莉：《基于新文创的故宫典藏文物文化传播研究》，《文化学刊》，2019 年第 2 期。

[2] 梁茹砚：《故宫淘宝：传统美学与新文创景观的互文共生》，《新闻爱好者》，2019 年第 1 期。

[3] 单霁翔：《故宫做好文创产品开发的十条体会》，文化部关于推动文化创意产品开发工作新闻发布会，2016 年 5 月 25 日。

[4] 师曾志:《"新文创"的变与不变》,《人民论坛》,2018年第22期。
[5] 菲利普·科特勒(Philip Kotler):《营销革命4.0:从传统到数字》,北京.机械工业出版社,2018年。

探究感想

在研究过程中,我经历了不少挫折与痛苦,但现在想来,却不禁感谢这些坎坷。一次次挫折重塑了我的认知,加深了我对"文创"这一概念的理解——商业与文化,看似难以调和的两者如何共存,如何相互赋能,让我去思考传统文化到底将以怎样的姿态存在于现代社会,让我体会何为社会科学的魅力。

在此,感谢我的指导老师王红妹老师。当我陷于"经验主义"的困境时,她让我重回理性思考;当我视野狭隘时,她让我看见更广阔的维度。也感谢上海博物馆的几位老师,李仲谋先生和赵老师,他们给予了我许多许多帮助,为我提供资料,不厌其烦地回答我的问题,对此,我感激不尽。也感谢一直陪伴着、鼓励着我完成这个课题的父母与朋友们,他们是支持者,也是启发者。

作为博物馆爱好者,选择这样一个课题,一来希望可以锻炼自己的社科学术能力,二来也希望自己这样一点小小的努力可以真的使自己所热爱的传统文化通过"文创"这种商业行为走到大家的身边。尽善尽美是难以达到的境界,这个课题也必然存在着缺点与局限,但我已经尽力去做到了最好。正如王安石说的,尽吾志也,可以无悔矣。

课题作者:上海市西南位育中学
何滨辛
指导老师:王红妹

活动指导

在“进馆有益”中提升学生的实践能力

走进场馆，实现育人方式转型

走进“场馆” 多样研习
——高中生课题研究指导的课程设计案例

在“进馆有益”中提升学生的实践能力

闵行区青少年实践教育基地　茅天翼

20 年来，闵行区青少年实践教育基地一直致力于将农耕劳作、现代农业、生态农业、家庭园艺和创新教育融为一体。作为“进馆有益”活动项目组的牵头单位，四年来，我们和金山、嘉定等 10 余家农村社会实践基地，以“农业与生态”为主题，发布了百余个板块的课题，共指导了近 500 名学生参加农业类课题研究，每年都有学生获得一、二、三等奖。在活动中，学生走进基地，通过微课题的实践研究，增进了对农村社会生活、农业生产劳动等方面的思想感情，萌发了振兴农业的社会责任感，同时他们的实践能力和创新精神都有了长足的提升。

一、未雨绸缪，夯实前期准备工作

（一）精心编制课题

在每年的 6 月初，基地专委会成立学农微课题研究群组，动员基地教师以各自的核心资源和课程为基础，制定本年度的课题目录。研究组首先统一了课题设置指导思想：让学生有兴趣、紧密联系学生生活、与学生的课堂所学连接，并每年都进行调整。因此，基地有多少学农核心课程，就有多少课题目录。至今为止，基地先后发布了现代化农业生产技术类课题、农村社会调查类课题、家庭园艺类课题、农业生涯类课题、农产品加工类课题、农业环境类课题、地质类农业课题共七大类课题，125 个课题目录。为激发学生课题研究的兴趣，吸引更多的学生参与到农业类的课题研究项目中来，我们还根据社会热点和学生认知不断调整课题目录，做到每年的课题目录不重复。课题目录融贯学生课内学科知识，结合实际生活，为学生了解上海都市现代农业的业态和未来发展方向提供了深入实践和学习的平台。

（二）落实指导老师

基地以“进馆有益”活动为契机，适应教育综合改革，不断提升师资力量和业务水平，要求教师都能指导学生开展课题研究。因此，基地每一位学农教师都是课题指导教师，每位老师至少指导3个研究项目，并作为基地暑期重点工作推进。学生来到基地，可以请任意一个教师作为微课题的指导教师，若遇到基地教师无法指导的研究项目，基地也会提供相关资源或者联系农科院、农学院专家指导。

（三）加强基、校衔接

三年来，基地与学校的合作已经形成默契，并能够根据学校的特色给予专题服务。2018年，共有闵行中学、田园高中、华理科高、浦江高中、闵行三中等多个学校的学生走进闵行基地，基地根据各学校的特色给予专题指导，例如：浦江高中学生擅长技术学习，基地有意识引导学生开展种植技术类研究，暑期，学生完成了包括“基于湿度传感器，设计阳台无土种植装置的研究”“根域限制节水栽培装置的设计研究”等6个现代农业种植技术课题；田园高中学生拥有艺术专长，学生在基地开展了“城市公园布局设计对游客休憩感受的影响研究”“上海市闵行区浦江郊野公园彩叶植物种类及应用调查研究”等课题研究；华理科高的学生进行农产品保鲜类的课题研究，闵行三中学生开展了农业生涯调查类研究，闵行中学学生开展了微生物等方面的研究。这些“因校制宜”的个性化“定制服务”，激发了学生的兴趣，使得学生的微课题探究学习持续开展，成果颇丰。

二、因地制宜、完善研究过程的指导和管理

活动中，常常有学生会半途而废，放弃研究。因此，在指导学生选题时，我们强调切入点小，实际操作性强、在暑假期间能够较好完成。在把好选题关后的实际研究过程中，学生也常常会因为实验失败和课业压力而产生放弃念头，针对这一现象，我们加强了学生课题研究的过程管理。

（一）沟通有平台

我们利用微信成立学生微课题群组。在群中，教师根据时间节点发布上传通知，保证每个课题不漏传，学生分享研究进度、成功经验和失败教训，学生在微信群中相互督促、相互学习，使得几十个课题都能在同一时间完成研究。

（二）组长有职责

课题研究中，教师给予的是整体思路、方法、经验的指导，具体的操作需要学生自己去完成。因此，我们会选择一位具备一定的领导力，并且有想法的学生作为课题组小组长来保持联系。课题小组长在以下三个方面发挥着重要作用，一是管理课题具体任务的落实；二是课题组内分工和督促；三是课题研究出现的阶段性问题与修改意见，小组长代为通知和进一步完善。

（三）研究有分工

参加暑期课题研究的学生大多都是曾经参加过学农社会实践活动的学生，基地的教师对学生的情况相对比较了解，同时基地教师与学校教师拥有长期合作的良好关系。在确定课题所要研究的内容后，让学生自己选择擅长的方面，学生内部协调。一般善于沟通的学生负责调查，信息技术好的学生负责检索和数字

处理，文笔较好的学生负责成稿，责任心强的学生担任组长。例如：储水储气式阳台种菜装置的设计与实验研究中，我选择了一位善于信息检索的学生负责已有研究的总结，选择软件建模能力好的学生负责数字建模，选择动手能力强的学生负责装置的制作，选择思路严谨、责任心强的学生负责种菜实验，让不同专长的学生都能为课题研究的推进发挥作用。

三、提升素养，指导学生有专攻

在整个活动过程中，指导老师的指导力、责任感和凝聚力，关系到学生的研究活动的质量。基地一直与学校有合作关系，“进馆有益”更是一次深入合作的活动，浦江高中学生一般10月份来到基地参加学农社会实践活动。在现代农艺课程中，学生接触了许多现代化的种植知识与技术，形成了早期的课题研究的方向，第二年暑假，学生再次来到基地，可以直接寻找相关导师做专项指导。同时，每年6月底，基地发布微课题研究专题指导讲座，讲座从选题、课题研究方法、论文撰写和答辩等几个方面做统一培训，基地内有关种植技术、农产品保鲜、园艺园林、微生物、农业生涯、农业生态等几位导师分类设岗，学生在接受统一培训后，可以根据自己研究的方向，寻找相关导师做进一步咨询和学习，每一位教师会在学生课题研究的不同阶段给予恰当的指导。

（一）研究开始阶段

当学生第一次找到基地教师做咨询时，他们虽然已经有初步的设想，但由于知识面相对有限，很多方面还不是很明白。基地指导教师会先给予学生关键性的解答和帮助，从而进一步激发学生研究兴趣。为让学生对课题有系统性的认知，教师要求学生对课题做“已有研究的总结”，包括：别人的研究内容包括哪些？研究方法有哪些？有哪些还没有讲明白？我们还想知道哪些方面的知识？等等。学生完成之后，会对课题研究有全面的认识，许多金点子往往在这个时候产生。

（二）研究中期阶段

当学生对研究课题进行实践探索时，会出现新问题，我们会适时进行指导。尤其是鼓励学生迎难而上，只要刻苦攻关，终究会有收获，强调课题研究本身侧重学习过程的体验。在研究中期，我们会引导学生修正自己的研究课题，把对课题的修正指导和中期监控有效结合起来，更科学、更符合实际地开展研究活动，以免浪费时间。一般情况下，我们会建议学生不要轻易更改课题，以免挫伤积极性和浪费大量的时间。

（三）课题结题阶段

许多中学生都是初次进行课题研究，因此课题论文的初稿一般都不好，但是也有他们的闪光点。在这个环节指导中，我们会坚定学生信念，要求不断修改和完善，尤其对于学生研究不全面、不透彻的部分，给予耐心指导，不让他们产生大致知道就可以了的思想，对文稿力求精益求精。我们会耐心查看学生的每一个数据，找出错误的地方，并及时指正。对于文中的案例和小细节，也都要求表述准确。“进馆有益”论文撰写过程也是培养学生归纳、总结、概括、推理和论述能力，学会展示自己的工作和成果，总结和反思自己的研究工作，不断提高自己的课题研究水平的过程。

（四）答辩和展示阶段

我们发现，中学生的语言组织能力和应变能力参差不齐，尤其是普通高中的学生在这一方面的能力相对较弱，而我们指导的学生大多都来自这类高中。为此，我们采用了“13579”阶梯课题阐述法，来提升学生的语言组织能力和应变能力。“1”就是在 1

分钟时间内快速阐述课题内容，抓住要点，不讲废话；随后，将时间扩展到3分钟内阐述课题内容，加入数据阐述，提高说服力；再扩展到5分钟内阐述课题内容，增加研究细节，提高可信度；再逐步增加到7分钟、9分钟。“13579”阶梯课题阐述法，使学生在答辩阶段思路清晰，应变沉着，让学生从单纯的研究能力提升，向综合素质的增强发展。

课题研究源于问题意识，问题意识源于学生的主动性，主动性源于自信的品质。“进馆有益”活动让学生走出传统的小课堂，走进社会实践的大课堂，依托各个场馆、基地的资源，将知识从课内延伸到课外，在活动中激发兴趣，在实践中磨炼品质、提高实践能力，最终促进学生的全面发展。“进馆有益”活动深化了学农社会实践活动，将探究学习引入学农实践，改变学生对“农”的观念，这既是社会和科学研究又是德育改革的积极探索，我们将不断深化。

走进场馆，实现育人方式转型

上海市西南位育中学　党委书记　金　琪

我们上海是蜚声海内外的国际化大都市，这里中西文明交汇、古今文化交融，有着鲜明的江南文化、红色文化、海派文化特色，这些海量的文化资源，星星点点散布在城市的大街小巷，相对整体地呈现在城市的各类场馆，无时不在传播着上海城市文化的正能量，是对青少年开展立德树人和“四个自信”教育的天然“养料”。近年来，西南位育中学积极组织学生参与市校外联办指导、中小学德育研究协会主办的“进馆有益”活动，依托馆校合作，有力地推动了学校新时期立德树人、育人方式转型工作，进一步强化了“凝练中和位育学校文化，激发学生成长自觉”的办学特色，丰富了学校构筑追求成长状态、打造课程生态、变革学习形态的“三态合一”的课程体系。

一、注重顶层设计，在“融”字上做文章

以“进馆有益”为抓手的馆校合作，在我们西南位育中学是作为关键领域课程体系来精心打造的，我们对“进馆有益”活动的目标指向、整体结构、内容序列、活动主题、实施方案、评价考核等都进行了精细的设计，把国家要求、社会需求、学校追求都融入馆校合作课程活动体系的顶层设计中。特别是把教育部要求的价值体认、责任担当、问题解决、创意物化等四大综合实践活动教育的目标导向融入进馆有益的活动之中。主要做好三个结合：

（一）对接校本“成长自觉”课程：与主题教学结合

主题教学这是一门跨学科、融文理、学研与活动有机结合的必修型拓展课，由于西南位育中学是一所完中，我们在初一年级和高二年级将课程开进场馆现场，让学生在实地参观和查找资料的过程中提出问题，再将问题转化为小课题，在老师的指导下，通过分主题学习、课题导引单、小组活动等方式完成研究过程和论文答辩。随着知识和能力的螺旋上升，将兴趣发展为课题，又将课题发展为专业，持续见证学生越来越明确的成长方向。

为了提高学生的活动参与内驱力，我们给予学生更多自主选择的空间。仅仅近两年，就有多项课题在创新大赛中获奖，说明学生们对于张扬个性的期待和自信，也证明了他们旺盛的创造力。其实这也是完中无可替代的优势。

（二）对接立德树人深化：与学校德育主题教育结合

西南位育中学多年坚持参加“进馆有益”微课题，坚持进一步深化社会实践工作，完善培训课程，努力开拓整合各项资源，在项目化、个性化、课程化、专业化方面做出更多有益的尝试，通过志愿者服务活动，坚持立德树人，践行社会主义核心价值观，传承和弘扬中华优秀传统文化，让学生传播民族精神；通过社会实践体验经历，不断提升学生的创新精神与实践能力。学生通过体验参观，通过实践服务，将心得、研究贯穿到课题中，使得课题论文质量越来越好。越来越多的学生在课题中获奖，在活动中不仅有所获益，而且传承着民族的文化。

（三）对接中高考改革：和志愿者服务活动结合

在不断地沟通交流和反思微调中，学校与各基地的合作也越发顺畅，学校被多家基地评为优秀组织集体，为之后的工作开展奠定了良好的基础。学生在宋庆龄故居、钱学森图书馆进行志愿者讲解。2018 年，学校与徐汇艺术馆携手打造志愿者服务新的模式，为大型敦煌伎乐展览，学校选拔优秀学生参与布展、志愿者服务、讲解的整个过程。正是在不断的实践中，不断的奉献中，同学们收获了意志品质的锻炼，体会到了“有志服务社会，情愿奉献汗水”的真谛，在实践中提升自我。

“进馆有益”微课题活动从原来的大部分学生不愿意参加，到现在的 100%报名，人人有课题，人人有导师，多人多次获奖。课题内容涉及广泛，体现了学生服务社会，关心社会发展，为学生更好地走向社会奠定扎实的基础，使学生真正从中受益。

二、注重形成合力，在“联”字上下功夫

（一）上下级配合组织保障——纵深联动

学校组成包括校级管理、德育教导、年级组长、团委书记、班主任、团支部书记、家长志愿者的管理团队，全程管理、指导，为志愿者服务做好保障工作。同时学校与志愿服务场馆签订协议，全力保障活动制度化、常态化。“进馆有益”课题申报与志愿者服务相结合，团委老师进行布置，班主任进行监督，团支部书记进行确认，三位一体保证课题写作和递交的及时性。邀请有经验的高一级的学长给学生讲解“进馆有益”课题的注意事项和写作建议，让学生对课题活动有了初步了解。

（二）教研组织网夯实基础——学科联动

走进场馆微课题的内容涉及十分广泛，有传承上海历史文化的故居寻访，有以上海博物馆为首的传播历史文化，有以纺织博物馆为首的倡导科技与创新，有以刘海粟美术馆践行艺术与美育。学生以 1 人或小组为单位，根据自己的兴趣进行选题。学校以教研组为单位，通过学生和教师双向选择，给每位同学的课题

配备导师，在整个论文的写作过程中指导和帮助学生。课题面试前，导师还会根据学生的实际情况进行内容上的指导，团委老师进行面试礼仪的培训。

（三）场馆内外拓宽渠道——多维联动

学生的志愿者服务不一定是在某个固定的场馆，通过“进馆有益”活动，学生了解到更多的场馆的信息，参观的场馆越多，学生的眼界越开放，对自己的研究课题也就越有全面的了解。

三、注重育人效益，在“赢”字上出成效

（一）课题活动与场馆——目标共赢

学校志愿者服务队牢牢抓住宣传阵地这个重点，发挥志愿者活动辐射效应，不断加强志愿者组织的社会影响力和公信力。通过宣传，增加志愿者讲解的吸引力，使受益人群不断扩大。学校的志愿者在“乐者敦和·大音煌盛——敦煌壁画乐舞专题展”开展四个多月里，导览讲解 790 场次，志愿者队伍提升了展览品质，使得展览风靡上海。

（二）课题活动与志愿者群体——发展共赢

随着学生志愿者服务讲解的场次增多，学生的讲解能力向着更高一级发展，并且不断完善自己的课题研究方法，深入了解课题内容。在徐汇艺术馆讲解敦煌的志愿者，都将讲解与自己的课题相结合，更加注重学术性，课题的内容广泛，涉及政治、经济、历史、美学等。黄思远同学的《敦煌文化创意衍生品现状及前景研究》获得了 2018 年“未来杯”上海市高中阶段学生社会实践项目大赛的二等奖。在讲解中发现问题，在阅读中思考问题，在撰写中研究问题，学生不仅仅是在写一篇论文，而是通过这样的社会实践，拓宽学习渠道，提升学习的意识和能力，养成良好的学习习

惯，多渠道获取学习资源，自主、高效地开展学习。

（三）课题活动与社会——价值观共赢

对志愿者本人来说，通过志愿者服务去贡献社会，同时也达成获得丰富生活体验、学习新知识和技能、扩大生活交际圈的目的；对志愿服务对象来说，通过志愿者服务，接受个性化帮助，增强了对社会的归属感，提高了生活质量和幸福感；对社会来说，志愿者服务有助于建立和谐社会、促进社会进步。三方对于精神文明建设都有着不同的助益。

文化传承的延续和国民素质的提高，来自"润物细无声"的教化，走进博物馆耳濡目染，都可能或多或少、或深或浅，潜移默化地在每个人心里留下痕迹，正所谓"进馆有益"。西南位育中学学生的社会实践以志愿者服务内容为基础，以兴趣为导向，以课题为载体，以历史文化为基底，浸润人心，提升学生素养，培养具有中国情怀、国际视野和跨文化沟通能力的，有文明素养和社会责任感的新时代新人。

走进“场馆” 多样研习

——高中生课题研究指导的课程设计案例

上海市大同中学 陈天琦

在高考改革综合素质评价越来越被重视的当下，利用日常的研究型课程来辅导学生借助场馆资源进行课题探究，是提高学生创新研究能力的重要途径。由上海市中小学德育研究协会主办的上海中学生“进馆有益”微课题探究活动，即为学生课题研究提供了重要的研究平台。该比赛虽然在暑假期间举行，但如果要让学生真正有效利用场馆资源，必须将平时日常开设的研究型课程与“进馆”实践紧密结合起来。

上海市大同中学历来重视学生研究型能力的培养。因此，学校除基础学科课程之外，还有一些旨在培养学生研究性学习能力和专业兴趣的“专业导航课程”。其中，延续至今的CIE课程已经形成了跨越不同学科、跨越不同学习领域、跨越学科课程与非学科课程的统整实验，包括“生命科学实验探究”“定格动画”“数码音乐制作”“创智生活”“文史哲选著研修”等十门课。除此之外，还有“主体文化与多元文化”“生活与艺术”“科技与人文”“传统、现代与未来”“能源与环境”“生命与环境”“人口与环境”等专题研修课程。这些形形色色的研究型课程帮助学生了解不同领域的前沿性问题，学习发现选题、文献检索、论文撰写等课题研究方法。因此，为了进一步开阔学生视野，拓展学生思路，在开设此类研究性课程的同时，鼓励学生走进场馆，发现多样化的课题，也是一项重要的课程任务。

我在学校负责“文史哲选著研修”和“生活与艺术”两门研究性课程的教学，以这两门课程为例，本文将重点介绍将“进馆”和课题研究课相结合的教学设计案例。

案例一　探究上博青铜馆，研读“青铜之美”

“文史哲选著研修”CIE课程，是一门持续两年四个学期的拼盘课，第一学期的主题是“美学研究”，第二学期的主题是“史学研究”，第三学期的主题是“文学研究”，第四学期的主题是“哲学研究”。

在“美学选著研修”课程中，我们带领学生研读李泽厚的《美的历程》一书，并进行了如下的课程设计：

表1　美学课程设计

	周　次	教学内容
“文史哲选著研修(一)”美学课程设计	第一周	1. 读“序言”与“后记” 2. 读《美的历程》的关键词
	第二周	1. 知人论世的读书方法 2. 研究方向——什么是美 3. 美学推荐书目
	第三周	1. 阅读《龙飞凤舞》 2. 龙与凤介绍
	第四周	1. 阅读《青铜饕餮》 2. 参观上海博物馆(实地考察)
	第五周	……

在研读《美的历程》第二章《青铜饕餮》时，我们带领学生前往上海博物馆青铜馆进行参观。通过实地观察这些青铜文物的外观，利用博物馆场馆现场的资料，查看相关青铜器皿年代、使用者、功用等介绍，让学生对我国商周时代青铜器的形式、用途及发展变化有了深入的了解。通过现场观察那些精美的青铜器皿的纹饰：如饕餮纹束腰袋足斝、周体饰凤纹的父乙觥、兽纹和龙纹雕饰的黄觚、云雷纹扁足圆鼎等，由此感受李泽厚在《青铜饕餮》一章中所阐述的青铜之美。

在此基础上，通过场馆内的青铜发展史介绍导览，有效地启发学生去感受不同时代不同青铜器皿的外形和美感特点，同时研究青铜器发展背后的历史文化因素。

学生在实地参观博物馆后，形成了如下研究微论文：《青铜纹饰的发展》《商代青铜器之美》《青铜饕餮纹饰研究》《流线型艺术——鱼纹的含义和时代背景联系的研究》……在这些论文中，学生能够利用博物馆馆藏器皿的图片和馆藏介绍以及相关文献资料，对青铜器进行了纵向的历史研究和横向的比较研究，从某几个器皿的外形或纹饰特点出发，结合历史背景，探究属于青铜器的独特之美。

案例二　寻访鲁迅纪念馆，研读大师之作

在“文学选著研修”课程中，我们研读鲁迅的《中国小说史略》和《汉文学史纲》，并且推荐课外阅读鲁迅小说和杂文作品。在了解鲁迅的文学研究的观点的同时，我们也推荐学生参观鲁迅纪念馆、鲁迅故居，更全面地了解鲁迅先生其人其事。

表 2　文学课程设计

	周　次	教学内容
“文史哲选著研修（三）”文学课程设计	第一周	1. 鲁迅文学研究介绍 2.《中国小说史略》概说
	第二周	1. 参观鲁迅纪念馆，了解鲁迅生平 2. 了解鲁迅文学研究成就
	第三周	……

通过走访鲁迅纪念馆、鲁迅故居，学生对鲁迅先生的生平事迹和作品有了更深入的了解。比如我校已经毕业的2018届学生王之莹同学，就是在参观了上海鲁迅纪念馆后，对鲁迅生平中“弃医从文”这段经历产生了浓厚的兴趣。王之莹同学在文章的探究缘起中说：“在仙台学医时，鲁迅逐渐认识到，变革社会的‘第一要著’是改变国民的精神。另一方面，西方文化和知识的摄取，更为广阔的视野，引发了鲁迅进一步的反省和思索。西方的民主主义、个人主义的现代思想震动了这位东方大国的知识青年。鲁迅以国难时危的敏锐感受接受了进化论，并初步接受了与中国传统文化异质的西方文化体系。或许，鲁迅终生为中华民族的尊严和自由奋斗，终生追求的人文主义精神，便可追根溯源至此。”王之莹同学的这篇文章最后获得了二等奖，也是我们将课堂教学与走进场馆相结合的意外之喜。

案例三　探究艺术生活，寻找上博“非遗”

我所执教的“生活与艺术”研修课是一门探究生活与艺术关系的人文社科类专题研究性课程。这门课程与场馆资源更加密不可分，课程中的一块重要内容就是将微课题研究与场馆参观结合起来。

在其中一个专题研究中，我们带领学生前往上海博物馆寻找“古代生活”。在这节专题研修课中，我制定了如下几个教学目标：(1)学生能了解上海博物馆展馆的基本陈列情况。(2)能通过实地走访、案例学习，了解如何探究上海博物馆展品的艺术形式美特点及其与古代生活的联系。(3)感受上海博物馆收藏展品的艺术魅力，感受中华文化的博大精深。

随后在具体的教学环节中，教师通过一些从上海博物馆官网上下载的展品图片，让学生自由讨论这些展品大概是哪一个时代的作品，具有怎样的实用价值，设想一下古代的生活。上海博物馆的文物收藏包括青铜、陶瓷、书画、雕塑、甲骨、符印、货币、玉器、家具、织绣、漆器、竹木牙角、少数民族文物等31个门类，尤以青铜、陶瓷、书画最为突出。上海博物馆现有十个艺术陈列专馆、四个文物捐赠专室和三个特别展览厅，着力体现各艺术门类的完整发展历史，体系之完整、藏品之丰富、质量之精湛，在国内外享有盛誉。

因此，通过观看上海博物馆丰富的馆藏，学生可以接触到极为广泛的研究对象。课前要求学生自主完成对上海博物馆开放展馆的参观，简要罗列自己感兴趣的几件藏品，在课堂上交流这件藏品的基本信息，以及其在古代生活中的作用。

通过这样的引导，让学生有针对性地开展“进馆”后的研究，不少学生找到了感兴趣的研究方向。比如2018年我校一等奖获奖论文《在上海博物馆的物质文化中寻找“非遗”——以土家族傩戏面具为例》，两位学生在探究缘起中这样写道：“在参观上海博物馆时，我们偶然看到了少数民族藏馆中的土家族傩戏面具。对其稍有了解的我们认为这种物质文化的背后与很多艺术或文化方面的非物质文化遗产相关联，课题由此诞生。我们通过翻阅大量的文献资料，经过更深层次的研究后，发现傩文化与图腾文化是本源与延伸的关系。”这组学生受到博物馆藏品的启发，从而进一步探究土家族傩戏面具及其背后的傩文化、图腾文化。

案例四　走近“双年展”，探究前卫艺术

“这也是艺术吗？”就是上海当代艺术博物馆在课题指南中所发布的一个课题。在“生活与艺术”课上，我也将这个主题作为引导学生尝试探究当代艺术的一个重要专题，并制定了以下几个课堂教学目标：(1)能了解上海当代艺术博物馆展馆的基本陈列情况。(2)能通过实地走访、案例学习，了解如何探究上海当代艺术博物馆的艺术形式美特点及其反映的当代生活。(3)感受当代艺术的魅力，思考艺术作品所反映的时代困境。

当代艺术与古代艺术不同，具有很强的多义性和先锋性，对于学生来说相对较难，因此就更要通过走进场馆，来强化对作品的感知。

比如2018年第12届上海双年展的主题是“Proregress·禹步”，这个主题极富有当代意味。“禹步”，源于中国古代神话的神秘步伐。主策展人梅迪纳认为，这个充满动能的步态喻示了纷繁复杂时代中艺术作品的价值和给予人们的启示。展览的英文标题“Proregress”是美国诗人E.E.卡明斯于1931年在诗歌实验中创造的词语。通过解构与融合“前进”(Progress)和“后退”(Regress)两词。这一概念是非常前卫的艺术概念。因此，在课前，教师要求学生自主完成对上海双年展的参观，简要罗列自己感兴趣的几件作品，在课堂上交流这件藏品的基本信息，以及其所传达的意蕴。

在课堂上，教师引导学生通过观察到的双年展的部分作品，

来讨论作品如何体现出"禹步"这一主题。这一过程引起了学生对于当代艺术的浓厚兴趣,很多看似荒诞、奇特的装置艺术,背后包含着宏大的现代思考。"这也是艺术吗?"这个前卫艺术的探究主题,通过对上海当代艺术博物馆的实地考察而实现了。

案例五　活用数字展馆,开发多样课题

场馆资源还可以通过网络的形式进行有效利用。比如以开展纺织博物馆的实践探究活动为例:上海纺织博物馆官网数字展馆分为"室外""序厅""历程馆""撷英馆""科普馆""专题馆"六大板块。通过对数字展馆的预览,学生可以对上海纺织博物馆内的重要雕塑、展品、展板内容做一个整体性、立体性的了解。

因此,在指导学生探究该类主题的课题时,教师通过 QQ 群向学生发布一张主题调查研究单的表格,学生可以在家自主登录上海纺织博物馆官网,通过上海纺织博物馆数字展馆,了解博物馆内主题藏馆内容,从而确定感兴趣的研究方向。

制作完成主题调查单以后,教师根据调查单的主题大类对学生进行分组,并组织各小组前往上海纺织博物馆进行实地走访。这一过程大大提高了课题研究的效率。

在走访上海纺织博物馆的社会实践中,实践小队共同参观了上海纺织博物馆的各个场馆,既感受到了古代纺织文化的源远流长,也感受到了近现代纺织工业革命的波澜壮阔,更感受到了当下纺织科技的日新月异。同学们在实践中找准目标,循序渐进地填写表格,完成每一项讨论或探究任务,最终形成了《上海纺织如何"凤凰涅槃,浴火重生"》《上海纺织如何逐步走向技术密集型和资本密集型》《从区域间民族服饰的差异性浅观其体现的文化》等微论文。一位学生在她们小队的文章中表示:"我们由此通过认

真的研究,更加了解了上海纺织的发展和其对上海经济的贡献。我们通过探究其衰落与波折的经历,走近了经济学,也走近了计划经济与市场经济。”

小　结

毫无疑问,场馆是学校在引导学生进行课题研究过程中的重要资源。总的来说,课程设置是我们能够有效开展课题研究指导的框架,教学设计和调查方法是我们能够有效开展课题研究指导的有力手段,而场馆资源则是我们学生能够有效开展课题研究的重要支撑。我们一定要建议学生“读万卷书,行万里路”,在课题研究选题的过程中不要闭门造车,而是多多走进场馆,多多在场馆展品中寻找课题的灵感,多多利用场馆给予的诸如官网数字信息、公开讲座、假期实践活动等资源支持,这样才能让课题研究变得更丰富而且更有意义。这就是我们重视学生参与“进馆有益”微课题实践探究活动的初心。

图书在版编目（CIP）数据

文化根　民族魂　中国梦：第六届上海市中学生“进馆有益”微课题论文荟萃 / 上海市中小学德育研究协会主编. — 上海:上海教育出版社, 2020.4
ISBN 978-7-5444-9851-7

Ⅰ. ①文… Ⅱ. ①上… Ⅲ. ①社会科学－文集 Ⅳ. ①C53

中国版本图书馆CIP数据核字(2020)第059883号

责任编辑　戴燕玲
特约编辑　董维佳　沈瑞红
封面设计　金一哲

文化根　民族魂　中国梦
——第六届上海市中学生“进馆有益”微课题论文荟萃
上海市中小学德育研究协会　主编

出版发行　上海教育出版社有限公司
官　　网　www.seph.com.cn
地　　址　上海市永福路123号
邮　　编　200031
印　　刷　上海叶大印务发展有限公司
开　　本　889×1194　1/32　印张 12.25
字　　数　275 千字
版　　次　2020年5月第1版
印　　次　2020年5月第1次印刷
书　　号　ISBN 978-7-5444-9851-7/G·8122
定　　价　69.00 元

如发现质量问题，读者可向本社调换　电话：021-64377165